中华血脉——长城文学艺术

长城

传说

郑悦 编著

燕山大学出版社

2019·秦皇岛

图书在版编目（CIP）数据

长城传说 / 郑悦编著. —2 版. —秦皇岛：燕山大学出版社，2019. 4
（中华血脉 • 长城文学艺术）
ISBN 978-7-81142-515-4

Ⅰ. ①长… Ⅱ. ①郑… Ⅲ. ①民间故事—作品集—中国 Ⅳ. ① I277.3

中国版本图书馆 CIP 数据核字（2019）第 047736 号

长城传说

郑 悦 编著

出 版 人：陈 玉
总 策 划：陈 玉
策划编辑：裴立超 杨春茹 唐 雷 版式设计：赵中极
责任编辑：朱红波 王海平 孙志强 美术统筹：吴 波
出版发行：燕山大学出版社 YANSHAN UNIVERSITY PRESS
地 址：河北省秦皇岛市河北大街西段 438 号
邮政编码：066004
电 话：0335-8387555
印 刷：秦皇岛墨缘彩印有限公司
经 销：全国新华书店

开 本：889mm×1194mm 1/16 印 张：16.75 字 数：426 千字
版 次：2019 年 4 月第 2 版 印 次：2019 年 4 月第 1 次印刷
书 号：ISBN 978-7-81142-515-4
定 价：134.00 元

出版者语

今天中国对世界的影响绝不仅仅体现在经济方面，更重要的还有秉持源自一种悠久伟大文明的自信，致力于构建未来的梦想和雄心。越是接近世界舞台的中央，中国人越是迫切希望向宏大而深远的中国历史文化寻求精神养分，思考从哪里来，向何处去。

中国历史文化的典型象征——长城，像一条世代绵延的根脉，贯穿在炎黄后裔的血管中，它以世界体量最大的文物遗址隐喻着文明认同感、国家归属感以及对统一的执着，成为中国历史与观念的活生生的例证，历千百年仍然与当代华夏子孙息息相关。

长城与统一的、多民族的文明中国几乎同时诞生，见证了中华文明的延续性。两千多年，中国人始终生活在大体一致的稳定疆域内，纵然历尽波折，文明却持续至今。秦汉以降波澜壮阔的中国历史进程中，绵亘在中国北方大地上的长城从未缺席，它以拒绝征服但从不拒绝交流的庄严姿态，保卫和平，保护文明，勾勒出民族的地理和心理防线。“上下二千年，纵横十万里”的中国长城，被公认为人类社会现存最为宏伟的历史文化遗产。长城的壮美形象，早已被视为中国的象征；长城所代表的文明，堪称华夏子孙共有的“胎记”；以长城为主题、为符号的文学艺术，成为独一无二的千古绝唱。

我们策划出版这套《中华血脉——长城文学艺术》图书的初衷，就在于希望让更多读者共同响应长城深厚历史文化魅力的感召。

长城作为一个宏大工程，举世绝无仅有，显示着人的本质力量。中国长城始建于2500年前的春秋战国时期，起初是各诸侯国在各自领地上修筑的军事防御工程，秦始皇于公元前221年统一中国后，拆除了六国互防长城，并号令大将军蒙恬“将三十万众，北逐戎狄，收河南，筑长城，因地形，用险制塞，起临洮，至辽东，延袤万余里”（《史记·蒙恬列传》）。从此诞生了中国历史上第一条万里长城，它是在原秦国、赵国及燕国的北方长城的基础上扩充修筑的，目的和作用是防御匈奴和东胡少数民族奴隶主率众南掠。从此以后，汉族统治者建立的汉朝、隋朝和明朝，以及其他入主中原的少数民族统治者建立的北魏、北齐、北周及辽、金各朝，都曾大规模地修筑或增建过长城，其中，汉朝的长城、亭障、烽燧长达两万里，明朝万里长城则至今仍向世界展示着中国长城的壮美风貌与中国长城防御工程技术的最高水平。长城专家做过的粗略统计表明，中国各朝代修筑长城的总长度当在10万里以上，若用修筑长城的砖、石、土来修筑一道高5米、厚1米的大墙，那么这道大墙可环绕地球十几圈。不仅如此，长城严密的军事防御布局，“因地形，用险制塞”的科学设防，烽火相望、顷刻千里的报警联络系统，因地制宜、就地取材的多种建筑材料，多样结构与艺术的营造方法，以及亿万人民历经千百年付出的艰巨劳动和无数牺牲，无不令人惊叹。

长城作为一个艺术宝库，孕育了无数壮丽优美的诗篇，产生了无数动人心弦的故事；长城身上凝结着中国历代各族人民的智慧，是联结中华各民族的神圣纽带，雄辩地展现了中国多民族形成发展的历史进展……可以说，长城像一部中国两千多年文明史的百科全书，包蕴着众多的已知和未知的内容。

长城作为历史遗迹所言说的文明进程，极大地开阔了文学艺术的历史视野，形成了千百年相对统一的总主题——爱国主义和人文精神，凝练了相对稳定的总风格——悲壮与豪迈。

自万里长城构筑的那天起，反映在文化上的格调便是无比的悲壮："生男慎勿举，生女哺用脯。不见长城下，尸骸相支拄。"这是秦朝的歌谣，据《汉书》："长城之歌，至今不绝"，这首歌谣在300年后的文人诗中又得到了反映，东汉末建安诗人陈琳在那首著名的《饮马长城窟行》一诗中再次唱道"生男慎莫举，生女哺用脯。君不见长城下，死人骸骨相撑拄"。此后，不仅是长城诗文创作方面有此一脉相承的传统，而且以最为深入人心地流传了千余年的孟姜女民间故事为内容的诗歌、曲艺、戏剧、传说、民间艺术以及近现代的电影、歌曲等，也都显现了这种悲壮。催人泪下的孟姜女的故事有许多种，但都保留有"千里送寒衣"和"哭长城"的情节。有人把这种悲壮视为人民对长城的否定，这无疑是失之肤浅的。其实，正是这种悲壮，深刻地揭示和反映了两千多年来中华民族在修筑长城时所付出的举世无双的牺牲。

《汉书》记载："遣蒙恬，筑长城，东西数千里，暴兵露师，常数十万，死者不可胜数，僵尸盈野，流血千里。"《淮南子·人间训》记叙："秦发卒五十万，使蒙公杨翁子将筑修城……道路死者以沟量。"《隋书》也记载，隋炀帝大业三年（607年）"发丁男百余万筑长城，西至榆林，东至紫河，一旬而罢，死者十五六"。历代封建王朝（包括少数民族建立的王朝）修筑长城时的死亡人数，是多得无法计算的。唐末诗人贯休和尚讲"筑人筑土一万里"，并非夸大之词。

正因为如此，长城筑造者的子孙后代才对长城永远怀有一种发自心灵深处、带着遥远记忆的尊崇情感。这种情感，正是凝聚长城文化总主题的源泉，它像地火，平时在大地深处静静流淌，默默沉蓄，一旦到了关系国家民族生死存亡的关键时刻（比如全民族的抗日战争），它就会爆发、冲腾，形成燎原烈火，呼唤着每个有热血的中国人，"把我们的血肉，筑成我们新的长城"，去保卫家园，保卫国土，保卫光荣神圣的中华民族，激发出最强烈的爱国主义情绪，干出惊天地、泣鬼神的英雄业绩。

尽管历史上人们对长城的国防作用有兴有怨，但这恰恰从正反两面强调了长城文化的总主题：一个方面，肯定正义，反对侵略，向往和平；另一个方面，批判暴政，颂扬德政，赞美生命。两者统一于那雄浑绵长、厚德载物的中华人文精神。这我们可以从两位唐朝诗人的针锋相对的同题诗中窥见一斑，一首是汪遵写的《长城》："秦筑长城比铁牢，蕃戎不敢过临洮。虽然万里连云际，争及尧阶三尺高。"另一首是褚载的《长城》："秦筑长城比铁牢，蕃戎不敢过临洮。焉知万里连云际，不及尧阶三尺高？"

"中国最伟大的美术，最壮丽的美，莫过于长城。"现代美学家、诗人宗白华翻译了19世纪德国考古学家希里曼1863年发表的《我到长城的旅行》一文，文中说："我曾经从爪哇岛火山的高峰上，从加利福尼亚的西拉利瓦达的山顶上，从印度喜马拉雅山的顶上，从南美洲的哥地乃的高原上见到过闳丽壮伟的景象，但是永远不能和我现在眼前展开的这一幅美丽奇伟的画幅相比拟。……长城不可争辩地是人类的双手所创造的最奇伟的作品。它是过去的伟大所留的纪念碑。"

长城之所以壮美，源于它使人回望宏阔历史，源于它是千万人所集体创造的美，它唤起人们对故国祖先的思念，关乎民族的自我激励，传承壮阔豪迈的中国性格。

长城所负载的历史信息既有鲜明的民族特性，又深深植根于人类追求真善美的共性厚土之中。正如1964年国际古迹遗址理事会通过的《威尼斯宪章》指出的那样："人们越来越意识到人类价值的统一性。"长城的文化价值正在被国际上越来越多的人所认识、理解和认同。

我们这套《中华血脉——长城文学艺术》所称的长城文学艺术，是指以长城为题材、主题或主要意象而创作的文学艺术作品。这套图书的作者们秉持虔诚的态度，从汗牛充栋的长城文学艺术作品中展开搜集、汇编、整理、评介，呈现在读者面前的目前是四个分册，它们是《长城诗歌》《长城传说》《长城戏曲》《长城小说》。它们将长城作为一条红线，借助文学艺术的不同形式，从四个不同角度引导读者领略文学艺术之美，再现中国历史的风云际会。

我们怀拳拳之意，唯愿以此书之名结交书友。凡书中引介的作品，我们均标明了作者与来源；使用的历史资料图片基本来自公共资源；使用的当代摄影作品除已获作者许可及已加标注的以外，或有一二作品因条件所限未能逐一溯及准确信息，如蒙见教，我们愿尽己义务，志诚以待。

谨以此书，致敬启示人们从历史中重生的悠悠长城！

序

长城不仅是人类创造的伟大建筑奇迹，而且与中国统一的、多民族国家的形成和中华文明的延续有着至关重要的密切联系，它已成为中华民族的象征、中华民族精神的象征。自1984年邓小平、习仲勋等老一辈领导人发出“爱我中华、修我长城”的号召三十多年来，以中国长城学会为龙头的专门组织和广大长城研究者开展了艰苦的长城研究，为保护长城、宣传长城提供了重要的支持，一批成果的公开出版更成为传播长城文化、弘扬以长城为象征的民族精神、凝聚中华民族伟大复兴力量的重要途径。

燕山大学出版社这套《中华血脉——长城文学艺术》图书颇具规模，比较全面地收集、整理、汇编、介绍了自长城修筑至今大约2000年来我国历代人民以长城为主题或意象创作出来的各类文学艺术作品，涵盖了诗歌、传说、戏曲、小说、美术等丰富的体裁门类。因其全面，足以使普通读者乃至专门研究长城的人读后对长城所衍生的文学艺术精华尽观全豹。这是此套书的第一个优点。

生动可读是这套书的第二个突出优点，全书行文、排版明白晓畅，引人兴味，足以令过去不了解这些的人们一经捧起便手不释卷，一览为快，从此爱上长城的历史和文化，从此成为保护长城、传承长城文化的同路人。这在长城题材图书中是别具一格、比较鲜见的。

另外，这套书的编著者大多同时也是刚刚出版的迄今为止唯一综合大型长城志书《中国长城志》中“文学艺术卷”的主要编著者，他们的专业程度在国内首屈一指。

因此，这套图书具有不可替代的重要出版价值，为长城文学艺术搭起了传播平台。

四十年来我以长城保护和研究为志向，最大的梦想就是通过大家的共同努力，构建起保护长城的这道“长城”，让长城能更长久地传承下去，能为我们今天的人提供文化社会服务，同时也能把我们祖先创造的这样一个伟大的文化遗产给后世传承下去。这条保护长城的“长城”一定是要充分动员各种社会力量积极地参与进来的。燕山大学出版社策划出版这套图书，呼应了国内外广大长城守望者的需求，对于推动长城所代表的中国历史和文化代代相传具有深远的意义，无论从何种角度来讲，书的社会效益都是正能量的、激励国人的，并且随着时间的推移，将会愈加显现出来。

我和中国长城学会热情支持这套图书的出版工作，愿意共同扩大其影响，帮助它走近越来越多的读者。

中国长城学会常务副会长

董耀会

2019年2月

导言：口耳悠悠说长城

秦皇安在哉万里长城筑怨

姜女未亡也千秋片石铭贞

午后的阳光照进紧邻山海关的孟姜女庙，相传由南宋名臣文天祥撰写的这幅著名楹联闪着光。

在中国，如丰茂野草般众多的民间传说，古来与长城的横空出世相伴相生。这些有关长城的民间传说，与其他类型的民间传说一样，同是老百姓的文学创作，以口耳相传的方式流传于市井乡野，反映大众的现实诉求和情感，是文学艺术宝库中值得珍视的瑰宝。长城传说是长城文化的一个重要组成部分。

长城传说，以它独特的方式留存了历史人物、历史事件、历史遗迹、自然风物、社会习俗以及时代精神等方方面面的历史信息，是珍贵的民间文学遗产，对于历史、语言、民俗都具有重要的研究价值。一般地说，长城传说是指内容有关长城的修建、长城关隘、长城人物的民间传说。在艺术风格上，长城传说质朴粗犷，形象鲜明，想象丰富，生活气息浓厚。

长城传说流传广泛，不仅遍及长城沿线区域，在一些没有长城经过的地域，也有长城传说流传至今。从地域看，北京市、辽宁省、河北省、陕西省、宁夏回族自治区、甘肃省等地区长城传说数量相对较多；从关口看，嘉峪关、八达岭、山海关的长城传说尤为丰富；在内容上，反映孟姜女哭长城、秦始皇修长城的长城传说最为集中。

在长城传说漫长的流传过程中，不同地区的地方特色渐渐进入其内容，添加了丰富深刻的文化意蕴，形成同中有异、各具精彩的风貌。

本书将分三大类介绍众多的长城传说：

第一类，长城遗迹的传说

其一是有关长城关隘城池、墩台堡塞得名的传说，著名的有《山海关》《长城三关的由来》《紫荆编关》《娘子军驻守娘子关》《玉门关》《大境门》《喜峰口》等，这些传说主要围绕长城关隘的来历、特征、命名原因展开。

其二是长城景观遗迹传说，内容讲述长城遗迹的形成，著名的有《望京石》《萧显写匾》《万喜良桥》《孟姜竹》《升天石》等。正是这些留存下来的长城传说，赋予长城遗迹以人文色彩，使人们每当登临这些长城关隘，厚重的历史感便油然而生。

第二类，修筑长城的传说

其一是赞叹前人在险峻地势中历经艰辛终于完成长城修建的鬼斧神工，著名的有《定城砖》《选址建城》《冰道运石》《断壁崖上筑长城》《九门口的长城咋修成的》等。

其二是讲述修筑中得到神仙帮助的传奇故事。在长城工程进行到艰巨险要处，传说往往幻想借助神仙之力来完成。例如，二郎神与长城的传说多地都有，北京地区有《二郎神与赶山鞭》，河北地区有《二郎神的传说》，黑龙江地区有《二郎担山赶太阳》，皆演绎说二郎神看到修筑长城的民夫艰辛，遂用宝物帮助他们修建长城。另外，《莲花女与长城》中善良的监工修筑长城遇到困难，得到莲花女的帮助，顺利建成长城。《张果老修边》传说张果老帮民夫背砖。《演武台和万岁松》传说九门口过河长城是关帝爷帮助修筑的。这些传说从一个侧面使人们领略修筑长城浩大工程之艰辛。

第三类，长城人物的传说

其一是修筑、镇守长城的将士、英雄的传说。这类传说再现了栩栩如生的人物形象，如《杨家将把守长城》中的忠君爱国的名将杨六郎和焦赞；《穆桂英带孕胜辽军》中巾帼不让须眉的女英雄穆桂英；《山海关》中选址建城高瞻远瞩的名将徐达和军师刘伯温；《戚继光与金山岭》《将军楼》《寡妇楼》《姊妹楼的传说》等多个传说，则彰显了主持蓟镇一带长城修筑时期广受民夫敬重、士兵百姓爱戴的一代名将戚继光的形象。

其二是秦始皇的传说。有关秦始皇的长城传说很多，著名的有《秦始皇走马修边墙》《秦始皇修长城》《秦始皇治水》《秦始皇遮日》等。这些长城传说对秦始皇修长城的态度并不一致，其中多数控诉和鞭挞其残暴，比如《臭虫、蚊子的来历》描写了修筑长城给人民带来的苦难；也有一部分对其进行褒奖，比如《秦始皇治水》表现了秦始皇修建长城的决心。传说中对秦始皇修长城的动机也褒贬不一，比如甘肃地区的《跑马长城界》正面肯定了秦始皇为了抵御外敌提出修建长城的英明；河北地区的《秦始皇修长城》传说秦始皇不忍看百姓受苦，带马童上天求雨，马童闯祸下凡治理国家，开始修建长城；宁夏地区的《秦始皇的传说》说的是秦始皇还在当小伙计时，善心救助了下凡的王母，王母感念其孝心带他升天，后下凡到人间做皇帝，为了抵御外敌入侵，开始修建长城；福建地区的《秦始皇筑长城》《秦始皇遮日》《秦始皇的传说》和浙江地区的《孟姜女》描述秦始皇好色，竟要娶母亲（或父王爱妃）为妻，被要求筑城墙遮日，为此开始修筑长城。其中，赶山鞭是秦始皇传说的重要内容，各地传说中对制成赶山鞭的宝物描述各不相同，河北地区《赶山鞭》是菩萨送民夫的五彩线；北京地区《二郎神与赶山鞭》是二郎神送的牛、针、布条儿、黑线；陕西地区《赶山鞭》是观音菩萨送的红线；河南地区《秦始皇得赶山鞭》是观音老母送的红头绳。其共同点都是神仙同情民夫搬运石条辛苦送来宝物以减轻重量，却被秦始皇搜去制成赶山鞭，这条鞭子能赶山填海，为修长城立下汗马功劳。

其三是孟姜女的传说，广泛流传在山东、河北、湖南、山西、陕西、浙江、黑龙江等地区，数量可观，形态各异。比如黑龙江地区、辽宁地区、河南地区、河北地区的《孟姜女》；北京地区的《长城和孟姜女》《孟姜女和最早的一段长城》；山西地区、安徽地区的《孟姜女的传说》；陕西地区的《孟姜女和范喜良》《孟姜女的故事》；甘肃地区的《孟姜女选婿》；山东地区的《孟姜女哭倒长城之后》《杞梁和姜女》；江苏地区的《孟姜女与银鱼儿》《太湖的孟姜女》；上海地区的《孟姜女的传说》《孟姜女走沙路》；浙江地区的《孟姜女》《孟姜女和土地公婆》《哭长城》《破娘生银鱼》；湖北地区的《孟姜女寻夫》；湖南地区的《孟姜女与范喜郎》《孟姜女梦中助尚书》；广西地区的《孟姜女送衣》，等等。众多版本的孟姜女传说，构成了一个异彩纷呈的孟姜女传说系统，在所有长城传说中最为令人注目。

其四是其他历史人物的传说，著名的有《项羽的身世》《李闯王越长城》等。

长城传说留给人们的是勤劳智慧创造生活的基本真理，善良战胜邪恶的朴素信念，对和平安定的永久追求和对故乡厚土的无限深情。从这些长城传说中，人们能得到许多精神上的滋养：在想象中得到追求美好的快慰，面对苦难时汲取战胜现实的力量。

本书精选长城传说 119 篇，收录自 1919 年五四运动以来，海内外以专书印行的各地长城传说，侧重选取各地区有代表性、流传广泛的传说，其中少数民族传说仅收录已翻译成汉文的作品。各类别之内，大体依明长城的走向自东向西安排顺序。长城传说所在省份一般指讲述者的省籍，未标明出处者则按故事发生地。

应当向读者说明的是，从目前已经整理的长城传说资料来看，不同地区多寡相差悬殊，长城沿线各地区分布也不均衡，并且境内没有长城的某些地区传说数量却多得惊人，比如浙江（这可能与明代戚继光主持修筑蓟镇长城时曾从这个地区征发兵卒北上戍边有关）。同一内容题材的传说出现异文的情况也不少，即一种传说以各样不同的姿态在流传。因此，读者在本书中既可以领略各地最具代表性的长城传说，也能见识到似曾相识又略有差别的一类多篇传说，这也正是长城传说的一个很重要的面貌，从中能够观察这些传说的流传过程和民间的创造。

传说本是众口创造，必须采集记说才能成篇。很多长城传说，早年未见于文字记述，随着文化遗产保护意识的增强，一批研究者耗费心力进行了令人钦佩的田野搜集整理，它们才能得以面世。可以说，长城传说是人民集体智慧的结晶，是世代传承者留给我们的文化遗产，是由讲述者、采录者共同完成的，凝聚着两者共同的智慧和汗水。本书收录的传说，皆为公开发表过的文本，尽可能齐全地注明讲述者、搜集整理者，特意保留民间语言的味道，带你走近口耳相传的千载长城。

本书所录长城传说，对资料来源、内容分类、主要问题说明如下：

1. 资料来源

收集五四以来，海内外以专书印行或登载于报纸杂志上各省汉族长城民间传说，少数民族仅收集已翻译成汉文的作品。当代与长城有关的历史事件与人物的民间传说，因缺乏时间陶炼，真伪难分，暂不收入。

2. 内容分类

依照长城传说内容分类编列。依照长城传说内容，分为长城遗迹的传说、修筑长城的传说、长城人物的传说。在每个传说前标明省份，省份按照故事之发生地或主要人物之省份判断。

3. 主要问题

虽然全国拥有长城的省份众多，但长城传说的分布却很不平衡，北京、河北、甘肃的长城传说最多。长城传说多集中在长城重要关口，比如八达岭、金山岭、居庸关、山海关、嘉峪关、娘子关等地流传的长城传说相对较多，其中又以山海关和嘉峪关的长城传说为最多。

长城传说的流布也很复杂，出现了很多内容交叉的异文，这是因为民间文学本身具有流动性的特点，同一传说故事可以出现在不同的地区，甚至不同的民族。本书一方面选择各地最具特色的长城传说，但也不回避选择一些类同的传说，以供读者看到长城传说的流传及其在各地区产生的变异。研究者认为这正是民间传说研究中最重要的资料表现，可以据此看出很多民间传说在流布中的特点。其中以孟姜女的传说最为突出，河北、山东、安徽、上海，包括台湾，都有孟姜女的传说，但是以各种各样不同的姿态流传。

目前的长城传说研究还存在一个问题，现有很多正式公开发表的传说资料，科学性不够，必要注明的讲述者、搜集整理者、翻译者、收集时间、地点的资料，有很多都付诸阙如，使得有些民间传说不明族别、不明地区，难以使用。也有些传说，整理者按自己的需要，随意改写增删，破坏了原来的面貌，已等同创作而非民间文学了。对于这些不够严谨的长城传说资料，本书都不予采用。本书所收录的传说，主要是近年来地方专业工作者按照民间文学田野规范搜集整理的长城传说文本。在资料的使用上，尽量采取那些同时有异文流传的传说文本，以便最大限度地保证长城传说空间分布上的合理性，同时尽量参照使用地方文献记述，以便在时间延续上建立起联系，探究传说的形成、演化轨迹。

目 录

contents

概说：传说与神话、民间故事的区别 …… 1
漫谈长城传说 …… 7

长城遗迹的传说

一、长城关隘城池、墩台堡塞得名的传说

河北•三道边 …… 12
河北•山海关 …… 13
河北•紫荆编关 …… 15
河北•好难过的冷口关 …… 17
河北•喜峰口 …… 18
河北•大境门 …… 19
北京•八达岭 …… 21
北京•慕田峪名字的由来 …… 23
内蒙古•杀虎口的来历 …… 25
宁夏•二道边 …… 27
宁夏•赤木关传闻 …… 29
宁夏•八步战台 …… 31
甘肃•长城三关的由来 …… 33
甘肃•玉门关 …… 34

二、长城景观遗迹传说

辽宁•演武台和万岁松 …… 38
河北•望京楼 …… 40
河北•攀倒井 …… 42
河北•孟姜女庙门前的对联 …… 44
河北•萧显写匾 …… 46
北京•望京石 …… 48
北京•血斑石 …… 50
北京•万喜良桥 …… 51
北京•青龙倒吸水 …… 53
北京•滴泪泉 …… 54
陕西•红山夕照 …… 55
宁夏•白马庙原 …… 56
宁夏•边墙夕照 …… 57
甘肃•李陵碑 …… 60
甘肃•击石燕鸣 …… 61
浙江•孟姜石 …… 62
浙江•升天石 …… 65
湖南•澧县孟姜山的来历 …… 66
湖南•孟姜竹 …… 68

修筑长城的传说

一、修筑长城艰辛过程的传说

辽宁•茶壶嘴 …… 70
辽宁•长城砖石不搭灶 …… 72
辽宁•九门口的长城咋修成的 …… 75
河北•断壁崖上筑长城 …… 77
河北•王小背砖十八块 …… 79
北京•万年灰 …… 81
北京•九缸十八锅 …… 83
北京•修居庸关的大石条 …… 84
北京•八达岭北三楼底下为啥是空的 …… 87
北京•鹰飞倒仰十八磴 …… 90

内蒙古• 差修边 …… 91
陕西• 孟长城与城砖 …… 93
甘肃• 选址建关 …… 94
甘肃• 定城砖 …… 96
甘肃• 嘉峪关上一块砖 …… 98
甘肃• 冰道运石 …… 100
甘肃• 山羊驮砖 …… 101

二、修筑长城过程中得到神仙帮助的传说

河北• 二郎神的传说 …… 105
河北• 张果老修边 …… 107
天津• 臭虫、蚊子的来历 …… 108
北京• 仙女楼 …… 109
北京• 驴驹子庙与望金石 …… 110
北京• 神牛驮砖 …… 113
北京• 二郎神与赶山鞭 …… 114
北京• 莲花女与长城 …… 117
黑龙江• 二郎担山赶太阳 …… 119
湖南• 龙生虎养的楚霸王 …… 120

长城人物的传说

一、修筑镇守长城的将士和英雄的传说

河北• 将军楼 …… 124
河北• 杨家将把守长城 …… 126
天津• 寡妇楼 …… 128
北京• 卧虎山的来历 …… 130
北京• 居庸关道上的五桂头 …… 131
北京• 姊妹楼的传说 …… 133
北京• 戚继光与金山岭 …… 134
北京• 李闯王越长城 …… 136
内蒙古• 大青山上的六郎庙 …… 137
内蒙古• 白道岭长城与蜈蚣精 …… 139
山西• 娘子军驻守娘子关 …… 141
山西• 六郎的神箭 …… 143

二、秦始皇的传说

辽宁• 秦始皇火烧黄松 …… 146
河北• 赶山鞭 …… 148
河北• 赶山神鞭 …… 149
河北• 秦始皇修长城 …… 151
北京• 秦始皇治水 …… 153
内蒙古• 秦始皇走马修边墙 …… 154
陕西• 赶山鞭 …… 155
陕西• 秦始皇吊孝 …… 157
宁夏• 秦始皇的传说 …… 158
甘肃• 跑马长城界 …… 161
河南• 秦始皇得赶山鞭 …… 163
浙江• 一人抵万人 …… 164
福建• 秦始皇的传说 …… 165
福建• 秦始皇遮日 …… 167
福建• 秦始皇筑长城 …… 168

三、孟姜女的传说

漫谈孟姜女传说 …… 172
辽宁• 老龙头和姜女庙 …… 183
辽宁• 孟姜女 …… 187
河北• 孟姜女 …… 189
北京• 龙女盗符 …… 191
北京• 长城和孟姜女 …… 194
北京• 孟姜女和最早的一段长城 …… 198
山西• 孟姜女的传说 …… 200
陕西• 孟姜女的故事 …… 201
陕西• 扒长城 …… 205
陕西• 哭泉 …… 206
黑龙江• 孟姜女 …… 208
山东• 杞梁和姜女 …… 210
山东• 孟姜女哭倒长城之后 …… 211

山东 • 项羽的身世 …… 214
河南 • 孟姜女 …… 215
江苏 • 孟姜女与银鱼儿 …… 217
江苏 • 太湖的孟姜女 …… 218
上海 • 孟姜女的传说 …… 221
上海 • 孟姜女走沙路 …… 224
安徽 • 孟姜女的传说 …… 225
安徽 • 白颈老鸹的来历 …… 229
浙江 • 孟姜女 …… 230
浙江 • 哭长城 …… 233
浙江 • 孟姜女和土地公婆 …… 235
浙江 • 破娘生银鱼 …… 237
浙江 • 项羽浮江出世 …… 238
福建 • 孟姜女变花报夫仇 …… 239
福建 • 西瓜精点倒长城 …… 241
湖北 • 孟姜女寻夫 …… 242
湖南 • 孟姜女与范喜郎 …… 243
湖南 • 孟姜女梦中助尚书 …… 247
广西 • 孟姜女送衣 …… 249

概说：传说与神话、民间故事的区别

（一）

民间文学是大众集体创作的口头文学，最能反映一个民族的精神。它是人类最早的文学和历史，是智慧和经验的结晶。民间文学和书面文学一直是并存的，民间文学在占人口绝大多数的平民阶层能够广为流传，而书面文学只通行于占人口极少数的知识分子中，随着教育的普及、都市的发展，已有的民间文学越来越多以书面的方式流传。

在我国广袤的领土上，由于地理环境和气候条件的不同，也就产生了形式和内容，以至于精神风貌迥异的民间文学作品。我国以汉族为主体，会聚了50多个不同的少数民族，各民族的发展极不一致，所处的社会阶段也不相同。他们都拥有自己的民间文学，组成了人类在不同社会发展阶段的生活图卷：他们彼此相互吸收、相互影响，而又保存着各族特有的精神风貌，使得中国民间文学更显得丰富瑰丽。民间文学呈现的是一个有情的世界，山川大地、风雨雷电，乃至飞禽走兽、一花一草，都有自己的故事；人世间的风俗习惯、人物事件乃至俗话谚语都有它们的历史，这些都是民族心灵集体创造出的世界和传统。

其一，从历史看民间文学。

《战国策》和先秦诸子中所含的传说、故事、寓言等，也大多采用民间文学的素材。《楚辞》采用了南方民族的宗教歌谣形式，又吸取了大量的神话。古时有采风之官，专门收集民歌，又有稗官，负责收集街谈巷议的小家珍说。汉武帝时曾设乐府以搜集民间歌谣，两汉六朝盛行的乐府诗，大多是民歌，以后才出现文人的仿作。在一般的书籍中，由历史到小说，如《山海经》《淮南子》《新序》《说苑》《越绝书》《吴越春秋》《搜神记》《述异记》等书，都记录了不少民间故事。笔记小说更不断出现文人搜集记录的民间传说。唐代出现的词，亦是来自民间。敦煌卷子中保存了不少民间词曲和含有民间传说的讲唱文、变文等。唐人小说题材已颇有吸取自民间的。宋、金、元及其后的讲唱文学、小说、戏曲，亦是起于民间，而后才有文士参与创作。至于冯梦龙的《山歌》、李调元的《粤风》、吴淇的《粤风续九》等，则是采集民歌之作，后者更是收录了少数民族的作品。历代类书、方志等所记载的民间文学资料亦甚多。

其二，分门别类，撷取精华。

中国近代受西方思潮的影响，民间文学乃重新受到知识分子的重视。1918年北京大学教授刘复、周作人、沈尹默、钱玄同、沈兼士等人成立"歌谣诗歌会"，专门搜集歌谣创作。1922年年底出版《歌谣选刊》，刊登了搜集到的歌谣、谚语、谜语、歇后语等，后来又将搜集范围扩大到民间传说和风俗，并刊载研究论著，出版歌谣及故事丛书。1927年中山大学语言历史研究所成立了民俗学会，先后出版了《民间文艺》《民俗》等专门刊物和民俗丛书。接着厦门、福州、汕头、揭阳、杭州等地都设立民俗学会。1930 年中国民俗学会在杭州成立。各学会或出版专刊，或于报刊中设立副刊，或出杂志专号，或出丛书以刊载民间文学作品及研究成果。以后由于战争动乱，民间文学的搜集和研究工作受到影响，但一直仍有许多热心人士，继续从事相关的工作。中国的民俗学运动，经过了以北京大学为中心的发端与开拓时期（1918—1927）、以广州中山大学—杭州民俗学会为中心的奠基与发展时期（1927—1949）和以北京为中心的新兴时期，涌现了一大批著名的民俗学家，其中以顾颉刚、江绍源、钟敬文、娄子匡的贡献最为突出。

民间文学范围极大，分类方法也很多，按照题材可以分为散文、韵文、散韵混合三类。散韵混合包括曲艺和民间小戏；韵文有民歌、史诗和民间叙事诗、谚语、谜语等；散文则是广义的民间故事，包括神话、传说、生活故事、幻想故事（童话）、寓言和笑话等（后四种即一般所指的民间故事）。

其三，保存传统，以供创新。

民间文学的收集和整理能为人文社会科学研究提供研究的资料。对于没有文字的民族，民间文学就是他们的历史，有关本民族的起源、迁徙、重要的历史事件、历史人物、风俗习惯和社会制度的演进和沿革，无不世世代代口耳相传。即使有了文字，书面所记载的不过是仅几百年的事，至于数千年的历史、漫长的史前史，仍有赖民间文学特别是神话的描绘。即使在书面历史时期，民间传说仍具有保存史实的功用，历史学家往往搜集口头传说以补充文字记录之不足。至于民间故事所反映出的宗教信仰、社会关系、风俗习惯等，都是社会学、民族学等学科的研究素材。

民间文学故事，不单是各地汉民族的民间故事，也包括各少数民族的民间故事。从民间故事的研究，再扩大到民间文学的其他领域，以迄俗文学和方言文学，对中国文学才算有完整的了解。事实上，民间文学不仅是书面文学的源头，而且经常创造新的文学形式，为书面文学提供新的创造天地；此外，书面文学也经常吸取民间文学中故事主题和人物的精髓。

其四，来自民众，回到民间。

民间文学塑造了固有的文化的价值观念，大众通过民间文学认识人生、认识社会、认识自然，进入传统的文化领域，收获伦理道德的涵养，学会社会的习惯和礼俗，认识所处的环境和历史。这些民间故事来自民众，也应当回到民间。这些山川风物的传说足以激起爱国的情操，而历史事件和人物的传说更能唤起思古之幽情。民间的幻想故事正是各族的童话，丰富的想象力和浪漫色彩构成了一个虚幻而又逻辑上现实的世界，很接近青少年的心理特质，是适合今天的青少年阅读的作品。

（二）

长期以来民间传说与民间故事的界限没有清晰的区分，不少研究者把所有民间文学中的神话、传说、寓言、童话、笑话等都看作民间故事。产生这种情况的原因主要有两点：第一，民间传说与民间故事都是散文体裁，并且都有幻想成分。第二，有些民间故事原本是传说，后来经过发展演变，原来的传说成分渐次消失，成为一般的民间故事了。例如，“孟姜女的故事”的母胎是杞梁妻的故事，属于传说，后来几经演变，杞梁妻的故事不为人们所知，人们只知道孟姜女的故事，孟姜女成了一个完整的艺术形象了，同杞梁妻的故事已经不相干了。在这样比较复杂的情况下，有的研究者侧重从其母胎上看，就称孟姜女的故事为“传说”，有的研究者侧重从演变后的艺术形象上看，就叫它“故事”，结果仍无法说清楚究竟是“传说”还是“故事”。所以有必要探讨一下民间传说和民间故事的界限问题。

先说传说。“传说”，古代叫“传道”。《周礼·夏官·训方氏》说，“诵四方之传道”。郑玄注曰：“传道，世世所传说往古之事也。”汉代不叫“传道”，叫“传说”。《汉书·艺文志》说：“下及诸子、传说皆充秘府。”这里的“传道”“传说”与今天的所谓“传说”基本相同。它的意思是指过去时代流传下来的故事，并且认为这些故事很重要，近乎历史的资料。先秦时这些“故事”要“为王诵之”，汉代则要把它收录起来，保存于王朝的图书馆里。可见，古代的“传说”具有一定的历史性。《史记》的《五帝本纪》或许就是根据这类传说写的。我们既不能完全肯定它是真实的历史，但也不能完全否定它没有一定的历史依据。

今天的民间传说是古代“传说”的继续和发展，它突出的一个特点就是具有一定的历史性。就是说它的故事主人公是历史人物，或者它的故事是一定历史事件的加工创造。这可以成为我们判定传说时依据的特点，以历史性加以衡量，合乎这一特点的叫“传说”，不合乎这一特点的就不能叫“传说”。例如《屈原的传说》《三国的传说》等虽然并非都是历史事实，但历史上确有这些人物和事件，具有“传说”的特点，因此称为“传说”。但有的研究者把“传说”的范围扩展得很大，举凡有关动植物的来源、地名来源、星辰来源、习俗来源等方面的故事都叫作“传说”，这就把“传说”的界限搞模糊了。在上述这些故事中，有的可以叫作“传说”，但有的就应该归入神话、故事、童话，不能叫作“传说”。因为这类作品，虽然其中的物、地、星辰、习俗都是客观存在的实物或实事，但故事及其主人公并没有历史的依据，纯属创作者的虚构，即故事及其主人公无法找到历史依据的，只能称为故事，不能称为“传说”。

再说故事。“故事”，古代叫“故实”。《国语·周语》说，“赋事行刑，必闻于遗训，而咨于故实”。韦昭注曰：“故实，故事之是也。”汉代直称“故事”。《史记·三王世家》说：“窃从长老好故事者，取其封策书，编列其事而传之。”但这里所说的“故实”“故事”是“旧事”的意思，即过去时代的一些历史先例，同今天所说的民间故事的“故事”不一样。

今天的民间故事纯属劳动人民智慧的艺术的创造。就其题材内容说，是关于人世生活的故事；就其艺术表现说，是现实主义的或者在现实主义基础上有一定的幻想成分。苏联学者把民间故事分为幻想成分较多的和幻想成分较少的两大类。国内学者也有持这种观点的，或者直接把神话、传说、寓言、童话、笑话等都看作是民间故事。这种分类显然把民间文学简单化了，模糊了民间故事与神话、传说、寓言、童话、笑话等其他类别的民间文学作品的界限。

民间故事有区别于神话、传说、寓言、童话、笑话等其他类别的民间文学作品的特点，主要有三点：

其一，虚构性。民间故事中的人物、地点、时间、故事等都是创作者虚构的，它不像民间传说那样有一定的历史性。民间故事中的人物有的有姓名，有的没有姓名，只是一种通称，类似于代号。民间故事中的地点一般也没有确定的地名，地点可以是在高山上，可以是在海边，可以是在一个村子，或者干脆什么地点也没有。民间故事中的时间也往往比较模糊，经常使用“从前”“在很久很久以前”“古时候”等这样界定模糊的时间表述。这些人名、地点、时间的使用都体现出了民间故事的虚构性特点。

其二，生活题材。民间故事的内容是现实的社会生活，这种以生活为题材的故事很丰富，可以概括为种种类型，包括长工和地主的故事、仆人和主人的故事、聪明人和傻子的故事、百姓和官老爷的故事、婆媳故事、爱情故事等。这些故事充分体现了劳动人民的爱憎情感，表现了劳动人民的聪明才智和勇敢斗争精神，表达了劳动人民被压迫的痛苦以及渴望自由的美好愿望。

其三，现实主义。民间故事一般来说，是反映现实的社会生活，较少有幻想成分。当然有的民间故事也充满幻想，但这些幻想成分是作者表达自己的理想和愿望的一种艺术手法，与神话、传说、寓言、童话等其他类别的民间文学作品的幻想是不同的，后者作品中的幻想是作为一种完整的艺术构思，并在表述中确信这些幻想为事实。

说到这儿，可以再明确一下神话与传说的关系。从概念上说，神话与宗教相关，传说与历史相关。但在民间文学的流传中，相同的人物、相同的情节既出现于神话，又出现于传说的情况比比皆是。民族始祖经常进入神话世界，获得神的庇护；神灵也经常闯进人类社会，干涉人类历史活动的进程。这些都是神话与传说之间存在着密不可分关系的有力证据。列维·斯特劳斯在《神话与意义》中讨论神话与历史关系的时候，曾经表明：对于原始民族而言，神话就是他们的历史。可见，神话与历史之间的鸿沟在原始人那里是不存在的，这样的情况下，神话和历史就很难绝对地区别开了。事实上，同样的叙事母题，可以被处理成神话，也可以被处理成传说。

现在，我们可以梳理一下神话、传说、故事的关系了。神话、传说、故事是民间文学中的三大叙事性文学。神话是人类最古老的叙事文学，产生于原始社会时期。钟敬文教授主编的《民间文学概论》中说："神话作为民间文学的一种形式，是远古时代的人民所创造的反映自然界、人与自然的关系以及社会形态的具有高度幻想性的故事。"传说是在神话的基础上发展起来的一种叙事文学。从整体上看，传说基本上仍继承着神话解释的特点，即人们在创作传说时，都是抱着要回答自然或社会中某现象的疑问来进行的。但是同神话相比，传说已不再把探索自然或社会现象的奥秘作为主要目的。在传说中，有相当一部分作品只是以探索自然或社会现象的奥秘作为创作的起点，实际上在具体描述时，重点转向了反映社会生活和表达作者的思想感情。故事是纯叙事文学出现的标志，它的特点是彻底摆脱了对自然或社会现象的解释，转向以形象来反映社会生活和表现作者的思想感情为目的。民间文学发展到故事，意味着纯的叙事文学已经出现，以后如小说、评书之类的叙事文学都是在它的基础上发展起来的。但是故事作为一种纯的叙事文学，也不是凭空产生的，而是以传说的大量发展为基础，即人们在借着解释来反映社会生活时，渐渐提高了人们创作故事的能力，以后人们一旦撇开了对自然或社会现象的解释，而以反映社会生活和表现作者的思想感情为目的，故事就出现了。需要明确的是，故事并不是在传说消失之后才出现的，实际上，故事产生以后，传说仍在继续发展，传说和故事在相当长的一段时期内是并行前进的。只有到后来，由于传说受解释的限制，渐渐不适应于表现丰富多彩的生活，创作数量上才相对有所减少，代之而起大量产生的是故事。由此可见，叙事文学经历了一个在想象的解释中产生，依赖想象的解释而发展，最后彻底摆脱了解释进入自由想象创作的过程。在这个过程中，人们以自身或生活为依据去对自然或社会现象作想象性解释，是起着至关重要的作用的，人们在解释中，由不自觉地反映社会生活，到半自觉地反映社会生活，到完全自觉地反映社会生活，正是神话、传说、故事的差别所在。

（三）

传说是由群众集体创作并在民间流传的历史性较强的口头故事。它与一定的历史事件历史人物紧密相关，故称为"口传的历史"。民间传说有以下几种：氏族祖先传说、地方风俗传说、节日传说、人物传说等。

民间传说故事按照情节的不同有类型分类法。在这里先介绍一下类型分类法。

类型研究是世界通行的一种民间故事研究方法，它发轫于19世纪下半叶，经过芬兰学派的努力，在20世纪初逐渐形成了一套较规范的理论体系和操作体系。1910年，芬兰学者阿尔奈发表了《故事类型索引》一书，从民间故事中抽绎出大量的基本情节（type）并系统编号，确定了16个故事类型，成为民间故事情节类型编目的一个国际性模式。1928年，曾师从芬兰学派的美国学者汤普森出版了《民间故事类型索引》一书，对阿尔奈的索引做了重要的补充和修订，国际学术界遂将他们的分类编排方法称为"阿尔奈-汤普森体系"，简称"AT分类法"。从此，这种以类型索引为基础的类型研究法成为民间故事研究的一种重要方法并不断丰富和发展。1928年俄国学者普洛普提出按"功能"（function）来划分类型；1932年汤普森提出民间故事的最小叙事单元——

母题（motif）；1936 年瑞士心理学家荣格提出“原型”（archetype）理论；1955 年法国结构主义人类学家克•列维 - 斯特劳斯提出“神话素”（mytheme）理论。中国的民间故事类型研究虽然由于种种原因目前落后于世界同行，但在该研究方法运用的初始阶段，中国学者的研究却是基本上与世界学界同步的。钟敬文对民间故事的比较研究开始于 1928 年，他与杨成志合译了班恩丁 1913 年出版的《民俗学概论》的附录《印度欧罗巴民间故事型式表》。1931 年 7 月在《开展月刊》上发表《中国民间故事型式》（原作《中国民谭型式》）便是他研究中国民间故事类型的最初成果之一。《中国民间故事型式》列出了 45 个民间故事类型。

《中国民间故事类型索引》，丁乃通著，中国民间文艺出版社 1986 年出版。采用国际通用的 AT 编码，对 1966 年以前几乎所有可见的汉民族民间故事进行归类，为把中国故事纳入国际间比较研究打开了通道。

《中国民间故事类型》，艾伯华著，王燕生、周祖生译，商务印书馆 1999 年出版。德国学者艾伯华的《中国民间故事类型》是一部西方学者研究中国民间故事的早期著作，也是一种学术工具书，于 1937 年在芬兰赫尔辛基出版，是第一部系统的中国民间故事类型索引，成为西方学者了解和研究中国民间故事的桥梁。它使用了国际通用的 AT 分类法，而没有局限于 AT 分类法的框架，主要是按照中国民间故事的特点对中国的故事类型进行了归纳和概括。作者检阅了 303 本书刊中的 2994 篇故事，归纳出 246 个故事类型索引，作者还尽可能地指出了这些类型所涉及的古代典籍或其他出处，并发表了许多对中国民间故事的见解。直到 1999 年，这部颇有影响的著作终于在中国翻译出版，钟敬文先生作《中译本序》。

《中国古代民间故事类型研究》（三卷本），祁连休著。本书所论列的五百余个故事类型，完全是立足本国，从大量的古籍文献中梳理、概括出来的，每一个故事类型的确定，都是以中国古代民间故事类型自身的特点为依据的，其命名也是按照中国人的思维方式并且适当参照中国学界过去的一些做法来确定的。这样运作，不但可以关注“AT 类型分类法”不涉及的传说类型，而且可以充分关注中国特有的故事类型，以期更好地展示中国古代民间故事类型的全貌，并且避免按“AT 类型分类法”操作时出现削足适履的种种尴尬，避免“AT 类型分类法”中诸如确定的类型过于宽泛、或者将一个完整的故事分为几个类型之类的弊病。

类型研究的注意力比较集中于故事梗概的共同点及相异点，比较重视探究故事的流变过程和原始形态，这种研究方法有很明显的优势，但也有不足，那就是类型研究一般不重视作品思想内容和艺术特点等的分析和阐明。因为，故事作为一定社会形态中的人们的精神产物，应该联系它产生和流传的社会生活、文化传承，对它的内容、表现技术以及涉及的人和情景等进行分析，以达到阐明这种民众文艺的性质、特点、形态变化及社会功用等目的。所以，类型研究尽管从整个民间故事学的观点看，无疑是有重大意义的，但也要认识到，它的研究只是整体的一个侧面或一个环节。

望夫化石型就是民间故事类型中的一类，这一类故事的形式基本相似。主要有五种异文，产生这类故事的原因不外乎三个方面，相似的自然环境、生活方式和相同的历史发展阶段，同时封建礼教和道德观是这类故事的特定历史文化背景。

民间望夫化石型传说故事各地都有流传，并与山川景物相联系，常常为某地的一大风物和景观，这种类型的故事在张紫晨著的《中国古代传说》一书中也列为传说的代表性形式之一。

民间望夫化石型的传说故事其基本的情节形式是某地有女，每日登山，望其远去之夫，日久化而为石。它的流传范围几乎遍及大半个中国，在滚滚东流的黄河岸边，在源远流长的长江两岸，在河网密布的东南沿海，几乎到处都有这类故事的流传。从各地流传的情况来看，在基本形式相同的情况下，对远去之夫久而不归的原因，尚有多种异文，如：

其一，丈夫为谋生计久出未归，妻子盼夫早归，每天登临高山，虽望穿秋水，终不见夫影，最后化为石头。属这类故事的有浙江温岭市的“石夫人”（《石夫人》），福建诏安湾的“望夫台”，又名“望洋台”。《望洋台》这个故事中的女子虽未化为石头，但她每天登临探望的那块巨石顶上硬是让她踩出了深深的脚印。

其二，丈夫为服劳役或兵役去了边关，未能生还，妻盼夫归，望眼欲穿，结果也化成石头。这一类故事占的比例最大，流传的地区也最广。除了大家都熟知的孟姜女望夫石（即辽宁兴城望夫石）外，还有山西的望汉山（《石人笑》）、贵阳的望郎山（《望郎山的故事》）、江西德安和山西黎志的望夫山（《水经注》）、《寰宇记》中记载的安徽当涂县望夫山、《幽明录》中记载的湖北武昌北山的望夫石。

其三，丈夫为民除害，最后力竭身亡，妻子痴心相待，化成石头。浙江天台的《望海山尖》和四川乐山的《美女峰》都属这种类型。

其四，夫妻二人倾心相爱，财主或恶霸欲霸占妻子，丈夫斗不过恶势力，弱女子为抗强权而奋不顾身，最后是感天动地望夫化石。温岭关于“夫人”的另一传《石夫人》，福建的“玉女峰”（《玉女峰》）就属这一种类型。

其五，这一类主要发生在人神之间或神仙世界里，望夫之人是“神女”。 比如流传于石家庄苍岩山一带的《仙女望夫》，长江边巫山十二峰中的神女峰。

尽管故事在流传中有这些变异，但其情节的主干仍然不变。它在广阔的范围内流传，并为众多的民众所接受，相似或相同的自然环境是产生这类故事的前提条件。一般说来，在这类故事的发源地都有一些引发人们联想的类似的物质存在，如状如人立的石头、孤立水边的礁石、印有脚印的巨石、亭亭玉立的山峰等等。这些石头、山峰，或在水中，或在高山顶上，只要有遥望之姿，都会使人们想起某个女子伫立高山之巅、滨海之畔，企慕丈夫早日回归的身影。

望夫化石型的民间传说，大多产生于封建社会，所以我们不可能避开封建礼教和道德观来谈论这类故事的文化特质。这类传说以丈夫行役未归、女子望夫化石为最多。从一个侧面去窥测造成这些悲剧的根源，抓男子去服役的是统治阶级，正是他们逼得老百姓妻离子散，有家归不得，最后尸抛荒野。劳动人民在传颂这些故事的时候，除了哀叹女子的不幸之外，还饱含了对统治阶级的刻骨仇恨。还可以从这些故事的由来中隐约窥视到老百姓在创造民间故事中的一些心理内驱力。老百姓不堪严苛的劳役、兵役，想求助于一些美好的想象驱散心中的愁苦，于是有了望夫石这样一些丰富而大胆的想象。

（四）

每一个民族都有自己悠久的历史，都有无比灿烂的文化风俗和文化遗产，它们会渗透到民族生产生活的每一个角落。这些传说辐射面广，包含了极其丰富深刻的教育意蕴。民间传说的教育意蕴包括：

首先，与自然和谐相处的环境伦理教育。

其次，尊老爱幼、勤劳勇敢、惩恶扬善的品德教育。特定的民族总是生活于特定的文化场域中，不同的文化场域孕育不同的民族精神和品质。华夏民族在特定的文化场域中，形成了追求自由、重义守信、勤劳勇敢、爱善良、憎邪恶等最为突出的品质特征。

再次，满足人们心灵和精神需要的审美教育。

最后，生产劳动和民族历史的知识教育。

漫谈长城传说

长城，我们中华民族的象征；长城，世界文化史上的瑰宝和奇观。早在公元前7世纪至公元前3世纪之间，是我国的春秋战国时期，当时，几个较大的诸侯国，为了互相防御，修筑了高大的城墙，由于这种墙很长，还互不连贯，所以被称为“长垣”或“长城”，有“赵长城”“魏长城”“燕长城”等等。公元前221年秦始皇统一中国，“使蒙恬将三十万众，北逐戎狄，收河南。筑长城，用制险塞，起临洮，至辽东，延袤万余里”。以后，西汉、东汉、北魏、北齐、北周、隋、辽、宋、金元、明各代都修筑或增建过长城。特别是明长城，东起鸭绿江边，西至嘉峪关，越过高山和草原，万里长城蜿蜒曲折、绵延不尽。万里长城，长城万里，一座座雄关，一个又一个烽火台、城垛，长城沿着山岭、丘壑，沿着黄河、大地，伸向沙漠瀚海，正是这条巨龙捍卫了关内江山，保护了关内外的和平安宁，使得沿着这条线的各族人民生产得以发展，文化得以繁荣。今天长城沿线很多地方已经风化，历史上的重要关口很多已经消失，那些长城沿线的各种风情、传说却有幸得以保存下来，继续讲着长城的故事。

长城所保存的文学、艺术的宝藏，是一笔十分重要的文化艺术瑰宝，它对于我们今天文学、艺术的欣赏，创作的借鉴，都有重大的价值。它不仅是中国人民的珍贵文化财富，也是人类共同的文化财富。1961年中华人民共和国国务院已将它公布为第一批国家重点文物保护单位，1987年又被联合国教科文组织世界遗产委员会列入世界文化遗产名录。保护文化遗产的重要意义，越来越受到国家的重视。1961年公布了山海关、八达岭、嘉峪关三处为第一批国家级重点文物保护单位。其后，第三批又公布了玉门关及长城烽燧遗址、居延遗址（烽燧、塞墙）、金山岭长城、兴城城墙（宁远卫城）等长城重点地段、关城、卫城为国家级重点文物保护单位。

维修长城，是保护长城的重要手段。由于风雨侵蚀和人为的破坏，长城已经大部残毁，尤其是早期用土石、砂砾等材料构筑的长城，已很难找出完整的段落。就是明、清修筑的砖石长城保存完好的也已不多。据初步估测，目前保存基本上可看出形体的长城，约可占十分之一二，保存基本完整的仅百分之一二而已。长城损毁严重，现状堪忧，长城保护已成当务之急，同时亟须抢救保护的还有长城传说故事。

20世纪80年代中期，由中央文化部、国家民委和中国文联三家协作、组织编撰的中国民族民间文艺10部集成志书，经20余年群策群力的不懈努力，于2009年新中国60年大庆之际出齐《中国民间故事集成》（30卷），被誉为一座民族文化长城。其中包含民间文学方面的故事、歌谣和谚语三套集成。在编纂《总方案》中指出：“中国民间文学三套集成是在全国范围内进行普查、广泛搜集的基础上，按照科学性、全面性、代表性的原则编选出来的，是具有高度文学价值和科学价值的中国各地区、各民族民间故事、歌谣、谚语优秀作品的总集。”

钟敬文先生担任《中国民间故事集成》的主编，刘魁立、许钰、张紫晨、陈子艾、贺嘉等为副主编。《中国民间故事集成》（30卷）的鲜明特色，首先是它所收录的口头文学作品的厚实与鲜活。《中国民间故事集成》一书的编纂，按“民间故事”的广义，含神话、传说和故事三种民间口头叙事体裁，它基本上不收录现成书面资料，要求所有作品及相关资料均从田野调查中采录得来。为此，在全国范围内进行了一次民间文学普查。其规模之大，不仅在中国是空前的，也为当今世界所罕见。除《中国民间故事集成》国家卷精选少量作品外，各地大都以市、县为单位，甚至有不少区、乡，都编印了本地的民间故事集成“资料本”。

令人欣喜的是，在祖国大陆于20世纪80年代初期全面展开的编纂民间文学集成热潮激励下，海峡对岸台湾省文化学术界的有识之士，也发出了“抢救民间文学资料”的呼吁，并在80年代末90年代初积极推进调查、采录、研究民间文学的活动，取得了一系列引人注目的成果。其中最突出的成就是陈庆浩、王秋桂主编的一套《中国民间故事全集》（40册），于1989年6月由远流出版公司出版。该书从各省各族民间故事中，选取具有地方风味、民族特色、艺术价值的代表作，构成巨著。主持人之一的陈庆浩对出版此书的经过作了如下介绍：“中国民间文学资料的采集和研究是我的一个工作重点。八十年代初，我开始整理收集到的一千多种书刊，发现台湾民间文学数量甚少，质量不高。每次来台，都和学术界的朋友们谈到如何推动台湾民间文学的采集、整理、教学、传播和研究。当时大陆正如火如荼地进行编纂中国民间文学三套集成的工作，而台湾却是无声无息，令人焦急。于是在王秋桂先生的协助下，将这批资料运到台湾，在远流出版公司成立资料室，编纂《中国民间故事全集》，目的在传播中国民间文学，引起社会对民间文学的重视，以推动台湾的民间文学采集工作。”《中国民间故事全集》将五四后经过成千上万人所搜集整理而后出版的民间故事，按不同省份和种族集中起来统一分类，再在各类中选出具有代表性、地域性，或民族特色较强，而且兼有较高艺术价值的作品分省编列编成全集。《中国民间故事全集》将中国民间故事经过全面的整理，并在统一的体例下结集成书，将收集资料的十分之一，最精华部分印出，以反映中国各省份各民族的民间故事的风貌。

在中国社会急速转型这个历史时期开展的这次大规模的民间文学普查，使集成这部书得以将各地区、各民族的鲜活民间文学珍品收罗于其中，这是一项具有历史意义的辉煌成果，它不仅成为这部故事书的最大特色，积累的大量故事资料，同样十分宝贵。正是以此为依据，中国民间文艺家协会于2004年4月开始启动另一套《中国民间故事全书》（3000卷）的编纂工程，将中国民间文化遗产的抢救工程持续向前推进。这套丛书正是三套集成《中国民间故事集成》县卷本资料的系统编纂。

这三种大型民间故事集成是目前较权威的研究民间文学的资料库。现有的长城传说的研究成果，更多的是地方传说的集子，很多是出于旅游宣传的需要，对地方文化进行介绍，这些传说集子中包括部分长城传说。比如秦皇岛市人民政府编的《秦皇岛的传说》就是《秦皇岛旅游丛书》十本小册子中的一本；沈朝阳《秦皇岛长城》（方志出版社，2002年）收长城传说20个；金永强《秦皇岛地方风物传说》（方志出版社，2008年）；吴洪林《历史名城山海关》（新华出版社，1991年）。

《秦皇岛的传说》这本小册子，围绕着秦皇岛的自然地理、旅游景观编写而成，收入“景观与地名传说”和“神话与人物传说”两部分。在“景观和地名传说”部分，收录的有关长城的传说有：山海关的传说、榆关的传说、姜女坟的传说、媳妇楼的传说、桃花楼的传说、十八盘的传说等。在“神话与人物传说”部分，收录的有关长城的传说有：孟姜女的传说、戚继光的传说、肖显的传说等。这些传说千百年来流传于民间，争说于众口。

还有一些长城关口的传说集，编者们努力地把长城沿线一地的传说收集齐全，做出了很多工作，是研究长城传说很宝贵的资料。比如《嘉峪关的传说》、《长城脚下的传说》（八达岭长城传说）、《平阳公主和娘子关的传说》、《长城的传说：金山岭长城》、《长城民间传说》等。这些长城传说研究通常是地域性很强的，研究者出于对地方的热爱、对本地长城保护做贡献，进行长城传说的搜集。

《嘉峪关的传说》由嘉峪关市志办公室编，1984 年出版，收长城传说 34 个。嘉峪关，雄踞万里长城西端终点，峭立嘉峪关之麓。巍峨宏伟，险竣天成，气势磅礴，“连陲锁阴”，是古代万里长城防线上的重要军事要塞、河西第一隘口，也是古代“丝绸之路”上的必经关隘，在历史长河中留下很多瑰丽多彩的精神财富，这些遗产虽然文字记载得并不很多，但其精华所在，很多都寓于美好动人的传说中，流传下来。边塞诗人经常咏颂的“羌笛何须怨杨柳，春风不度玉门关”（王之涣）、“劝君更尽一杯酒，西出阳关无故人”（王维）中的玉门关和阳关，已经消失在历史的长河之中，茫茫戈壁滩留下的唯有那些传说。嘉峪关有名的传说有击石燕鸣和一砖定城。击石燕鸣是个凄美的爱情传说，讲述了嘉峪关城的“边塞情怀”。相传一对恩爱的燕子筑巢于嘉峪关柔远门内。一日两燕飞出关外，日暮雄燕飞回，关门已闭，遂悲鸣撞墙而亡。雌燕悲恸欲绝，不时发出啾啾鸣声至死。从此每逢有人以石击墙，就能听到燕子的鸣啼声，久而久之人们便视为吉祥的象征。以后将士出征时，家人就到这里击墙祈祥，由此形成一种风俗。这种忠贞的爱的情怀，让人闻之总不禁感动，启迪震撼着人的心智。

张鹤珊的《长城民间传说》收集地区集中在河北省城子峪村庄。城子峪村庄的长城在热爱长城的村人手中被保护得很好，在长城沿线其他地方很少能看到长城石刻，它们大都被文物偷盗者挖下来运走了，在这里情况却很不同，有当地的农民环保员志愿保护长城。国际长城之友协会将城子峪列为怀柔项目后第二个保护长城环境的项目。这个项目就包括把长城民间故事作为长城文化遗产的一部分加以保存并传扬。当地农民长城保护志愿者张鹤珊进行了 25 个长城传说的收集和整理，并配上长城图片和英文翻译，成书出版。“这些民间传说发生的背景，相当一部分是真实的，然而也有狂想的成分。在那个说书和音乐是唯一娱乐方式的年代，道听途说乃至纯粹的虚构自然而然地成了故事中娱乐性最强的部分。许多故事是说书人在茶馆中讲述的，故事能否叫座，全靠说书人的演绎。”

可见，对长城传说的系统研究并不成熟，基本上出于介绍地方旅游的需要，地域性也比较强，多是介绍一市、一地、一关的传说集。但是其中也出现了辉煌的成绩，就是文学性更强的传说集子。这主要有 1985 年花山文艺出版社出版的《长城传说故事》，收长城传说 46 个；1987 年出版的李克主编的《中国长城故事集》（北京燕山出版社），收长城传说故事 150 个；1993 年出版的严农主编的《长城的故事》（海潮出版社），收长城故事 48 个；1994 年出版的宋孟寅、董侃主编的《万里长城传说》（台北）收长城传说 52 个。这四本长城传说故事集，可以说是系统性研究长城传说的杰出成果，集中出现在 1985 年到 1995 年这十年间，是长城传说研究的精华。

长 城 遗 迹 的 传 说

一、长城关隘城池、墩台堡塞得名的传说

河北·三道边

讲述者：韩 成　采录者：齐桂兰

三道边是咋回事？三道边就是秦始皇统一中国以后修的三道边墙。北京那个八达岭是第一道边，河北万全北边是第二道边，沽源北面是第三道边。

说是秦始皇统一中国以后，怕胡人进犯，就叫全国壮年男子来修这三道边。第一道边和第二道边是砖的，第三道边是土和石头的。沽源北面都是大高山，修这第三道边可难啦。许多人往山上抬石头时累死了，秦始皇下令把累死的人全垒在边墙里。

王母娘娘在天上看见累死那么多人，心疼得很，就变成一个凡间女子，来到都城咸阳，叫守卫的人禀报秦始皇，说她有办法往山上运土、砖和石头。问她有啥办法？王母娘娘说，把绵羊背上捆上石头、砖和箩筐，箩筐里装上土，这样就可以省出很多人来。秦始皇正愁抓不到人，就同意了这个办法。秦始皇问得用多少人赶羊？王母娘娘说："只我一个人就行。不过从明天开始，你要下令让民夫们休息十天。十天以内，不许外人到边墙那边去。等十天以后，就叫民夫们来垒边墙。"秦始皇半信半疑，就说："十天之后，砖石运不上山，我就把你斩首示众。"王母娘娘说"行"。秦始皇就下命令，让民夫们歇息十天。

当天夜里，王母娘娘挥着一根神鞭，赶着羊往山上运石头、砖和土。只见乌云滚滚，咩咩声不断。十天过后，秦始皇派人去观看，回报说，砖、石头和土都运到了山上。秦始皇挺高兴，急忙下令垒边墙。过了十多天，边墙垒成了，就是这有名的三道边长城。秦始皇把三道边以外叫作塞外，他不准边墙内的人到塞外去。后来第二道边、第三道边都塌了。可直到今天，万全北面和沽源北面的山上还能看到长城遗址。

本文引自《中国民间文学集成》全国编辑委员会、《中国民间故事集成·河北卷》编辑委员会：《中国民间故事集成·河北卷》，北京：中国 ISBN 中心出版，1998 年，第 336 页。

河北·山海关

采录者：尹西树

山海关是万里长城东头的一座雄关，号称“天下第一关”。山海关南边靠海，北边挨山，南北十六里，海、关、山，膀挨膀，肩靠肩。关城有两翼，南翼城，北翼城；还有东城，西罗城，宁海城，威远城。城上有牧营、临闾、奎光、澄海等敌楼，还有很多箭楼。

这座城谁修的？据说在六百年前，山海关还没有设关建城，这里只有个土名叫“迁民镇”。朱元璋做了大明皇帝，就下了一道圣旨，派中山王老元帅徐达和军师刘伯温到迁民镇围城设防，并限期两年内完成。

他二人领了旨，来到迁民镇。第二天，两个人就骑马登高寻找筑城的地方。要说筑城，徐达是外行，他只会带兵打仗。刘伯温就不同了，上知天文，下知地理，学问大了。徐达看到迁民镇这个地方，就连说：“好地方，好战场！”可刘伯温却一声不吭。第三天，两人又来到这里，徐达又连声说这是难得的好地方。哪知刘伯温还是一声不吭。第四天，徐达沉不住气了，问：“军师，我们领旨来围城设防，一连三日，你一言不发，为啥？”“为了大明江山。”“我知道你是为大明江山，可……”“既为大明江山也为你。”“为我？”刘伯温没有直接往下说，用马鞭子指了指眼前说：“这里的确是个好地方，这座城要比别的城都要大要高，要南入海，北连山；要城连城，城套城；要楼望楼，楼对楼。”徐达听了连连叫好。刘伯温又说：“这里土地肥沃，气候也好，是个安家定居的好地方呀！”徐达满心想围城设防，从来没想过安家定居的私事，也就没在意军师说的“也为你”的话。

事情就这样定下来了，二人连夜画图，第二天送往京城。朝廷准奏，立刻动工。干了一年零八个月，就竣工了。

这天早朝，朱元璋一见徐达和刘伯温回来了，就问：“二位爱卿回京，城池可筑定了？”二人出班回奏：“托圣上的洪福，提前完工了。”“好！可曾命名？”徐达刚要张嘴说：“还没……”刘伯温冲他一努嘴，接过来说：“臣等不敢妄动。那座城，南有海，北有山，中间有座新城关，真可谓山海关，我主圣明，请恩示吧！”朱元璋一听，还是刘伯温这牛鼻子老道会说话：“好！就叫山海关吧！”

从朝里回来，刘伯温没有回府，就直接来到了徐达府上。喝着茶，刘伯温说话了：“元帅，你可知道万岁为啥单派咱俩去筑山海关吗？”“那还用问，皇上看你能算，看我能干呗！”刘伯温摇了摇头：“我得走了，不能再在朝里为官了。”徐达忙问：“你上哪儿去？”“我本是山野道人，四海为家，我还是云游四海去。”徐达说：“哎！你我随皇上南征北战，刚坐了江山，该享荣华富贵了，你走，皇上知道了，也不会答应的。”刘伯温说：“差矣！第一，我说走，皇上准会答应的，因为仗打完了；第二，我不会明着走；第三，也是主要的，皇上如果想同咱们共享荣华，就不会派咱俩去筑山海关，也不会只给两年期限。”徐达不明白：“军师你这是什么意思？”刘伯温说：“还不明白？要咱两年修筑一座重要城池，按常理比登天还难；如不按期竣工，你我身家性命难保；城池筑定了，咱若私自命名，是目无皇上，有欺君之罪；筑完了不起名，也属办事不周，也会丢官罢职。这些我早有准备。这些是刚刚开始呀，所以我得走了。俗话说：‘兔死狗烹，鸟尽弓藏’呀！”这一席话，说得徐达目瞪口呆，好半天才说：“你走了我可怎么办呀？”刘伯温说：“你不能走。大明江山刚定，你得随朝伴驾。不过，你要记住两件事。”“哪两件事？”“第一，不论什么时候，你只要在朝，就不要离开万岁的左右，赶你，你也不走，就说护驾；这第二，你身边的几位公子，不能都住在京城，这里是是非之地，最好放到别处一个，以防不测。”徐达听到这，有些明白了，说：“明天我就打发一个孩子走。你说，叫孩子到哪儿去好呢？”刘伯温说：“山海关呀，我不是说那里是安家定居的好地方吗？”“那好，明天就叫三儿子去山海关。”

著名的“天下第一关”是山海关关城的东门

正当徐达说三儿子去山海关时，胡大海闯进来了，说：“好哇！你明个儿就叫三儿子去山海关，干啥去？不说，我也听明白了，明早朝，我就告诉皇上去。”刘伯温知道胡大海是个愣头青，什么话都敢说，再说，这事也不能瞒着他，就跟他学说了一遍。胡大海一听，说：“老哥哥说得有理，咱在战场上要死，死在一起，如今求活，也要在一起活，我也打发一个儿子去山海关。”话音没落，常遇春也来了：“三位兄长，这样大事，别忘了小弟！”就这样，常遇春也打发一个儿子同去山海关。

时间不长，刘伯温真的不辞而别了，皇上也没派人去找。徐达哥仨一见，皇上果真如此，就派三个孩子到山海关安家去了。

事过不久，朱元璋在庆功楼设宴。明是为功臣庆功，暗里是怕功臣们跟他争江山，早准备了大火，要一把火把功臣们全烧死在庆功楼上。只有徐达按照刘伯温的话，寸步不离皇上。朱元璋说有事下楼，徐达借口保驾，也跟着下楼来。这么着，徐达才保住了性命。胡大海、常遇春等开国元勋，都糊里糊涂地死在庆功楼里。

徐达、胡大海、常遇春的三个儿子到了山海关，安了家定了居，他们的后代就一直住在这里。后来，在山海关城里修了徐达庙，在城东北修了胡家坟，在城西南修了常家坟，都是石人石马石牌坊。人们议论起来，都说刘伯温有眼力，修了北京城，又修山海关城，还保住了徐、胡、常三家后代子孙。

本文引自《中国民间文学集成》全国编辑委员会、《中国民间故事集成·河北卷》编辑委员会：《中国民间故事集成·河北卷》，北京：中国 ISBN 中心出版，1998 年，第 326 ~ 328 页。

河北·紫荆编关

搜集整理者：谷庆池

明朝重修长城时，从龙泉关修到唐县走马驿，从走马驿往东北至易县紫荆关，工程之浩大，旷古少有。这条线山高坡陡，工程十分艰巨。长城修到上阵驿，到了十八盘，要在十八盘修一个关口，名曰“通天关”，意思是直通青天。要求关高十丈，青砖到顶。去过十八盘的人都知道，那儿山高路陡，峭壁悬崖，别说背着东西走，就是空手行走，一不小心，就会掉进望不到底的深沟，更别提在此处修关口了。负责修城的瓦木工匠个个愁得吃不下饭，睡不着觉，从山下运料吧，耗工量巨大，时间也来不及；就地取材烧砖吧，土质松软，不适合制砖。负责此项工程的工匠叫申君玉，他是贫苦人出身，很体谅民夫的疾苦。几天来，他日思夜想眼看工期已近，还是没想出办法来，不禁愁上眉梢。一天晚饭后，申君玉到外面溜达，看着这巍巍长城，莽莽群山，满山遍野的荆条（荆条当地老百姓叫紫穗槐，荆条可编筐做篓），无精打采地往前走着。忽然，背后有人拍了他一掌，申君玉回头一看，一位白发老翁乐哈哈地站在他面前。申君玉一看并不认识，问道：“老丈，你是何人？你我互不相识，拍我一掌做什么？”老头儿道：“我看你愁眉不展，想给你解解忧愁啊！”君玉说：“老人家，我这愁可不是你能解的哟。”老头儿道：“不中，不中，我是专解千家愁、欢万户喜的人。你如看得起老夫，说说看，我给你想个办法。”君玉一看这老头确实是实心实意，便把修长城的事一五一十地讲了一遍。老人一听，哈哈大笑：“这有何难？待老夫帮你修上这通天关好了。”君玉一听，苦笑一声说：“老人家，这可不是开玩笑的哟，弄不好，脑袋就搬家呀。”老头儿笑道：“我自有办法，你不必担忧，到时候准交工。”君玉摇了摇头，老人见君玉还是不信，就火了，说：“后生，我偌大年纪，还能跟你开玩笑不成？我身上带有三百两银子，雇你的小工，误了工期杀我的头，与你无关！”君玉一见，不好再推辞，便问老头儿：“老丈用什么办法建起偌大关口？”老头儿说道：“我嘛，就地取材，就用这荆条编关。”君玉思量了一下，反正也不能按时交工了，由他去吧。

第二天，君玉便派八百民夫去割荆条。说来也怪，成捆成捆的荆条背回来了，却供不上老头儿一个人编用。只一天工夫，一座三门洞的巍巍关口编成了，上书“通天关”三个大字。然后，老头儿得意洋洋地向君玉招呼了一声，便头也不回地唱着山歌下山了。看着这用荆条编成的关口，君玉苦笑了一下：“这算什么？难道荆条城墙也能顶替砖石城墙不成？”再看那“通天关”三个大字，煞有其事地端书城上，不由一阵气恼：“哼！什么‘通天关’？这分明是老不死的故意戏弄我！”君玉一时盛怒勃起，命人立即将这荆条城墙放火烧掉。熊熊大火一连烧了三天三夜。第四天起早一看，一座雄伟壮观的关口矗立在那里，磨砖到顶，好不威风。众民夫一见，赶忙叫来申君玉，君玉顿时目瞪口呆，忽想起那老者，定不是一般黎民百姓，不知是何路神仙到此相助。他忽然想起来了，他曾问过那

苍苔斑驳的紫荆关明代花岗岩砌筑长城（陈玉 摄）

老头姓名，老头儿说姓“鱼日”，“鱼日”是鲁，噢，原来是鲁班师祖到此点化来了。想到这里，申君玉朝着通天关纳头便拜，众民夫也一齐跪下磕头，报鲁班保佑之恩。后来，皇帝知道了这件事，对申君玉大加赞赏，封官加位。现在紫荆关往南不远还有申家庄，往北有申玉村，就是因此而得名。

由于通天关是鲁班用紫荆编的，人们都不叫他通天关而叫紫荆关。既然紫荆关是明朝修的，现在为何没有了呢？据说，申君玉的后代依仗功劳权势，欺压百姓，鲁班师祖知道后大怒。一气之下，把关口又点化成了荆条编的关口，你想那荆条关口能耐几个春秋，风吹日晒早毁坏了。

这就是紫荆关名称的由来。

本文引自李克：《中国长城故事集》，北京：北京燕山出版社，1987 年，第 186 ~ 188 页。

河北·好难过的冷口关

讲述者：彭玉波　采录者：孙保学

冷口，是河北省青龙县和迁安县交界处一个长城关口，这里本来是个山清水秀的好地方，人们都过着丰衣足食的好日子。后来，因为康熙皇帝从这儿过，他说了一句话，这里就变成了一片荒山野岭，老百姓的日子也穷了。

传说，有一年康熙在宫中心中烦闷，他想到长城沿线微服游玩。康熙扮成一个买卖人，骑一头小毛驴，由几个随从暗中保护，来到青龙县的冷口。他看到冷口这地方的长城蜿蜒起伏，关口险要，真是一夫当关，万夫莫开。

康熙看了关内，又想出冷口游玩，那守关的将士不知道他就是当今的皇上，拦住他的毛驴，说："驴上的老头儿，可是要到关口外去的？"康熙也不下驴，说："是，我要出关。""拿来！"将士伸手向他要出关的公文。这可让康熙作了难，咋来？他没带。他身上倒有一颗御印，但是不能暴露身份。只好说："出门走得慌忙，忘了带公文，请将士们放我过关看看就回来。"没有公文，将士们死活不放他过去。

康熙想不到自己堂堂人帝王主，被一张小小的公文难住了。谁知他一犹豫，那毛驴却朝前走去。守关人以为这老头儿要硬闯关，也来气了，一把把他从驴上掀下来，弄了个嘴啃地。康熙的随从看到皇上落地，飞跑过来抽刀要杀守关将士。康熙急忙从地上爬起来，向随从使了个眼色，风趣地说："好难过的冷口关！"康熙这一句话不要紧，皇上金口玉言，这句话等于把冷口这地方封了。所以，打这往后，冷口关一带老百姓的日子就真难过了，再没出过一个富裕户。

20 世纪 30 年代的冷口长城

本文引自《中国民间文学集成》全国编辑委员会、《中国民间故事集成·河北卷》编辑委员会：《中国民间故事集成·河北卷》，北京：中国 ISBN 中心出版，1998 年，第 331 页。

河北·喜峰口

讲述者：杨丰俊　采录者：潘秀华

1934 年冬抗战时期的喜峰口长城

喜峰口自古以来就是个重要关口，哪个朝代都有重兵守着。可喜峰口打早的时候不叫这个名，叫松亭关。说是在关口处有三棵大松树，松树搭在一起，好像个凉亭，就叫了松亭关。

大概是元朝吧，南方有一家人，儿子被官家征到长城守边，一来就是三年。父亲在家想儿子，都快想疯了，啥活儿也干不下去。他一横心，去找儿子，找不到儿子不回来。

父亲变卖了些家产，背起个行李卷儿，就上了路。他过了长江又过黄河，来到河北地界，身上的盘缠花光了，还没见到长城的影儿。他就要着吃往前找。好容易来到了山海关，就沿着长城线找儿子。走一处一问，没有他的儿子；走一处一问，还是没有他的儿子。

从春天一直找到秋天。这天，他来到了松亭关关口，见有一个守关兵，就上前作揖打听。这个守关兵正是他的儿子。因为几年没见面，竟谁也没认出来谁。父亲这一问，儿子认出来了，喊了一声“阿爸”，父亲才认出了儿子。父子二人喜相逢，父亲乐得不知咋好了，扑上来一把搂住儿子，哈哈大笑起来。儿子见到父亲，心里别提有多高兴，也哈哈笑起来。父子俩直笑得脸色儿由红变白，由白变青，结果，父子俩一起笑死了。父子俩死后，人们就把他们埋在了关口东面的山顶上。后来，人们就说那两座坟埋的是“哼哈二仙”。

因为父子俩在这喜相逢，松亭关就改叫喜逢口了。到了明朝永乐年间，不知咋的又把喜逢口写成了喜峰口。

本文引自《中国民间文学集成》全国编辑委员会、《中国民间故事集成·河北卷》编辑委员会：《中国民间故事集成·河北卷》，北京：中国 ISBN 中心出版，1998 年，第 332 页。

河北·大境门

讲述者：史维民　采录者：孙向东

明朝嘉靖年间，世宗皇帝命兵部右侍郎翁万达督工，修筑张家口大境门这段长城，责令限期完成。翁万达接了皇帝的旨意，到张家口北面的东西太平山一看，一下子傻了眼。那东西太平山真好比两面大镜子，直上直下，根本无法立脚。翁万达从早到晚，一连在这东西太平山走了三天，心想，要把东西两面修到此处的长城连在一起，比登天还难。愁得他眉头拧出了疙瘩，两腮间塌下了坑坑，也想不出好办法。这天，他又到东西太平山看了看，还是没什么办法，叹了口气，坐在一块大石头上犯愁。这时，有个老头赶着一群羊，慢悠悠地从他面前走过去，口里还唱着山歌：

两眼朝上望青天，不见神来不见仙。
神州自有神人在，野老能将神仙搬。

拍摄于清末民初的长城关隘——大境门

翁万达听了这歌，觉得这老头大有来头。他又看了看这老头，见他长髯飘洒，举止不凡。翁万达忙站起来，朝前赶了几步，朝老头深深施了一礼。老头见了，也止步朝翁万达拱了拱手，说："大路千条，遍地通京，这位老爷要回京师，脚下便是南北贯通的千年古道。"

翁万达说："我看仙长不是凡人，请仙长教我修筑此处长城之法……"不等翁万达说完，放羊老头哈哈大笑起来："俺就是此处放羊山民，哪来什么仙长？随口唱的山歌，那是众人编排的。这位老爷想修长城，请那些能工巧匠前来不就行了吗？"说完，一甩鞭子，竟自赶着羊群走了，转眼之间，人和羊都不见了。翁万达将信将疑，依照老头指点的，立即去调工匠。

谁知就在一夜之间，发生了一件怪事儿：翁万达将各地工匠、民夫调集齐后，领着人马再来到东西太平山一看，只见那山崖下一堆堆的砖石，不知什么时候都已经运上了两座山顶。再瞅山上山下，并无人行脚印，倒有密密麻麻的羊蹄印直通山顶。工匠们连忙动工，修起了东西太平山之间的这段长城，大境门就修在这段长城的正中间。

本文引自《中国民间文学集成》全国编辑委员会、《中国民间故事集成·河北卷》编辑委员会：《中国民间故事集成·河北卷》，北京：中国 ISBN 中心出版，1998 年，第 335 页。

北京·八达岭

讲述者：郑清和　采录者：时广生

修建八达岭时，由于山高峰险，无路可攀，往山上搬石头运砖的民夫，被石条砸死的，从山上摔死的不计其数。就这样，三个月的时间过去了，也没运上多少砖石。秦始皇知道了，非常恼火，便把这个监督官斩了，又换了一个大臣来当监督官。

这个监督官一到任，就用鞭子赶着民夫往山上抬石运砖，赶修长城。三个月时间又过去了，但长城修了还不到一丈远，人即死了上万。秦始皇又斩了这个监督官。就这样，一连斩了七个监督官，换了七个大臣，时间快两年了，长城呢也没修多长。后来，秦始皇派宰相李斯来督建这段长城。

宰相李斯来到这里，一看山势这样陡峭，把沉重的石

1880 年拍摄的八达岭长城“贵宾地段”

条、上万块城砖运到山顶上，比登天还难，也发起愁来：修长城是自己出的主意，如今这段艰巨的工程别人完不成都被斩了，如果自己也完不成任务，也会落得同样下场。唉！这不叫自作自受嘛！思来想去，心一横，干！就立即命令监工手持刀棒赶着成千上万的民夫往山上抬石运砖，赶修长城。民夫稍有怠慢就被打死，十几天的工夫，民夫被打死的、摔死的、累死的就有上千人，山上山下，到处是死尸和鲜血。可是长城呢还没有修多少，这可把李斯愁坏了。

一天夜里，李斯刚睡着，就看见来了一个白胡白鬓的身佩宝剑的老者，对着李斯两眼冒火，破口大骂："你这个奸相！你出了多少坑害臣民的坏主意，废民学、坑贤儒、焚书籍，现在修长城让你来这里监工。本应叫你交不了差，但不忍心让黎民百姓常年受苦受罪，特授你'修城八法'，劝你从此改恶从善，否则难逃我手。"李斯一听，立即跪倒便拜，乞求修城之法。

老者说："修城八法是：虎带笼头羊背鞍，燕子衔泥猴搭肩，龟驮石条兔引路，喜鹊搭桥冰铺栈。"说罢，老者拔出宝剑向李斯头上砍来，李斯一惊而醒，原来是个梦。李斯急忙把梦中老者口授的修城之法记录下来，一句一句琢磨。可琢磨了一夜，仍然悟不出八法的真意来。

第二天，李斯又召集手下人猜测，三天三夜过去了，连一句也没解透。李斯实在没办法了，便把这四句话写下，张贴出去，说明：谁能解就有重赏，加封官职。

又是三天过去了没人揭榜，第四天头上，来了一个老头，他衣衫褴褛，满面灰尘，手拄拐棍，背上背着一个小女孩，手里领着一个小男孩。他揭下了榜文，李斯便接见了他。李斯看这个老头衣衫破烂，满面灰尘，又背着孩子，心想：就这个脏老头儿能比我强？我都解不出，他会明白？因此，见了老头既不施礼，也不问候，只是轻蔑地问道："你是儒生吗？"老头气愤地说："我若是儒生，你还想活埋我吧？我这个人是明知君为虎，偏找恶虎来，但捐一把骨，为救众苍生。告诉你，我就是咸阳儒士李邑，今日前来，生死由你了。"

李斯听了一惊当即拜倒，请老头指谜。这老头便把这四句隐语一一作了解释，李斯这才暗自庆幸，让老头做了参监，帮助自己修建长城。李斯按着老头的指点，利用乌龟往山上驮石条，羊往山上驮城砖，猴子为人搭肩引路往山上运料，成千上万的燕子往山上衔泥，成群的喜鹊为车辆搭桥铺路……就这样，巨大的石条，被成千上万地运上高山峻岭，工程进度很快，经过八个月的时间，这段艰巨的工程，终于胜利地完成了。

由于这段工程损了八个监工，使用了神仙指教的"修城八法"，又经历了八个月的时间才修建成的，所以这段长城起名为"八达岭"。

本文引自《中国民间文学集成》全国编辑委员会、《中国民间故事集成·北京卷》编辑委员会：《中国民间故事集成·北京卷》，北京：中国 ISBN 中心出版，1998 年，第 550 页。

北京·慕田峪名字的由来

讲述者：高凤来　采录者：宋庆丰

“慕田峪”，最初不叫慕田峪，叫杏谷。很早以前，这里山山谷谷都长着杏树，结的杏儿又大又甜。杏儿熟的时候，附近三里五村都能闻到香味儿。

话说秦始皇修筑慕田峪长城时，兵丁民夫又累又饿，守着这满山满谷的大红杏儿，谁能不吃？可是，这些兵丁民夫吃杏儿，却苦了杏谷的几十个百姓。因为百姓们以杏儿为生，每年都把这上等好杏儿，驮出山外，换回一年的食粮。现在，杏儿都让兵丁民夫摘吃了，杏谷的百姓可怎么活呢？派人看着吧，谁能看得过来，看得住谁呢？人们没有办法，只得焚香上供，求助神灵保佑。

清代北京南口外的长城与长辫游客

这一日，杏谷忽然来了一个文弱书生。书生一进村就念道：“树下有口填不满，口里有食吃不完。若要来年有吃穿，杏谷变为树下田。”人们见书生逢人就念，觉得很奇怪。其中，一个老头说：“书生，你慢点儿念，我记下来，看看你说的是啥意思。”于是，老人按书生所念之词，一一记在纸上。

第二天，书生又来了，仍念此诗文。第三天，第四天……一连六天，天天如此。人们说，这书生所念词文，必有用意。于是，人们聚在一起，开始琢磨。可是，人们琢磨来琢磨去，仍不解其意。

这一天，书生又进村来，正巧碰上有一家盖房。书生问：“你家盖房立架用的是什么呀？”主人说：“这连六岁小孩都知道，立架用木头哇。”书生又问：“木头哪儿来的呀？”主人又答说：“三岁小孩都知道，木头是树长成的。”书生听完点点头，一边念着“树下有口填不满”

的诗句，一边走开了。书生离开以后，人们议论纷纷，觉得书生问得可笑。正在这时候，有一位年长木匠师傅对大家说:“咱们先别笑，我看这个书生是来给咱们解字的。”大家就问怎么个解法，木匠师傅说：“你们看，木由树来，那‘树下有口填不满’，本是个杏字，‘口里有食’的‘食’字写作‘十’字本是‘田’字，‘若想来年有吃穿，杏谷变为树下田。’这‘树下田’是‘沓’字，‘沓’又不成字，只能念作‘木田’。书生告诉咱们，别靠杏儿为生了，改为种田，才能有吃有穿，杏谷也变为木田谷吧。”

大家一听，觉得木匠师傅说得有道理。于是，人们从此再也不侍弄杏树，而是开始种田收庄稼。在从前，“谷”字与“峪”字不分，人们就把“木田谷”叫成了“木田峪”。

据说后来这个文弱书生又来过一次，他见人们都在辛勤地种地收粮食，就对百姓说：“你们想不想种更多更好的田地啊？”人们说:“庄稼人谁不想多得到点好地呀！”书生说：“那就把‘木’字改成‘慕’字吧。”后来人们问一些有学识的人，这个“慕”字作何解释？原来“慕”字就有“向往”之意。那么，“慕田峪”就是向往得到更多田地的意思。

从那时以后，文弱书生就再也没有来过。人们说他是一位仙人所变，专来给百姓消灾解难的。而慕田峪从那时起，就没有了杏树。直到今天，慕田峪也不长一棵像样的杏树。

本文引自《中国民间文学集成》全国编辑委员会、《中国民间故事集成·北京卷》编辑委员会：《中国民间故事集成·北京卷》，北京：中国 ISBN 中心出版，1998 年，第 392 ~ 393 页。

内蒙古·杀虎口的来历

讲述者：白蔼庭　　采录者：白纯洁

呼和浩特的满族人，大都是乾隆年间打山西右卫经长城的杀虎口来这里定居的。

那杀虎口原来本是一个无名的山口，地势险恶，荒无人烟，是万里长城边上的一处荒凉隘口。话说，明朝万历年间，这个荒凉的山口常有老虎出没，闹得这一带路断人稀，人心惶惶。这里归山西的右卫县管辖，那右卫县令便张榜招贤，聘请为民除害的打虎英雄。

有一天，衙役禀报县令："有人揭榜了！"

县令让人把揭榜人带上堂来，他睁大眼睛一瞅，啊，怎么是个小孩子？他有点二糊二信的，便慢条斯理地问道："你小小年纪，能杀死大老虎吗？"

那小孩子朗声应道："大人，我只是杀虎的帮手，真正的杀虎能手是我的爷爷！"

县令赶忙让衙役把小孩的爷爷请来。他睁开眼睛一瞅，又泄了气——原来这位老爷爷已近古稀之年，呼噜带气喘的，还拄着一支拐杖。常言说得好，凡人不可貌相，海水不可斗量。县令叮对清楚祖孙二人的确是猎户之后，就摆酒席招待了他们。

这位老爷爷带着自个儿的孙子吃饱喝足之后，让衙役们领着冲山口走去。到了山口处，衙役们吓得都撤了，祖孙二人照直走进了深谷。这小孩子"猫"在一块石砬子后头，拿着口哨学作黄羊叫；老爷爷精神十足地站在石砬上头观察动静。

忽然，一股狂风乍起，刮得草木刷刷作响。说时迟，那时快，"呼"的一声，打草棵子里头蹿出一只牛大的老虎来。它张开血盆大口，冲着石砬上的老爷爷扑去。艺高人胆大，老爷爷纹丝不动，只待老虎快挨住身的工夫，他把手里的短把劈斧一举，刀刃朝外，身子往后一仰。那只大老虎突然像一扇大城门一般"呼"的一声跌落在地。

众衙役愣了半天神儿，得知老虎的确死了，才你拉住我，我拽着你，一同上前观看。小孩子把老虎翻了个肚皮朝天。大伙一瞅：只见它打下巴颏到尾巴骨，被劈斧一划两半，肠肠肚肚全抖搂出来了。

右卫县令重赏了祖孙二人，把老虎的皮子剥下来装成虎形供人观看。

从此，这个无名的山口就叫杀虎口了。

本文引自《中国民间文学集成》全国编辑委员会、《中国民间故事集成·内蒙古卷》编辑委员会：《中国民间故事集成·内蒙古卷》，北京：中国 ISBN 中心出版，1992 年，第 299 页。

杀虎口明代长城遗址

宁夏·二道边

讲述者：武树伟　采录者：高耀山

到过盐池县的人都知道，万里长城自西向东进入宁夏，到盐池县兴武营城后便分成了两条：一条通过县城北门，进入陕西定边，绵延起伏，远远东去；另一条距离县城北面十余里，到陕西定边的三道海子就终止了。当地人把头一条长城叫头道边，把第二条“半截子”长城叫“二道边”。为什么修这“二道边”长城呢？这里还流传着一段故事哩！

这一年，住在蒙古草原上的一些部族势力一天天强大起来。后来，新登基的皇帝给总制三边的大臣杨一清下了一道圣旨，命他修筑长城，确保北部边疆的安宁。

杨一清接到圣旨，立刻向下发布命令，征调陕甘宁八府各卫九万民夫，星夜开往工地。工程指挥所就设在兴武营城。杨一清是个忙人，开工之后，就把施工任务交给手下一个名叫史甫的参将指挥，自己领着一班人马到边境沿线各军事堡寨阅边去了。

史甫是个浪荡鬼，平素饮酒作乐混日子。当了修筑长城的指挥以后，并不专心工程，仍然整天喝得大醉。可兴武营城里驻有许多将士，史甫怕他们向杨一清报告情况，便偷偷调遣一万民夫，在兴武营城南面一里远的地方连天连夜赶筑了一座小城，专供他饮酒作乐。

话说九万多民夫集挤在一搭，日夜苦干，恰恰这年又逢天旱，大地被太阳晒得滚烫，沟泉水连底都干了，民夫们缺粮断水，还得上工，真是苦极啦！后来这里发生了流行病，饿死、渴死、病死和工伤致残的民夫不断增加。小吏将这些情况一次又一次报告给史甫，他却置之不理，只顾饮酒，整天都是醉醺醺的。当有人去问史甫施工路线时，他眼仁一翻，凶声恶气地说：“问什么？只管向东修就是了！”

一天，史甫酒足饭饱，骑着马出了小城，沿着新筑的长城兜风，没走多远，就发现施工路线不对头，赶忙拿出图纸查对，禁不住急出了一身冷汗。这是皇帝的旨意呀，违背圣意是要掉头的。史甫快马加鞭，向东追赶，追了一程又一程，一口气追出二百多里，直追到定边三道海子才追上筑城的民夫。史甫恼羞成怒，喝令兵丁将民夫团团围住，想以违抗旨意的罪名处死民夫。这一下，民夫们愤怒了！他们一呼百应，揭竿悬旗，一个个手持铁锹、铁镐，蜂拥而上，反将史甫和手下的一千兵丁里三层外三层围得严严实实。

正在这紧急的时刻，杨一清阅边来到三道海子，眼前的阵势使他大吃一惊。他正要下马问个明白，史甫跌跌爬爬跑上前来，结结巴巴地说：“禀、禀大人，刁、刁民违抗旨意，要、要造反啦！请大人围剿！”杨一清是位清官，不偏听偏信，他跳下马，走到民夫中间打听情况，民夫纷纷诉说史甫的所作所为。杨一清听罢，脸气得铁青，当时就宣布说：“史甫渎职，劳民伤财，违背旨意，罪该斩首！”史甫连连求饶，杨一清一挥手，当场斩了其首级。民夫们这才慢慢地散开了。后来，民夫们按施工图纸重新筑城，而从兴武营到三道海子的那段长城已经修起来了，也就再没拆。这样，盐池县境内就有了两道长城。

附记：

宁夏境内有战国秦长城、隋长城、宋壕堑、明长城……如将各朝代在宁夏修筑的长城相加起来，其长度可绵延 3000 多里。宁夏流传着许多修筑长城的故事。

本文引自《中国民间文学集成》全国编辑委员会、《中国民间故事集成・宁夏卷》编辑委员会：《中国民间故事集成・宁夏卷》，北京：中国 ISBN 中心出版，2001 年，第 122 ~ 123 页。

宁夏·赤木关传闻

搜集整理者:周 玲 许 成

贺兰山，顶着天，绵延五百里。明朝时候沿山关隘大口三十七，小口十几处，可通步、骑者有五十多处，是内蒙古阿拉善进入宁夏的咽喉要道。

这其中有个赤木关口更为险要。嘉靖十九年，经都御使杨守礼与总兵官任杰奏请，朝廷调发了专款四万两银子来修筑贺兰山诸口。

任杰是赤木关工程的监工官。这天，他率领人马前来勘察地形，在山口转来绕去，只看遍地沙石、黄沙、不见壤土。猛抬头，他看到一段古城墙连接着悬崖峭壁。走近仔细观看，原来这座城墙是用风化碎石、黄沙、壤土修筑成的。任杰寻思，这壤土究竟来自何处呢？找来找去，不见一滴水、一捧黄土，不禁发起愁来。

夜晚，任杰坐在营帐内翻阅史书，察看有无关于这一带水土的记载。忽然手下来报，有一老汉要见总兵官大人。任杰吩咐传老人进来。老人一进营帐，双膝跪下，口称："大人在上，小民拜见。"

任杰问道："你为何深夜来见本官，莫非有啥冤屈要本官为你申雪？"

老人问道："如今申冤已无用，我家祖辈已变成黄土。只听父辈传说，早年，我家先祖太爷与众民夫被抓来这里，修筑这条长城，最后死在这悬崖之下。"

任杰又问："你不求本官申冤，却有何事？"

老人道："闻大人为官清廉，愿为大人修筑长城献计献策。"任杰连忙吩咐赐坐，随即问道："有何良策？快快说与本官知晓。"

老人说："当年修筑长城的监工官杨仁克扣粮饷，逼迫民夫。忍饥受寒的民夫将山峰劈成峭壁，称为'赤壁'，给关口取名'赤木关'，不知多少民夫饥饿无力摔死在悬崖之下，幸免未死的民夫们看在眼里恨在心里，记下了这笔账。就在一个大风之夜，偷偷摸进营帐，把监工官杀了。今闻大人重来修筑边墙，请念民夫艰辛，千万不要克扣粮饷……"

任杰马上说道："本官非贪赃枉法之辈，现今奉旨修筑长城，实乃保家卫国之举，绝无克扣肥私之心。"老人道："如此甚好。但无水无泥，难以施工……"任杰连忙说："何处有水有土？请告本官。"

老人道："这满山上到处碎石，乃早年死难民夫的白骨风化。大人可命兵士遍刨山崖，必得壤土。关口东北二十里处有一金塔，塔下有水。有水有土，大人可率民夫将骨化碎石与天降之黄沙相拌，依山势筑墙，省工省料，便可提前完工，好让民夫早日与家人团聚。如若大人口是心非，休想得到一滴水，一抔土。"老人说罢，飘然而去。

第二天一大早，任杰就率兵丁遍刨山崖，果得几处壤土，不禁大喜。又赶到东北二十里处，真有一座高塔。任杰面对金塔，深施一礼，口中念道："塔神有知，我任杰率领众多兵丁民夫前来赤木关修筑长城边墙，保家卫国，求赐神水筑关。"话音刚落，金塔突然变成一条金龙腾空飞去，塔下一眼泉水汩汩奔流。任杰于是赶快命人做水车数百辆，每天运水，并按照老人所示，依山筑墙筑台。果然省工省料，又异常牢固。

而今，赤木关口紧靠银巴公路西南侧，一座二十多米高的山顶上，尚有墩台残迹。墩台西南边的山峰之间，有较为平缓的一望之地，一条约二里长的残墙顺山势筑在两山包之间。山包外侧壁立着十余米高的传说中的绝壁，两头与城墙相接。关口东北，高山断壁，形势险陡。

本文引自曹孟寅、董侃：《万里长城传说》，台北：林郁文化事业有限公司，1994年，第44页。

宁夏·八步战台

讲述者：武树伟　采录者：许　城

宁夏花马池（今盐池县城）以西七十里有一道古长城。长城内侧有座土山。山半腰有个大洞，洞内空空的。山洞对面有几棵高大的杨树。据说那土山原来是座战台，战台和那里的杨树都有四百多年的历史了。那是明朝年间的事情了。当时，外族常来侵扰宁夏边境，花马池是防守重地。明朝廷派了个黄大人率兵在这一带修筑长城和战台。这战台的作用可大啦，士兵们守在上面，远远就可以看见敌人的兵马，便于早做准备。

据说黄大人命手下找来两名工匠，各给了一班民工，要他们分别建造两座战台，限期一年完成。这两个工匠中有个姓毛叫福早。他在黄大人面前夸下了海口："大人，一年的期限太宽，小人领着这班民工，一年能建成三座战台。完不了工，情愿受罚。"

另一个工匠叫张大实。他听了毛福早的话，惊得发呆，竟然没有听见黄大人的问话。直到黄大人再次喊问，才扑通一声跪倒在地："启禀大人，小的带领这班民工，大约三年才能建造一座战台，还望大人宽限。战台建成后，请大人亲自验收，如有半点差错，小人甘愿受罚。"黄大人捋捋胡子，低头沉思一会，心想看看这一年造三座，三年造一座各有什么名堂，便说："一年建三座，应当重赏；三年建一座，难逃法办！"话说两名工匠各带一班民工，披星戴月，赶建战台。光阴似箭，一年的期限眨眼满了。毛福早得意洋洋地跑去报功："启禀大人，小的不分寒暑，日夜赶建战台，现已按期完成三座，请大人前去过目。"黄大人领着几个兵丁，登上了一座战台的平顶，举目望去，果然三座战台矗立，其间相距数里。黄大人十分高兴，当即给这三座战台起名为四步台、六步台、七步台，并赏给毛福早白银十两。

跟着，黄大人打马来到张大实建造战台的地方，见只起了个地基，十分恼怒，对张大实发脾气："照此工速，三年也建不成一座。定是有意拖延，违抗皇命。来人哪，给我绑起来！"张大实急忙跪倒在地，连声求告："大人容禀，小的怎敢拖延？此战台高达数丈，如若奠基不实，不要多久，便会倒塌。我家祖传泥瓦、石工手艺，一向精工细作，小人不敢败坏祖宗。"黄大人听着虽有道理，但怒气仍未平息，便大声说："我倒要看看你家祖传手艺究竟如何。时间可以宽限，怠工罪责难逃！"

转眼三年过去，一天不多，半天不少，一座战台平地高起。黄大人骑马率丁来到台前，只见战台高有七丈，筑于见方几十丈的坞城（坞城：站台外围的小城）之中。坞城四周有小城壕环绕，战台顶部围以垛口，垛口四面开设箭窗。战台内部分为三层，正中有过道，四面有房屋，还有踏步可以登临顶部。

黄大人看了这一座既雄伟壮观又牢固实用的战台，不禁暗自夸奖："好一手祖传手艺！"当即命名为八步战台。但他有言在先，时间可以宽限，罪责永不能免，何况建造战台的任务已经完成了。为了显示大人的威严，不等张大实说话，他便大声喊道："来人，拿下张大实，挖心示众！"

张大实被绑在战台洞门前的一棵杨树下，他脸不变色心不跳，对天高呼道："祖先在天之灵有知，不孝儿孙张大实没给后辈传下手艺，只留下一座坚不可摧的八步战台……"没等他把话说完，刀斧手就向他下了毒手。就在这时，一阵狂风，飞沙走石，那棵杨树像是伤心的泪人一样，纷纷洒下落叶，还折了几根树枝，落在了大树下面。风越刮越大，直到把黄大人和刀斧手卷上半空，又摔下来跌得粉身碎骨，才停息了。

第二年春天，落在大杨树旁边的几根树枝抽出了嫩芽，几年后，长成了大树。说起来，老天还是有心啊，张大实死后的几百年里，每到张大实被挖心的那天，战台前的杨树就开始纷纷落叶，这时节，还没立秋呢！

那四步台、六步台、七步台没过几年就倒了，只有八步战台依旧完好。直到1970年才被毁掉了，真可惜呀！而今，只留下了一座土山，一洞空门，还有几棵杨树，每年不到立秋就开始落叶。

本文引自《中国民间文学集成》全国编辑委员会、《中国民间故事集成·宁夏卷》编辑委员会：《中国民间故事集成·宁夏卷》，北京：中国ISBN中心出版，1999年，第124～125页。

甘肃·长城三关的由来

讲述者：刘宝怀 搜集整理者：林 琴

万里长城为啥东起山海关，西至嘉峪关，中有八达岭呢？相传，玉皇大帝正在天宫同诸路神仙理纲治天。忽然，案前飘来团团刺鼻的烟雾。玉帝扶案站起，低头朝尘世一看，只见满山遍野浓烟滚滚；仔细一听，地上有呼天唤地的恸哭声。这是为甚？玉皇大帝当即命令一个小仙下凡探听。不一会儿，小仙慌慌张张回禀玉帝，说东海龙王长子不仅行风降雹，年年不雨，还日日吞食一对童男童女。百姓为求食存生，现正烧香哭救，求龙王长子睁眼开恩……小神仙话未说完，玉皇大帝勃然大怒，道："好个胆大妄为的孽虫，竟敢作恶多端，违犯天条！"说罢，即刻派出天兵天将斩杀恶龙，抢救百姓，挽救苍生。

那恶龙不晓得违犯天条，正在张牙舞爪地寻欢作乐，忽听天鼓声声，随之白云朵朵从四面围飘而来。云朵里现出无数天兵天将，喊杀声惊天动地，直向恶龙冲杀而来。恶龙猝不及防，尖叫一声，两个前爪已被天兵天将砍掉。再叫一声，两条后腿也随之折断。恶龙疼痛之中，方知行为不仁，惹怒玉帝。它为躲避惩罚，挣扎着拼命往东海逃去。这时，站在天门外的玉皇大帝看得真切，随手从帽子上摘下一颗宝珠，轻轻一弹，正好弹在快要入海的龙头上。恶龙惨叫一声，头扎海边难以动弹。这时，天鼓又连声轰鸣，天兵天将返回天宫。可那残肢少鳞的恶龙却拼命地甩身、摆尾，撼天震地，百姓们仍不得安宁。为治住恶龙，玉皇大帝又抬手从帽子上摘下一颗宝珠，啪的一声，掷到恶龙的尾巴上。恶龙再也不能甩尾折腾了。可是，它的腰还一掀一掀地往起弓。每当它一掀一弓的时候，就黑风四起，沙石漫天。百姓们仍是惊恐万状，难以生存。玉帝见此情景，自语道：如不彻底治死恶龙，尘世黎民难以安居乐业，更说不上风调雨顺、五谷丰登了。罢！罢！罢！玉皇大帝随手再摘下一颗宝珠，冲恶龙胸膛狠狠甩去。只见那宝珠拖着一道耀眼的金光，直射进恶龙的心脏。从此，恶龙彻底安稳了。后来，那恶龙的身体就变成了万里长城，玉皇大帝那三颗宝珠，就变成了万里长城的山海关、嘉峪关和现在的八达岭。

本文引自李克：《中国长城故事集》，北京：北京燕山出版社，1987 年，第 420 ~ 422 页。

甘肃·玉门关

讲述者：王博艺　采录者：王博艺

离敦煌八十公里的戈壁滩上，有一个沙石岗。岗上有一座面山临水的关城，就是玉门关。刚建关城时，玉门关叫小方盘城。后来为什么改名呢？

传说，在小方盘城西面，有个驿站叫"马迷土"（马迷：头脑糊涂、不清楚），是一片沼泽遍布、杂草茂密的地方。从于阗运玉石到中原，都要经过这里。运玉石的商队天热上路，为了避免人畜中暑，总是爱在夜晚赶路。因此到了这儿常常一片黑暗，怎么也辨不清方向，连老骑手也晕头转向找不着路。马迷土这个名字也是这样叫出来的。

有个专贩玉石、丝绸的商队，长年累月奔波在这条路上。一次，到了马迷土又迷了路。商队里有一个回纥巴郎子，身材瘦小，心地善良。他捉到了一只离群的孤雁，想杀了煮着吃。他刚刚拿起刀，见大雁眼里流着眼泪，咕噜咕噜地叫了起来。小巴郎仔细一听，大雁在说："咕噜咕噜，不要杀我。咕噜咕噜，能出迷途！"巴郎子赶快放下刀子，对大雁点了点头。大雁叫了几声，在前边带路。商队跟着大雁，走出了马迷土，来到小方盘城。又有一次，商队走到马迷土又迷了路。那只大雁飞来叫着："咕噜咕噜，商队迷路。咕噜咕噜，方盘镶玉。"边叫边飞，引着商队出了迷途。大雁的话，别人都没听懂，唯有巴郎子听得明白。到了小方盘城，他问管家："大雁说的话，掌柜的听清了吗？"

"我只听它乱叫，没有听到它说啥话。""我可听到它说话了。"管家问："大雁说的啥？""商队迷路，方盘镶玉。""这是啥意思？"

"它叫我们在小方盘关楼上镶一块玉石，这样商队以后赶路就有了方向。""那我们照办吧！""掌柜的，普通玉石不行，一定得镶上夜光墨绿玉才行。"

"这……"管家一盘算，一块夜光玉要值上千两银子，怎么舍得呢？手一摆说："算了，这次夜光玉带得不多，下次再说吧。"

不料下一次，这个商队走到马迷土又迷了路，一连几天找不到泉水，连骆驼也干渴得喘开了粗气，人人嘴上都裂开了血口子，步子都迈不开。正在这时候，那只大雁又飞来了，它又咕噜咕噜地叫了起来。管家忙唤过巴郎子问："大雁又说些啥？""还是那几句话：商队迷路，方盘镶玉。不过又加了两句：不舍墨玉，决不引路！不信你仔细听。"管家一听，也听明白了，忙对巴郎子说："这咋办呢？你快出个主意吧。""那好，你赶快向大雁发个誓，就说一定照它吩咐的办。"管家为了活命，只好趴下给大雁磕了三个响头，发了个誓。一会儿工夫，大雁果然起飞引路了，商队又一次走出了迷途。到了小方盘城，管家再也不敢贪财了，挑了一块最大最好的墨绿夜光玉，交给巴郎子，镶在关楼的顶端。到夜晚，它便发出晶莹耀眼的光芒，百里之外，看得清清楚楚，过往商队再也不迷路了。从此，小方盘城就改名玉门关。

汉代长城线上中原通往西域的“丝绸之路重要关隘”——玉门关遗址

本文引自《中国民间文学集成》全国编辑委员会、《中国民间故事集成·甘肃卷》编辑委员会：《中国民间故事集成·甘肃卷》，北京：中国 ISBN 中心出版，2001 年，第 266 ~ 268 页。

二、长城景观遗迹传说

辽宁·演武台和万岁松

讲述者：张建西　采录者：刘凤金

在九门口有座演武台，又叫点将台。这演武台是一个圆形的大台子，足有三丈多高，台顶也有两丈多宽。那登台的八十一级台阶，随着圆形的外墙，一直通向台顶。在台顶上还修有一座两间的小房。奇怪的是，演武台顶上，还长着一棵一丈七八尺高、一搂多粗的大松树。大松树就像一把大伞，把个演武台遮得严严实实。可是，世世代代镇守九门口的官儿，最大的是把总，手下不过三十几名兵丁，根本用不上什么演武台来点将练兵，那么这演武台究竟是为谁修的？那棵大松树又到底是怎么回事呢？

原来，明朝戚继光当蓟辽总兵那时节，来到九门口巡察，见这九门口地势险要，就拨下银两命令随他巡察的地方官刘知县修筑九门口的过河长城。这一下可难坏了刘知县，一急之下，病倒在床，四方寻医也没治好，眼看要死了。这时来了个老道，指点刘知县：只要求助关老爷就行。刘知县立时挺起精神，到关帝庙内烧香求神，一连三天，那关帝还真的显了灵。本来刘知县只征集了不多的民夫，可到了修城的时候，那干活儿的人呼呵喊叫，就像有千军万马，几夜的工夫，九门口过河的长城就在九江河上修了起来。

修完这段长城，上边拨下来的银两还剩下不少。刘知县寻思，多亏关帝显灵，帮我修好长城。那关帝过去是统率千军万马的大将，如今他坐在那小小的关帝庙内，也没有个操练兵马的地方，我不如用剩下的银两给他修个点将演武的场子。这样一想，就让人在河边的一大片空地上，开了个几十亩地的演武场，在演武场的南头修了这座演武台，在演武场的北头还修了一个十几丈长的大影壁，好留给关帝显灵时操练兵马用。

演武台修好后，刘知县前来察看。他一步步登上那八十一级台阶，来到台顶。这时正是烈日当空，晒得刘知县脸上直淌大汗珠子，身子无处藏无处躲。刘知县心想，这一年四季，不光有烈日晒，还有刮风下雨呢，关帝登台演武哪能受得烈日照晒、风吹雨打呢？如今关帝已成神了，更该十分威武才对。他就命人在台上安放一把座椅，在座椅后边还装了一把皇帝出巡时用的那种大遮阳伞，以备关帝点兵时用。

可是，没过几天，那把遮阳伞就被风雨吹打坏了。守城的把总急忙到县衙门向刘知县报信儿。刘知县让人再放一把伞，把总说："要是再放，用不几天还得换。"刘知县也觉得是这么个理儿，可一时又想不出啥好办法。这时，那把总说："刘大人，凡人只能活几十年，关帝是神，不知要活几万年，我看不如把山上的松树栽到台顶上一棵，那松枝如伞，松活万年。这样，不是能万世永存吗？"刘知县连连点头，就命人上山，选了一棵同伞一样的大松树，栽在演武台上，每天派人浇水看管，那松树很快就扎根成活了。说也怪，松树本来长得很慢，可这棵树却非同一般，没几天工夫，就把个演武台全给罩了起来。

后来，有一年万历皇帝东巡，来到这九门口，亲自登上演武台点将演武，还把那棵遮阳松取名叫“万岁松”。

直到现在，那座演武台还在，那棵伞一样的大松树，还长在那高高的演武台上。

本文引自《中国民间文学集成》全国编辑委员会、《中国民间故事集成·辽宁卷》编辑委员会：《中国民间故事集成·辽宁卷》，北京：中国ISBN中心出版，1994年，第266～267页。

河北·望京楼

讲述者：刘景相　采录者：封瑞功

金山岭长城一带的山山岭岭，数东端的老虎山高。金山岭长城上一百多座敌楼，数望京楼高。游览金山岭长城的人，都想登一登望京楼。因为登上望京楼，可以望到北京城。古人给这座敌楼取这个名字，也完全出于“望京”这个含义。

登过望京楼的人，脑子里都会打个问号：望京楼底部用十二层石条奠基，每一块石条重有一两千斤。人空手爬上去，还要担点风险，这块块石条是怎么运到山顶上来的呢？

传说，当年修长城的士兵为运这石条，不知死了多少人，真是“白骨堆成山，血水流成河”啊！就是这样，石条还是运不上去，望京楼迟迟修不起来。天上的玉皇大帝看到人间种种惨状，都难过得吧嗒吧嗒掉眼泪。后来他想，光掉泪也不顶用，还是想个办法吧。他派人把他外甥二郎神叫到跟前，说：“秦始皇修长城时，你担山赶走了十一个太阳，为黎民百姓解除了大灾大难。如今，戚继光修长城，完全出于一片好意，可死伤的人太多啦，我实在有点不忍心，现命你下凡去，帮助排除眼前这个困难，把石条运上山。”

二郎神一听，不敢怠慢，手持三尖两刃神戟，腾云驾雾，来到老虎山下。看见一大堆石条放在那里，他把手里的神戟一晃，神戟立刻变成赶山鞭。他又挥动赶山鞭往石条上“叭”一抽，那一块块石条，马上变成了一只只大山羊。随后，他就赶着这一大群山羊，顺着陡峭的山崖，直奔老虎山山顶。到了山顶，二郎神一声喝令：“变！”那一大群山羊，眨眼工夫，又变成了一大堆石条。他数了数，不多不少，正够用。就在这时，一个士兵出来撒尿，发现了赶石的二郎神，就大声喊起来。二郎神被这喊声惊着了，一不小心，一只脚把赶上山来的几十块石条又踢到山下，落在东面的山坳里。随后，二郎神一纵身，腾空而去。这样，修望京楼的石条，就缺少了五层。士兵们只好在山上拣些块石来顶替，总算对付着把望京楼修成了。现在，游人登上望京楼，还可以看到楼下部那五层，不是石条而是用块石顶替垒砌的。二郎神不小心踢到山坳里的那几十块石条，还放在那里。后来人们管这山坳叫石条坳。

本文引自《中国民间文学集成》全国编辑委员会、《中国民间故事集成·河北卷》编辑委员会：《中国民间故事集成·河北卷》，北京：中国 ISBN 中心出版，1998 年，第 334 页。

保存完好的明代长城望京楼

河北·攀倒井

讲述者：岳大爷　搜集整理者：周春霆

在长城起点的山海关城东，有眼古井。这眼井的井水，夏不干枯冬不冻，自然向外汩汩流。当地人都叫它攀倒井。为啥叫攀倒井呢？有段故事。

传说，唐朝的秦王李世民带领手下大将李勣、张亮到辽东戍边。这年赶上天旱，秦王手下兵马众多，一路上兵将们的饮水成了件大事。这天路过临渝关，兵将们渴得叫苦连天，战马也长嘶不止。士兵们想接点马尿来解渴，可是马喝不到水，哪来的尿呢？秦王眼看将士与战马整批地昏倒和死亡，很是着急，急忙下令停止前进，就在五花城（五花城：在山海关城西五里台，现在还有遗址）安下了营寨。大军驻扎之后，第一件事就是派出身强力壮的士兵四处寻找水源。

这天，有一个小兵在长城根下找到一眼枯井，他趴到井沿上往井里望了望，井很深，黑洞洞的什么也看不清。小兵不死心，再仔细瞅瞅井底，看到有一圈银色的光，一闪一闪发亮。这可喜坏了小兵，他想：井底闪出的银光是水吧？就拾起一块鹅卵石，向黑洞洞的井里投去，石子好像掉进深山老涧里一样，许久才从井底传出“扑通”一声响，听声音，水还不浅哩。小兵这一喜，非同小可。忙用扁担勾住水桶去提水，可是井深不可测，用扁担怎么也提不上水来。小兵一想不如回去取井绳，还可招呼大家一同来担水。于是急忙提起空水桶，回到大营，告诉大家找到一眼有水的井。将士们听说，不由得欢呼起来，担起空水桶，马上跟着小兵来了。

大家来到井旁，把绳子拴住水桶，向井里投了下去。可是奇怪，一条四五丈长的井绳放完了，水桶还够不着水面，续上第二条绳子，还是够不着水面。就这样，第三条绳子，第四条绳子，一条接一条地续下去，把所有的绳子都用尽了，最后还是没够着水面。来担水的小兵们看着这奇怪的现象，十分惊异，议论纷纷。吵声惊动了坐在大营里发愁的秦王。他派大将李勣出去查问，外面为什么喧哗？

李勣不多时回来向秦王禀报说：“小兵找到一眼古井，井很深，井绳用尽了，井里的水也没提上来。”秦王听了，说：“哦？有这样怪事？快领我去看看。”

秦王带着李勣诸将，来到长城根下，只见地上摆着许多空水桶，水桶跟前坐着兵士们，个个愁眉苦脸，唉声叹气。秦王说：“为什么光叹气，不打水？”一个军官回答说：“井太深，井水吊不上来。”秦王听说，分开众人，走到古井跟前，伏在井沿上，往里一望，冷飕飕的一股寒气直冲面门，这眼井果然很深。这一下秦王也犯了愁，他心里在琢磨着办法。突然，灵机一动，冲着将士们喝道：“你们真没用，把井攀倒，水不就淌出来了吗？”将士们一听秦王的话，不由得愣住了，心里都想：秦王一向很聪明，今天怎么说起糊涂话来啦？这井能攀倒吗？大家正在发愣，不敢作声，猛然间，只听得“轰隆隆”一片声响，大地打颤，震得将士们东倒西歪。秦王急忙取过金枪，大喝一声，猛力向地面刺去，只听“扑哧”一声，枪头带着枪杆，插进地面五六尺深。大地不颤了，秦王又把金枪往外一拔，只见那眼古井的井壁，随着金枪从地面下冒出来，越长越高。秦王把金枪攀倒，轰然一声巨响，古井也被攀倒了，井里的水哗哗地流了出来。

将士们见了清清的流水，不由得欢呼起来。小兵们欢欢喜喜地把水挑回营，人喝马饮，那井里的水百挑不少，千挑不缺，井水总是满满的，并且整天流着，一直流到现在。后来人们就把这眼古井起名叫攀倒井。

本文引自陈庆浩、王秋桂：《中国民间故事全集》卷25：《河北民间故事集》，台北：远流出版事业股份有限公司，1989年，第98～100页。

河北·孟姜女庙门前的对联

讲述者：王　某　采录者：郎福全

孟姜女庙殿门两旁，有一副有趣的对联。这副对联是咋来的呢？传说，清朝皇帝年年都去盛京祭祖。有一年，乾隆皇帝从盛京祭祖回来，路过山海关，到了万里长城的起点老龙头。从长城上走到了澄海楼，观海望景。又下楼在海边的沙滩上晒太阳，随手在沙滩上写起字来。他先写了“海水”两个字，又写了“朝”字。写了一个不好看，就又接连写了“朝、朝、朝、朝、朝、朝”六个“朝”字。他端详了一会儿这七个“朝”字，又抬起头看了一下海水，哗啦……一个浪头打上来，又落下去了，就又顺手写了一个“落”字。

这时，东阁大学士刘墉走过来，看见了乾隆皇帝在沙滩上写的字，连声说好联啊。乾隆一听，斜了一眼刘墉，心想，我随便划拉写了这么十个字，竟说是“好联”，纯属表面对我奉承，我就难为难为他。乾隆想到这儿，就拖着长声问：“刘爱卿，既然你说是好联，想必也知道它的念法喽？”刘墉看看这十个字，还真的念成了句。乾隆听了，又说：“你既然念出来了，就作为上联，你把下联对出来吧！”刘墉一时没了词，急得满头都是豆粒大的汗珠。他抬头望着天空擦汗，看到天上由西向东飘来几朵白云，信口就说出了“浮云长长长长长长长消”十个字。乾隆听了，十分高兴，说：“对得好！”刘墉这才出了一口气。第二天，乾隆到孟姜女庙，看完了贞女的塑像，又看门口没有对联，刘墉说：“我主昨天写的对联，用在这庙门上不正合适吗？”乾隆点了点头。刘墉马上备下笔墨，乾隆就写上了这副对联，流传至今。实际上这是一个文字游戏。如果根据“朝”“长”两字的谐音，读成“海水潮，朝朝潮，朝潮朝落；浮云涨，长长涨，长涨长消”那就易懂了。

本文引自《中国民间文学集成》全国编辑委员会、《中国民间故事集成·河北卷》编辑委员会：《中国民间故事集成·河北卷》，北京：中国ISBN中心出版，1998年，第283～284页。

今孟姜女庙两侧的对联

河北·萧显写匾

讲述者：王庆余　采录者：骆成友

去过山海关的人，都知道东门城楼上有一块匾额，上写“天下第一关”，这五个大字是谁写的呢？传说，当年城楼竣工后，就要命名悬匾。成化皇帝命令山海关兵部主事办理这件事。这位兵部主事平时专好临帖仿字，以为自己蛮有把握写好这五个大字。结果好纸写了一张又一张，好墨磨了一块又一块，好笔秃了一支又一支，再看看自己写的字，越看越难看。眼看皇帝定的限期到了，匾挂不出去，就得治罪了。他赶紧找谋士商量。谋士说，这事非萧显不可！

萧显小时候就练得一手好字，心眼还好，谁家有个红白喜事，写个喜联、挽联什么的，有求必应。就是当了大官以后也是这样。如今岁数大了，告老还乡，还是照样有人缘。当下谋士陪着兵部主事找到他家，说了写匾的事，萧显犹豫了一下，还是答应了，告诉他们过些日子再来取。

这天，萧显把字写好了。他把字拿到邻居张伯家，告诉他：“兵部主事来拿字，就把这幅字给他，要问我干吗去了，就说我出外游玩去了。”

看看挂匾的期限到了，兵部主事赶紧派人来取字，张伯把字给了来人。兵部主事赶忙找木匠制匾描字，也没顾上细看，就挂到城楼上去了。

这一天，钦差奉旨来验匾，到了山海关东门，抬头一看，“天下第一关”的“下”字只写了一横一竖，缺了一个“点”。钦差一看，脸就耷拉下来了。兵部主事吓坏了，赶紧请罪，说一定想办法补上。最后钦差答应限期三天。

回衙以后，兵部主事急得像热锅上的蚂蚁，重新再造，赶不上趟了，可这个漏咋补呢？最后谋士出主意，还是得请萧显解围。

这回兵部主事亲自带了许多礼物去找萧显，哪知萧显出去游玩没回来呢。只好派人四处去找，最后从北萧庄把萧显请了回来。兵部主事把事情一说，萧显说：“要补上这个‘点’不难，有件事咱们得解决解决。”兵部主事问啥事？萧显就把事情说了。原来萧显小时候家里穷，上京赶考没有盘缠。隔壁的张伯是个热心肠，把自己口勒肚攒的银子拿出来，帮了萧显。萧显中了两榜进士，做了高官，他不忘张伯的恩情，常赠些钱物给张伯。可他回乡后才知道，他让人捎回来的钱物，大多数都让官家给扣了，张伯收到的东西很少。他正想找机会出出这口气哩，可巧兵部主事请他写匾，他就故意留了这个碴口，把这件事抖搂出来。兵部主事一听，心说，这帮混蛋，扣谁的也别扣他的呀！他答应查清之后如数赔偿。萧显说：“只赔我钱物不行，得赔礼。”兵部主事为了把字补上，这会说什么都行。萧显这才答应定个时间去补“点”。

这天，全城的老百姓都聚到第一关城楼下看萧显补“点”。兵部主事陪着钦差坐着大轿也来了。执事官问萧显：“是把匾额摘下来，还是搭脚手架子上去补？”萧显说：“一不用摘，二不用搭，你就准备个黑盆、一些棉布、线麻就行了。”东西准备好了，就见萧显把麻团捆好，浸在墨盆里，又用二尺见方的棉布包好，对准“下”字猛地一甩，只听“嘭”的一声，这一点不上不下，不左不右，不大不小，正好是那个地方。钦差和兵部主事两眼都看直了。看热闹的老百姓都伸大拇指叫好。

今藏于山海关镇东楼内的匾额

附记：

书写天下第一关的传说流传比较广，且异文很多。除了这篇《萧显写匾》，还有承德地区周治国采录的《严嵩书写天下第一关》，秦皇岛西树、刘健、岳辰采录的《李母写匾》，另外还有说放猪娃写匾的《王小写匾》。传说中为“下”字填点之说都基本相同。不同的是人物、因由、填点的方式。如严嵩写匾是为了讨吃的，李母写匾是为了教育儿子立志报国，放猪娃写匾是为了讨赏钱；严嵩补的一点是把笔绑在箭头上射上去，李母的儿子李将军是直接用箭头射补，而小猪倌则是用抹布蘸墨往上甩。

本文引自《中国民间文学集成》全国编辑委员会、《中国民间故事集成·河北卷》编辑委员会：《中国民间故事集成·河北卷》，北京：中国 ISBN 中心出版，1998 年，第 328 ~ 329 页。

北京·望京石

讲述者：郭世长　采录者：张凤起

今八达岭关城东门外的望京石

八达岭关城东门外的马路西边，有一块挺大的石头。嘿！这块石头可够个儿！长下里有二丈多，高也有五六尺。石头壁上刻着“望京石”三个老大的字，顶上有两个又大又深的脚印。这望京石可有个来头哩。

听老人说，明朝朱洪武得了天下，一代传一代，传给了一个荒唐主儿——武宗皇帝。这武宗皇帝不管天下大事，整天钻在后宫，迷着脸子漂亮的女人。他听说山西大同是个出美人的地方，有心去瞧瞧，又怕大臣们说三道四地阻挡。咋办呢？他假装有病不上朝，也不准任何人探病，带了几个贴身的亲从，骑上千里马，趁月黑天跑出了皇宫。

到了大同，顾不上到知府衙门歇着，几个人骑着高头大马在街上足足转悠了半天，一个漂亮女人也没见着。这荒唐主儿有点泄气，肚子也觉得饿了，嗓子也不住地叫渴，便来到了一家小酒店。

这小酒店是夫妻俩开的，男的叫王龙，女的叫李凤姐。王龙听到喊声，急忙迎出来，把客人让到楼上，自个儿下厨烧菜。凤姐哩，跑前跑后端端拿拿往桌上摆。酒喝三盅，菜上两道，武宗皇上觉得有了精神头儿，抬头一看，啊！惊呆了，咋的？凤姐又上菜来了，原来这凤姐长得太好啦：弯弯的柳眉，水灵灵的大眼，年纪刚刚二十出头，虽说穿戴俗点，可那俊样压倒三宫六院，要是配上凤冠霞帔……这荒唐主儿乐得直咂嘴，看凤姐的眼都直了。

别看凤姐是个酒家，心眼儿可透亮。一看当时的情景，心里就明白了八九分。她不露声色，大大方方走到桌前，把菜放到桌上转身就要走。武宗把她叫住了说：“小娘子这菜做得可够香的。”凤姐说：“那是奴家丈夫炒的。”

“小娘子这酒可够甜的。”

“那是奴家丈夫酿的。”

武宗皇上叹了口气又说：“不过，小娘子这日子可够苦的。”“过惯了。”凤姐说完扭身撩帘进了厨房，让丈夫端菜，自个儿站在灶前掌勺。

武宗皇上老半天没见凤姐出来，心里那个急呀。他冲王龙说：“你替我饮饮外面的马，饮完了，好草好料喂饱，待会儿我们还要赶路哩。”王龙一下楼，武宗就嚷着添菜要酒。凤姐不见王龙进来，只好自个儿一手端菜一手提着酒壶出来。她放下酒壶，抽出手来准备双手端菜盘往桌上摆，忽然，手让武宗给抓住了。凤姐心里一急，大叫一声，往后一躲，菜盘哗啦一声掉在地上，菜汤子洒了武宗一身。这荒唐主儿不但没恼，反而嘻嘻笑着连声说好。王龙听到叫声提着筛草的筛子跑进来，见人家拉着自个儿的媳妇，举起筛子就要打。旁边的亲随都是有武艺的，夺过王龙手里的筛子，三四个人一齐动手，把他按倒了。王龙死命挣扎，凤姐大喊救人。

屋子一闹腾，惊动了过路的知府大人。他停轿进店上了楼，撩开门帘，大喊一声：“哪个大胆蟊贼，敢在光天化日之下行凶？”那几个随从自知理亏，把王龙放下了。

武宗皇上“嗯”了一声，知府抬头一看，腿一下软了，扑通跪在地上就磕头说：“小臣不知万岁驾到，有失远迎，还望陛下恕罪！”皇上心想：“这还差不离。”可他脸一绷，又说：“你的地儿可有人造反！”王龙说：“他调戏我女人！”知府说：“胡说，天下的女人都是皇上的……”他听见武宗又“嗯”了一声，连忙改了口：“你敢造反？”“小人不敢。”“你叫什么名字？”“小人王龙！”

武宗皇上“哼”一声说：“姓王就是想当皇上，叫龙就是想当真龙天子。怪不得想要拿筛子谋害寡人哩？还不与我拉出去斩了？”几个人架着王龙就要下楼，李凤姐急了，跪下求情。那荒唐主儿冲她笑笑说：“甭求情了，跟我去吧，我让你一辈子享福。”说完冲知府下令，“备一顶八抬大轿，把凤姐给我抬回京去！”

凤姐一看求情不行想寻死，结果被人拉住，扯上大轿。那武宗皇上怕出事，连夜朝北京走。皇上一走，拍马屁的知府就给小酒店挂了一块写有“戏凤楼”的匾，如今这楼还在呢！

凤姐一路上哭哭啼啼，茶不思，饭不想。出了八达岭关城东门，正是晌午时分，凤姐再也不想走了，皇上只好让停轿。皇上哄她说：“京城离这儿不远了，进京我就封你为正宫娘娘，你生的孩子也当皇帝。”说完，拉着凤姐登上关城外的一块大石头说：“你瞧瞧，东南边烟雾挺大的地方就是京城。”凤姐哩，又想丈夫又想家，根本无心望京城，过了居庸关就死了。

武宗皇上丧气，就把她草草埋在居庸关南的山坡上，过了一夜，坡头上的草都变白了。由打这儿以后，人们都把李凤姐的坟叫“白凤冢”。而那块据说是皇上踩了两个大脚印的石头呢，人们就把它叫作“望京石”了。

本文引自《中国民间文学集成》全国编辑会、《中国民间故事集成·北京卷》编辑委员会：《中国民间故事集成·北京卷》，北京：中国 ISBN 中心出版，1998 年，第 563 ~ 565 页。

北京·血斑石

讲述者：姬贵宽　采录者：姚二林

在八达岭的山坡上，有块石头，表面满是血红色的斑点。每到盛夏时节，那满山坡的石头被晒得滚烫，唯独这块红斑石是凉的。为什么呢？这里有个传说。

当年孟姜女千里寻夫，独身来到八达岭筑城工地寻找丈夫。她寻来寻去，咋也找不到自己的丈夫，后来有人告诉她，说她丈夫修城时累死了，尸骨就埋在城墙里。孟姜女听了，如同当头响一个霹雳，两腿一软，坐在了身边的一块石头上。过了好久，她才清醒过来，放声大哭。她哭啊，哭啊，从天明哭到天黑，又从天黑哭到天明。这真是，天有情，地有情，死去的丈夫更有情，长城被哭倒了，丈夫的尸骨露了出来。当孟姜女见到丈夫后，悲痛极了，便直奔大海自尽了。孟姜女的死，感动了天，感动了地，就连叮咬过她的蚊子、臭虫，也感动得直落泪。它们悔恨当初不该趁孟姜女黑天白天哭夫的时候，去叮咬她，吃她的血。这些蚊子、臭虫们想到这里，它们又都爬到孟姜女哭夫坐过的石头上，一点一点地把吸了孟姜女的血吐了出来，并发誓不再叮咬坐在这块石头上的人。从这以后，石头也有了情，它冬暖夏凉。人们传说，不管是谁，只要是他真心思念亲人，坐在这块斑石上，夏天不热，冬天不凉，蚊虫不咬。直到今天，这块石头还留在八达岭的山坡上呢。

本文引自《中国民间文学集成》全国编辑委员会、《中国民间故事集成·北京卷》编辑委员会：《中国民间故事集成·北京卷》，北京：中国 ISBN 中心出版，1998 年，第 553 ~ 554 页。

北京·万喜良桥

讲述者：李书文　采录者：李柏友

秦朝时候，有一姓孟的人家，把一个葫芦籽种在了院墙下面。葫芦秧长起来后，隔墙爬到了姓姜的邻居家结成了一个大葫芦，两家都想要这个大葫芦，姓孟的出了个主意，把葫芦锯开各得一半。姜家同意。葫芦锯开后，从里面走出一个不大点的小女孩。姜、孟两家都觉着稀罕，就把她养起来，女孩子长到十七岁，取名孟姜女。

孟姜女喜读诗书，后来爱上一个叫万喜良的书生，再以后便和他结成了美满姻缘。这一年，秦始皇修长城到处抓夫，孟姜女的丈夫万喜良也被抓去修筑长城。

传说当时天上有几个太阳，轮流值班，没有黑夜，只

饱经风霜依然耸立的明代长城券门（任德美 摄）

有白天。所以这修长城的民夫们又困又乏，倒下的不计其数。万喜良也饥渴困累地倒了。

人们以为他死了，便把他和累倒的民夫一起当作夹线石放到了城墙内，上面压了石和砖。孟姜女在家里等了两年，不见丈夫归还，心如火焚，思念万千。后来有人捎信说丈夫死了，孟姜女悲痛欲绝，茶饭不进。她带上盘缠，想找到丈夫的尸体，就沿着山海关的城头寻找下去。泪水洒遍了山山岭岭。这一天她来到了密云县古北口，实在走不动了，便靠在长城根下休息，泪水像断了线的珍珠一样，把城墙根竟然给泡软了，城墙“哗”的一声现出一个缺口，里面露出了一架白骨。孟姜女声泪俱下：“你要是我丈夫，我把中指咬破，让血滴在你的白骨之上，如浸入骨内，便是我的夫郎，如浸不进去，便是冤死之鬼。”她说完，咬破中指，将血滴在骨上，只见那尸骨像海绵吸水一样，将血吸了进去。

孟姜女见此情景，号啕痛哭：“夫郎你修长城惨死在城头，妻我宁死决不二嫁，我也要陪夫郎葬在城头。”她一边哭着，一边撩起罗裙，想要撞死在城墙上。就在这时，有一群官兵从城下冲了上来，忙将要碰城墙的孟姜女拖住了。

官兵们把她拖到潮河岸边，只见旗罗伞盖之下，秦始皇手拿扇子正在欣赏风光，见一群士兵拖上来个美貌漂亮的女子，心里十分高兴。便下车辇来到女子跟前，把孟姜女上下打量了一番，只见孟姜女长得好一副芙蓉面貌。秦始皇连连称道:“妙哉！妙哉！”便要收她为西宫，说：“跟我进京吧，保你享不尽的荣华富贵。”孟姜女听了，说：“让我跟万岁进京不难，得给我夫郎在潮河上修座桥，题名‘万喜良桥’，如不应允，我便碰死在万岁的车辇之前。”

秦始皇传旨。很快，“万喜良桥”修好了。孟姜女站在桥上，望着滚滚而流的潮河水喊道：“夫郎，就让我跟你一起去吧！”说完，孟姜女就一头扑进河里。后来，人们就在孟姜女登城开始哭夫的山海关，修了一座“孟姜女庙”。其实，孟姜女是在密云县古北口“万喜良桥”上跳入潮河淹死的。

本文引自《中国民间文学集成》全国编辑委员会、《中国民间故事集成·北京卷》编辑委员会：《中国民间故事集成·北京卷》，北京：中国 ISBN 中心出版，1998 年，第 555 ~ 556 页。

北京·青龙倒吸水

讲述者：池尚明　采录者：温艳英

传说修八达岭的时候，天那个热呀，可就别提了。草被晒得一碰就折，带叶儿的树变成了干巴巴的树杈子，人们嘴唇干得裂了口子，眼睛热得血波子似的……你想想那个热劲儿吧！当时呀，要有一小口水，哪怕是半小口水也好，真会有人拿命来换。太热了，钻进地窖还热得要死哪，哪还有人干活呀？

哎，别说，还真有人干活儿。谁？修八达岭的百姓。你看那百姓，腰弯得月牙儿似的，大石条死塌塌地贴着脊梁，脊梁上的汗把石条溻湿了一大片。他们为啥不躲到树阴凉儿歇脚去呢？不行，旁边的树阴凉儿里有监工的，他们一手拿扇子，一手拿鞭子，扇子留自己使，鞭子专为打人用，谁要乘凉，就尝尝鞭子的厉害。那些监工就不渴？咳！人家身上都带着水，渴了"咕嘟咕嘟"地一个劲往嘴里灌。

到了正晌午，天就更热了。人们脑瓜皮发胀，头变大，眼看都要晕倒了。这时刮来一阵凉风儿，一位手拿白瓶的姑娘，不知什么时候，站到了大伙儿眼前。姑娘对大伙说："我这瓶里有水，大伙喝点吧。"大伙渴得要命，听说有水，都很高兴，可是一看姑娘手里拿着的那个白瓶，就都泄了劲，那么一个小瓶，给一个人喝都不够，怎么能解大伙的渴呢？人们望着那小白瓶子，谁也没说话。姑娘看出了大家的心思，就又说："大家喝吧，喝点总比不喝强。"大家一想，倒也是，就有人把白瓶接过来，咕嘟咕嘟灌了一气儿，又递给第二人，第二个人喝了个够，又递给第三个人……工地上所有民工都喝了，可是那瓶里的水还没喝完。啊！大家这才明白，那姑娘拿着的白瓶原来是个宝瓶。人们正要跪倒拜谢，恰好这时监工的来了。那监工竖眉瞪眼冲那姑娘说："把瓶子给我，我也喝点！"姑娘不给，监工的上去就要抢，姑娘一撒手，白瓶掉落在地上，姑娘不见了，白瓶掉落的地方，却出现了一汪清水。后来人们传说那个拿着白瓶的姑娘，是孟姜女投海后，又托生了龙王的第九个女儿，名叫金波。她为解救民工的口渴之苦，特地来给送水的。

这个泉水，就在八达岭居庸关镇外面。当时人们叫它什么名字，已经没人知道了。又过了几百年以后，到了清明，康熙皇帝到北国私访，走到这里渴了，正好这里有个水泉，可是水很脏，里面树叶子、粪末子挺多。抬头一看，从石碴嘴上滴下的水倒很干净。于是就仰着头接了几口。喝完以后，他问那跟随保驾的白大将军："白爱卿，你看我刚才喝水姿势像什么？"白大将军回答说："像青龙倒吸水。"康熙爷一听，哈哈笑了。从此，水泉这个地方就叫"青龙倒吸水"了，它现在是八达岭关沟七十二景之一。

本文引自《中国民间文学集成》全国编辑委员会、《中国民间故事集成·北京卷》编辑委员会：《中国民间故事集成·北京卷》，北京：中国 ISBN 中心出版，1998 年，第 566 ~ 567 页。

北京·滴泪泉

搜集整理者：李德全

新婚刚刚三天的范喜良被抓去修长城，一去半年音信皆无。孟姜女昼思夜想，望穿泪眼。她决定不远千里，去修长城的地方寻找丈夫。一路上，她经历了千辛万苦，逢人就问，连修长城的地方都没找到。

有一天，她来到密云县新城子的长城脚下。这时，正是炎热的夏天，天热得透不过气来。孟姜女由于终日奔波劳累又不思茶饭，身体非常虚弱，实在难以支持。当她走到一处十多丈高的刀劈崖下时，无可奈何地停住了脚步。她抬头看见陡崖上伸出一块巨石，就像一只老鹰的嘴巴，顿时感到天旋地转，眼前漆黑一片。孟姜女心里明白，如果她倒下去，下面就是万丈深渊。就在这万分危急的时候，她双手紧紧地抓住了山崖。由于用力过猛，她的手指深深地抠进山石里，抠成了一个二尺多长、半尺多宽的石盆。孟姜女想到自己没能找到丈夫，反而差点坠崖，心中一阵绞痛，眼泪簌簌，就像断线珠子一般往下滚。泪水滴进了石盆，不一会儿石盆就盛满了水。孟姜女又热又渴，就喝了几口石盆里的水，没想到这水甘甜爽口，顿觉精神倍增，于是她又继续上路，寻夫去了。

千百年过去了，如今这个石盆还在，它永远盛着一盆清凉的山泉水。旱天，河里的水干了，这石盆里却不干。人们去喝它它不见少，不喝它它也不往外溢。人们都说，它是个神盆。为了纪念善良的孟姜女，人们便把这石盆里的水，叫滴泪泉。

本文引自李克：《中国长城故事集》，北京：北京燕山出版社，1987 年，第 95 ~ 96 页。

陕西·红山夕照

讲述者：贺小唱　搜集整理者：王正云

红山位于陕北榆林城北长城线上，“红山夕照”是榆林八景之一。相传，当年秦始皇派蒙恬率领几十万大军在上郡修万里长城。大军在红山上露天设灶，蓬蒿为柴，白天黑夜火光不熄。特别是到了太阳临落，日光伴火光，满山一片红。到后来长城修好，人们散去了，这些红红的火光却风吹不散，雨扑不灭，留在红山上。越遇到晴天越是显眼，像驻有千军万马生火做饭。有一年，从长城北边窜过来一股侵略军。他们走到离山不远的地方，正好是太阳西落的时候，忽然，他们发现红山一带红光满天，头领急忙下命令快快向后撤退。手下人问头领：“未见一兵一卒，为何急急忙忙向后退兵？”

秋染边塞（马卫庆 摄）

头领说：“你们看，红山一带火光冲天，那里一定驻有百万大军。这是他们正在做饭，因此红光遍野。”手下人听了头领的话，吓得扭头逃跑了。

从此以后，“红山夕照”便传为美谈。

本文引自宋孟寅、董侃:《万里长城传说》，台北：林郁文化事业有限公司，1994年，第18页。

宁夏·白马庙原

讲述者：杨 坤 采录者：高万伟

彭阳县城阳的长城原，也叫白马庙原。两个得名时间大致相同，也一同流传至今。长城不是万里长城的主干，而是战国时秦长城遗址，故此得名长城原；白马庙原是因建有白马庙而得名。

秦始皇为了防备北方番王的侵扰，就下令各州府县，征集民夫，修筑长城。当时，正遭年馑（年馑：指荒年），百姓个个面黄肌瘦，许多人饿死累死被打在长城内或露骨原野。民夫饿得连路都走不动，哪有劲来抬土打墙呢？秦始皇的三太子就负责修筑这段长城，他见到这种惨景，对民工的疾苦十分同情，就下令歇缓一阵子。谁知道，这些民工太疲劳，一跟头栽倒地上就睡着了，等到了上工时间，再也叫不起来，一直睡了几天几夜。这时，秦始皇正好带着人到这里视察，一看，民工没修长城，反而睡大觉，非常恼怒，查来查去，竟查到三太子头上。秦始皇一气之下，派人把三太子在乔渠渠（乔渠渠：地名，在彭阳县城阳乡）当众杀头。三太子的头虽然被杀掉了，可是屈死的身子一直不倒，他的无头尸顺着长城原往下走，走到一块豌豆地边，肚子饿了，他蹲下来摘吃豆角子，可是摘下来无嘴吃，拿在手里胡乱摸。恰巧被过路的人看见了，说："你这个人没有头，在吃啥豆角子呢？"三太子一听他没头，一下子就跌倒死在了这里。

秦始皇杀了三太子后，一直向北视察，走到半路上，看见一只白山羊领了个小羊羔，白山羊上了坎子，小羊羔不得上来，老羊转过身来，"咩咩"地叫唤。秦始皇心想：畜生都有爱子之心，我连痛子之心都没有吗？三太子为百姓的疾苦被我杀了，可惜再也不能活来，现在就封他做个白马天神吧，让百姓世世代代来祭奠他。后来，百姓知道三太子是为了他们而遭杀身之罪的，就把他埋到长城原上，又建起了一座庙，命名为"白马爷庙"，年头节下，都来这里焚香化表祭奠他。

本文引自《中国民间文学集成》全国编辑委员会、《中国民间故事集成·宁夏卷》编辑委员会：《中国民间故事集成·宁夏卷》，北京：中国ISBN中心出版，1999年，第125～126页。

宁夏·边墙夕照

搜集整理者：田恒江

在宁夏北境的平罗县一带，流传着这样的一个民间故事。说的是在明朝嘉靖年间，有一对表兄妹，表兄叫云哥，是个会唱当地民歌“花儿”的歌手；表妹叫青妹，是个美丽温柔的女子。他俩从小青梅竹马，亲如手足。两人都有一个寡母，早就给他俩订下终身。他们住在宁夏泾源老龙潭边，那是个十分美丽的地方，潭水清澈得像一面明镜，青山绿得像龙潭里的碧水。云哥每天到青山上放羊，羊儿满山跑，云哥的“花儿”也满山飘。青妹每天对着龙潭碧波梳妆，倾听着云哥的“花儿”。

一天，云哥又在山上唱起“花儿”了——

山丹丹开花（者）满山崖，
老龙潭里（者）开一枝牡丹花。
千朵万朵（呀）我不采，
单采一枝（呀）牡丹花。

青妹听了云哥的“花儿”，羞涩地朝着龙潭碧波对起“花儿”来——

龙潭里的牡丹（者）红彤彤，
青山上的马莲（者）蓝莹莹。
采一枝马莲（嘛）下山来，
牡丹花比不过马莲花儿俊。

从那以后，两朵花儿一起开在了潭边。云哥常给青妹讲故事，有一回，当云哥讲完了孟姜女的故事，不由长叹一声，说：“如今日子很不平静，到处都在抓民夫修筑长城，我也保不住哪天被抓，我要是也像范杞梁……”青妹连忙捂住云哥的嘴说道：“不许你说这种不吉利的话。”不说不吉利的话，也难免祸从天降。这天晚上，老龙潭的人家早已入睡。云哥忽听得一阵犬吠，急忙披衣下床，趴在窗口上张望。不料，一帮子士兵冲进家门，云哥来不及躲避，就被反绑了双手，拖出门去。云哥娘哭喊着追到门口，眼睁睁看着云哥被带走了，她一晕，倒在了地上。

青妹起先闻听狗叫，也披衣下床，趴在窗口上张望，心神不宁。耳边仿佛听见云哥的声音：“如今日子不平静，朝廷到处抓民夫筑长城，我也保不住……”青妹不由得一阵心酸。突然，她听见了姑妈的喊声，赶快向姑妈家跑去，一见姑妈倒在门口，她大声哭喊：“姑妈，姑妈！”好一阵子，云哥娘才醒过来，她告诉青妹，云哥被抓走了，说完，双眼一闭，就再也没有醒过来。青妹连哭带喊：“大叔、大伯，快来呀，我姑妈死了，云哥被官府抓走了！”久病在床的青妹娘听见哭喊声，一气一急，一头扎在了炕沿下，也死了。

多亏乡亲们安葬了两位老人。从此，青妹每天不是到坟前哭娘，便是到潭边呆坐。青妹回想着与云哥对“花儿”、听云哥讲故事的情景，无限悲痛，直到天黑，她才拖着疲乏的步子回家。

秋风扫尽了青山上的落叶。青妹心想：孟姜女能千里寻夫，我为什么不能去找云哥？于是，她便给云哥赶做了棉衣棉鞋，打起包袱，向北走去。她翻山越岭，跨碱地，过沙滩，碰上行人就打听，终于找到了长城。青妹沿着长城向东走，天气渐渐寒冷，风沙沾满她的鞋袜，雪花落满了她的头巾、衣衫。好不容易来到平罗县附近的长城脚下，仍旧未见一个民工的身影。她不禁仰天长叹：“云哥哟，你在哪里？长城修到哪里去了？”

忽然，她耳边响起了一支熟悉的“花儿”：

山丹丹开花（者）满山崖，
老龙潭里（者）开一枝牡丹花。
千朵万朵（呀）我不采，
单采一枝（呀）牡丹花。

青妹连忙对起“花儿”：

龙潭里的牡丹（者）红彤彤，
青山上的马莲（者）蓝莹莹。
采一枝马莲（嘛）下山来，
牡丹花比不过马莲花儿俊。

青妹边唱边四处张望寻找，却不见云哥的身影。侧耳细听，才听出那“花儿”是从长城脚下的一个地方漫出来的。青妹扑到那里，“花儿”却停止了，只隐约听到云哥的声音：“我要是像范杞梁那样……”青妹此时痛不欲生，便一头撞在边墙上，鲜血汩汩流淌，顿时染红了长城的城基，染红了长城脚下的土地，土地上立刻开满了五彩缤纷的野花。后来，那地方又长出了茂密的枫树林。深秋季节，每当夕阳下山，染红了山林，殷红的枫叶，似乎在讴歌这对忠贞的恋人。

到了清代，这里就成为平罗八景之一的“边墙夕照”了。有一年秋天，清朝官员蒋廷禄骑马来到这里，留下了一首题为《边墙夕照》的诗：

一节颓垣柳陌河，长城饮马此中过。
挥鞭小驻斜阳里，贪看边山红叶多。

本文引自花山文艺出版社：《长城传说故事》，石家庄：花山文艺出版社，1985年，第135页。

长城秋韵（马卫庆 摄）

甘肃·李陵碑

搜集整理者：张军武

在嘉峪关东北的长城外边，有一块方圆数十里的草湖滩，人们称为二分海子。海子里有一块石碑，立在水中的土墩上，人们叫它“李陵碑”。

李陵碑的故事是这样的：汉武帝时，拜李陵为骑都尉。一次，李陵率领将士和步卒，由酒泉北出居延海，不久，同匈奴部队相遇。李陵的将士勇敢善射，数次打败单于，击杀数千人。单于觉得对己不利，便退兵逃走。李陵打了胜仗，凯旋而归。路过二分海子的时候，李陵看见湖滩中，水草茂密，四面沙丘围护，是个屯兵的好地方。他命令在此宿营。李陵好大喜功，打了胜仗，便威风凛凛，神气起来了，对部下动辄就训斥。一次，会军侯管敢受到李陵辱骂，觉得无脸在军中见人，乘天黑逃出军营。李陵明知矢尽，又无后援，却忙于吃酒庆功。

有一校尉称颂说：“将军功大如天地，何不勒石立碑传于后人？”这一言正中李陵心愿，他乐得眉开眼笑，连忙说：“说得在理，想得周到！”于是，命令全军将士夜以继日轮班运土填湖，构筑墩台。将士们一连劳累了二十多天，在湖滩中心夯筑了一座黄土墩台。李陵亲笔书写了“誉满边关”四个大字，署名“骑都尉李少卿题”。然后刻字勒石，屹立于墩台之上。

再说会军侯管敢出走以后，路遇匈奴游骑，被捉住，便降于单于。管敢对单于部下露了真情，说：“李陵军队无后援矣！”单于得知后，便派骑兵和步兵齐头并进，攻打李陵军队。

李陵也得知单于进攻的消息，出兵迎击，长途跋涉赶到居延海。由于士卒长时间填湖筑台，劳累过度，加上连日行军，士气低落。而单于兵强马壮，攻势凌厉。李陵军交战后，打了没几个回合，就溃散了。最后，落了个全军覆没。李陵力竭而被单于生擒，只得降服。汉武帝闻讯后，把李陵家满门处斩。

传说，千余年来，湖滩中的这块碑一直斜而不正。如果人用力推一推，碑石就晃一晃，正不了，也倒不了。人们一看到李陵碑，就会想到李陵沽名钓誉而惨遭失败的沉痛教训。

本文引自陈庆浩、王秋桂:《中国民间故事全集》卷 29:《甘肃民间故事集》，台北:远流出版事业股份有限公司，1989 年，第 43 ~ 44 页。

甘肃·击石燕鸣

搜集整理者：高凤山

在嘉峪关关城正门两侧、南城门北侧，如果用两块石头相击，就可以隐隐听到“啾啾”的燕鸣声。这究竟是怎么回事呢？

相传，在明朝正德年间，有两只燕子筑巢于嘉峪关城内。每天黎明，两只燕子相伴飞出关外觅食；傍晚，当夜幕将要降临的时候，又偕同飞回关内巢中歇息。两只燕子朝夕生活在一起，形影不离，真不愧是一对恩爱“夫妻”。

一天清早，像往常一样，两只燕子又一同飞出关外觅食。夕阳西下时，雌燕在前，雄燕在后，两只燕子又一同向关内飞来。不料，当雌燕刚刚飞进关城后，突然狂风大作。一刹那，飞沙走石，天昏地暗，眼前什么也看不清楚。雄燕被裹在风沙中，忽上忽下，飘来飘去，竟然迷失了方向。当雄燕好不容易找到关城时，关门已经紧闭，入关不得。雄燕急得心如油煎火燎，恨不得一头将城门撞开。哪知一头撞去，竟撞死在城门脚下。

雌燕久等雄燕不归，悲痛欲绝，便不时发出“啾啾”之声，召唤雄燕归来，一直到死。雌燕死后不久，一天，不知是谁无意中在城内碰击卵石，竟然听到像燕鸣似的“啾啾”之声。此事一传开，人们竞相传说，那是因为雌燕听见响动，还以为是雄燕归来了，因而不由“啾啾”叫着，表示迎接呢。从此，“击石燕鸣”这个故事就远远传开了。

本文引自李克：《中国长城故事集》，北京：北京燕山出版社，1987年，第375～376页。

浙江·孟姜石

讲述者：钟桂妮　搜集整理者：钟伟今

莫干山东北有座剥皮龙山，剥皮龙山南麓有条朝阳大路，大路边有块大青石，大青石有栝子那么大，凳子那么高，除了石面有紫点红点的细斑外，和附近的大青石也没有多大不同，可这却是块世代传说的孟姜石！

相传，秦始皇造万里长城的时候，成千上万的人被征召去服劳役。孟姜女的丈夫范杞梁，也被征去造长城。早等回，暮等归，朝朝暮暮三年不见回，望穿了天边云，望隐了月边星。小孟姜细细思量：等是等不回的，还是让我去寻吧。于是，她挟一把雨伞，挑着包裹，顾不得千难万险，风餐露宿，开始了万里寻夫！

有一天，小孟姜来到剥皮龙山下，她看看天色已晚，就在一块大青石上坐下来，准备过夜。那时，也正是夏秋之交，晒了一天的石头，火热百烫，成千累万的蚊虫，“哼哼嗡嗡”，直往孟姜女身上扑来，叮的叮，咬的咬。可怜小孟姜，从早到晚，在火辣辣的烈日下烤着，汗也不知流了多少，路也不知赶了多少。这辰光，她早已神疲力乏，四肢软绵了。她哪顾得石头烫，蚊虫咬？

小孟姜坐了一歇，定了定心。这才感到坐着的石头这样烫！周围的蚊虫这样凶！便情不自禁地自思自叹起来：“我夫范杞梁啊！……”

大青石一听，怔了一怔。蚊虫们一听，静了一静。

“我夫范杞梁啊！只要我一天寻到了你，只要我再看你一眼，我小孟姜，不要说路途遥、烈日烤；石头烫、蚊虫咬，就是死了也心甘情愿……”

孟姜女话音刚落，只觉得坐着的石头顷刻凉了下来，再也不烫了；孟姜女的话音刚落，周围的蚊虫都惊叫起来：“啊！你就是孤苦伶仃、万里寻夫的小孟姜啊！”

接着，小孟姜呜呜嗡嗡哭了起来，把喉咙也哭哑了！那些已经从孟姜女身上吸过血的蚊虫，更是哭得伤心，一边哭，一边说：“造孽啦！造孽啦！”并且把从孟姜女身上吸去的血，回吐在孟姜女坐着的石头上……

远处的蚊虫们，听到自己的邻居在“呜呜嗡嗡”地哭，也都围飞过来。有几只愣头愣脑的就嚷嚷起来：“小子们，你们怎么哭得怪伤心的呢？这里香喷喷的，不是有位细皮嫩肉的姑娘吗？笑都来不及哪！来呀，快来呀，饱饱地美美地吃上一顿吧！”

附近的蚊虫一听，就回话了：“你们新来乍到，哪晓得，可怜小小孟姜女，孤苦伶仃、万里寻夫来到此地！大家快回去吧，飞远点，别来打扰她了！让她安安稳稳地过一夜吧！”

“哦！原来如此！”远来的蚊虫，都深深地叹了一口气，轻轻地悄悄地飞走了……虽然孟姜女只坐了一夜，自那以后，她坐过的这块大青石，就有了灵性：每当炎夏酷暑，太阳一落山，别的石头还火热百烫，这块石头却已冰润生凉了；虽然孟姜女只坐了一夜，可是蚊虫们却一代传一代，再也不飞近那块大青石了，从此，这块石块就被大家叫作孟姜石了。直到现在，只要你找到这块孟姜石，坐上去凉润润的，蚊虫呢，也不会来叮你。孟姜石上的细斑点，就是蚊虫回吐出来的孟姜女的血点化的。紫点红点的细斑，日晒雨淋，年深月久，还是那么清清晰晰的……

自从那时到现在，剥皮龙山经过了多少年年代代，孟姜石经过了多少风风雨雨，剥皮龙山下，石头多得数也数不赢，究竟哪一块是孟姜石，谁能指说确定？可是关于孟姜石的传说，直到今天还在人们中间流传。

本文引自陈庆浩、王秋桂：《中国民间故事全集》卷22：《浙江民间故事集（一）》，台北：远流出版事业股份有限公司，1989年，第110～112页。

今孟姜女庙内身穿孝服的孟姜女塑像

浙江·升天石

讲述者：陈承美　采录者：王兆潭

桑州海云寺有一块石头，叫“升天石”。石头上有一男一女两个脚印，男的脚趾分明，女的是一只小脚。传说是万喜良、孟姜女升天时留下的。

秦始皇的时候，孟姜女千难万难把寒衣送到长城，丈夫万喜良的尸体却被镇在长城底下了。秦始皇见她生得漂亮，要逼她做妃子，孟姜女不肯，一头撞死在长城脚下。

孟姜女夫妇的阴魂东飘西荡，来到了海云寺。那时，孟家种了一株瓠，瓠藤粗过手臂，一直长到姜家。瓠藤上生了一个大鼓样的瓠。孟姜女、万喜良的魂灵就投生在这个瓠里。瓠成熟了，孟家来摘瓠，姜家也来摘瓠。孟家说：“这瓠是我种的。”姜家说：“瓠是生在我的地里。”双方各讲各的理，争吵不歇，就叫海云寺方丈住持分瓠。方丈拿来一把长刀，一刀把瓠砍作两片，里面跳出了一男一女白白胖胖的两个小孩。小孩迎风而长，一下子就长成了大人，跪在地上向大家叩头下拜。拜过后，夫妻俩踏上一块石头，升天而去。从此，这块石头就留下两个脚印，人们把它叫作“升天石”，两个脚印直到现在仍清清楚楚。

本文引自《中国民间文学集成》全国编辑委员会、《中国民间故事集成·浙江卷》编辑委员会：《中国民间故事集成·浙江卷》，北京：中国 ISBN 中心出版，1997 年，第 299 页。

湖南·澧县孟姜山的来历

搜集整理者：杜　平

在澧县新洲镇东南二里的地方，有一座孟姜山，山下就是滔滔滚滚的澧水。据说原来这里是没有山的。八百里洞庭一片汪洋，哪里还看得见什么山呢？这事还要从秦始皇修长城的时候说起。孟姜女到了长城，在工地上逢人就问，到处打听范喜良的下落。十天半月过去了，还没有一点音信。一天晚上，孟姜女做了一个梦，梦见观音娘娘站在面前，手里拿着一把五色丝线，对她说："你的丈夫已经死了，尸骨被秦始皇筑在城墙脚下。我这些五色丝线有移山倒海的本领，你把它们系在手腕上，就能够把城墙推倒，找到范喜良的骸骨。"

第二天早上，孟姜女一觉醒来，真的看到自己手里捏了一把五色丝线。她想起梦里观音娘娘说的那些话，就急忙站起来，要到长城脚下去找丈夫的尸骨。

城墙推倒了，孟姜女找到了丈夫的尸骨，哭得死去活来。修城墙的民夫们看到孟姜女哭得这样惨，又看到城墙倒了，不晓得几时才能把长城修完回家去，一个个也都痛哭起来，顿时长城上只听得一片哭声。

这时孟姜女突然不哭了，她站起来想了想，然后把手腕上的五色丝线一根一根地扎到民夫们的扁担杠子上。说也奇怪，这些民夫担起系了五色丝线的扁担杠子立时就精神起来了，浑身上下劲鼓鼓的，几十个人也抬不动的石头，两个民夫一上肩，抬脚就走，轻巧得很。三天时间，民夫们就把限时三个月的功夫做完了。监工的官差们见到这个情况，惊奇得讲不出话来，连忙去报告大臣，大臣又连忙去报告秦始皇。秦始皇一听，还有这种事情？跑去一看，怪了，民夫们吃了什么龙虎胆子，干得这样快？再一看，个个民夫的肩担杠子上都系了一根五色丝线。他抓个民夫过来一问，才晓得了事情的原委。秦始皇急忙传下圣旨，要大臣们把这些五色丝线统统收缴上来，做一根赶山鞭。鞭子做成了，秦始皇拿在手里，随手朝身边的一座山抽了一鞭，只见蓦地刮起一阵狂风，吹得昏天黑地，飞沙走石，过后再一看，山没有了，被赶走了。秦始皇喜得不得了，他想，有了这根赶山鞭，还愁什么和人家打仗，还愁什么暴民造反，天下永远都是我的了。秦始皇一得意，随手又抖了一下赶山鞭，又是一阵狂风，这回，把一个个民夫都吹到各人的家里去了。

秦始皇这时候也顾不上这些了，一心只想明天起兵，就用这根赶山鞭填平东海，灭掉天下所有的国家。哪里晓得秦始皇回宫后，一觉醒来，再也找不到赶山鞭了。原来，观音娘娘看到秦始皇拿着这根鞭子，乱施淫威，就趁秦始皇睡熟的工夫，变作一个宫女，从他枕头下面把赶山鞭偷走了。

被秦始皇鞭走的那座山，就是现在的孟姜山，因为上面载着孟姜女，还有范喜郎的骸骨，就一直飞过八百里洞庭，飞到孟姜女的娘家澧县才停住，所以后来人们又把这座山叫作嘉山。

本文引自陈庆浩、王秋桂：《中国民间故事全集》卷17：《湖南民间故事集（一）》，台北：远流出版事业股份有限公司，1989年，第222～224页。

湖南·孟姜竹

讲述者：张婆婆　采录者：李志民

在洞庭湖畔，澧水下游的嘉山脚下，长着一种叶如丝、杆如竹的刺竹，它四季常绿，年年青翠不败，每当狂风吹来，还发出一阵阵呜咽的声音，当地人都叫它“孟姜竹”。

传说在秦始皇修长城的时候，俺这地方也有成千上万的人被征去服役。孟姜女的丈夫范喜良也被征去修长城。临走的那天晚上，小夫妻俩抱头痛哭，一通夜没有入睡。范喜良眼泪汪汪地对妻子说：“贤妻，不要难过，三年后我一定回来。”孟姜女痴情地望着丈夫，难过地点了点头说：“范郎，你放心吧，我等着你。”说完，两人又痛哭不已。可是，谁敢违背朝廷的圣旨，孟姜女只得抹干了眼泪，为丈夫清点行装，准备干粮。

丈夫走后，孟姜女的泪水不断，早等回，晚盼归，朝朝暮暮真是眼睛都望穿了。三年过后，丈夫还是没有一点音信，她急了就拄着一根枯竹竿，移动双脚，来到她屋后的一块大石头上，面朝着北边，默默地思念着远方的丈夫。一日三，三日九，年长月久，那块大石头上也印上了她的脚印。孟姜女每去一次，就将拄的竹竿扦在那里。哪晓得，这些竹竿在孟姜女眼泪的浸泡下，神奇地长出了一片片茂密的竹林，肥厚宽大的竹叶，遮住了孟姜女望夫的视线。她当然不知道，这也是竹子的一番心意，它们怕孟姜女思念亲人，忧出病来，损坏身子，于是便长出来挡住她的视线。可是，任何东西也阻止不了她那颗思念远方丈夫的心。孟姜女见竹子挡住了视线，心中不忍把竹子毁掉，她想了很久，便从头上取下一根绣花针，一针一针地把宽大的竹叶子划成头发那样的细丝，让它们垂下来，不再遮住视线。孟姜女诚心盼望丈夫的心打动了这片竹林，这片竹林中的一位长者对孟姜女说：“小孟姜，坐等千日，不如出门一日。你这样思念你的丈夫，我看你还是去寻找你的丈夫吧。”“寻夫”，孟姜女听了这话，高兴地说“对”，千里寻夫，那……她望了望自己纤细的身子，难过地对老竹子说：“一个女人家要去长城，天远地远，怎么走？”老竹子看她忧怨的样子，就安慰她说：“这样吧，你可将我砍倒，扎成竹排，沿着洞庭湖往北放，走盘山右边，去寻你丈夫。”孟姜女听了这番话，感激地鞠了一躬，回去拿了砍刀，砍下竹子，扎成竹排，启程寻她的丈夫去了。

自从孟姜女那天走后，这片竹林发的笋，长出的竹子，都是那种如丝的翠竹，人们为了纪念孟姜女，就把这种珍贵的竹子叫“孟姜竹”，还为她修了贞节祠。至今，那块印有孟姜女的脚印的石头和孟姜女居住过的孟姜垸还在，孟姜竹的传说还在俺们这一带代代相传。

本文引自《中国民间文学集成》全国编辑委员会、《中国民间故事集成·湖南卷》编辑委员会：《中国民间故事集成·湖南卷》，北京：中国 ISBN 中心出版，2002 年，第 261 ~ 262 页。

修 筑 长 城 的 传 说

一、修筑长城艰辛过程的传说

辽宁·茶壶嘴

讲述者：李文禄　采录者：张建西

大明朝到了隆庆年间，为了加强北部边疆的防御，皇帝把平倭将军戚继光调到蓟镇任镇辽总兵，负责管理居庸关以东至辽宁这段长城的防务。戚继光到任后，首先巡察了长城的建筑和防务设施。他一看，这长城的防务太差了，不光兵少炮少，那万里长城修得也不合理，三四里地远一座敌楼，相互之间没法呼应，还都是些没有门的死楼，兵士们风雨天里连个避雨的地方都没有。他就奏明皇上，多拨些银两，加固和改造那万里长城。

分拨到九门口这段长城的银两共三千二百两，可驻在九门口的把总和监军们层层扒皮，贪的贪，吞的吞，用到长城上的就不多了。最后吃苦头的是那些修城的工匠们，整天吃不饱，穿不暖。可那些把总和监军们为了赶工期，还整天不是打就是骂地逼着民夫们拼命干活儿。

在九门口外的一个山沟里，有一个石场，那一千多斤重的长城条石，就是由这里打出来的。那阵儿，正赶上天旱，河水都断流了，这石场又没有井，民夫们顶着日头打石头，别说吃不饱，连喝口水都难。有的民夫渴得实在挺不住了，就舔又咸又苦的汗水；有的偷偷地跑出沟去找水喝，一旦被监军发现，就会被活活打死。

这天，来了一个白胡子老头儿，自称是个石匠，为了赚几两银子打石头来了。监军看看这个老头儿，穿得破衣罗索，埋埋汰汰，想戏耍戏耍他，就问："老头儿，你能打啥样的石头？"老头儿笑了笑说："打大个儿的。"监军说："好哇，你看！"边说边往山顶上指了指，说："那里有三块馒头石，个儿大，没人上得去，你去打吧。"老头儿啥也没说，就朝馒头石走去。到了馒头石跟前一看，嗬，真大呀！光秃秃的三块大石头，爬都爬不上去，谁能打呀？监军问："行吗？"老头儿说："行吧！"监军说："好。这三块馒头石，你三天之内给我劈下半拉就行。要是劈不下来，那时候我就劈你的脑袋！"说完就走了。

第一天，老头儿没伸手；第二天，老头儿还是没伸手；到第三天，监军到这儿一看，老头儿坐在高高的馒头石上，乐呵呵地拿着一把小石茶壶喝水呢。这可把监军气坏了，骂道："你这老不死的！三天期限到了，你还一点儿没动，小心你的脑袋！"老头儿说："混蛋！我比你爷爷的岁数都大，说话咋这么没轻重？"那监军气得要抓老头儿，可他怎么也上不去，围着馒头石干打转，再加上天热，把个监军累得满头大汗，可那老头儿还是乐呵呵地喝着水。监军喘了半天气，对老头儿说："老头儿，你下来，把那壶里的水给我喝点儿，我就饶了你的命。"老头儿说："你也想喝水？那干活儿的石匠就不想喝水呀？"又气又急的监军一怒之下，从一个士兵身上摘下弓箭，对着老头儿射了过来。谁知那老头儿看着飞来的箭，就势一抓，把箭抓在手里，就听"咔嚓"一下子，箭杆变成了两截。老头儿看着那监军嘿嘿一乐，又把手里折断的箭往石头上一插，只见那馒头石火光一闪，"轰"的一声，被劈下半拉来。这一下可吓坏了监军，心想，这老头儿一定是神仙下界了，便赶忙跪在地上，鸡啄米似的磕头求饶。老头儿说："饶了你不难，你去告诉把总，把石匠们应得的饷银如数发给他们！"监军赶紧跑回把总衙门，把刚才的事说了一遍。把总一听，也被吓瘫了，张着嘴，瞪着眼，老半天也没闭上。他赶忙下令，把全部银两发给工匠。监军带着被吓坏了的把总来见老头儿，老头儿又说："去给石匠们弄点儿水喝。"把总和监军苦苦哀求说："神仙饶命！这大旱天气哪里有水呀，我们实在是没有办法啊！"老头儿说："好吧，看在你们把银两发给了工匠的份上，这水嘛，我这儿有的是！"说完，把他手中的石茶壶往山顶上扔去。眼见茶壶越变越大，稳稳地挂在石壁上，一股泉水，立刻从那壶嘴里哗哗地淌了下来。泉水在山脚下砸出一个深潭，又变成一条小溪，曲曲弯弯地流下山去，石匠们就都有了水喝。

直到现在，那石壶嘴里的水，还从高山顶一直流到山下，从十几里地外都能看见。那三块馒头石，仍旧立在山顶，还留着老头儿劈下的印儿呢。

本文引自《中国民间文学集成》全国编辑委员会、《中国民间故事集成·辽宁卷》编辑委员会：《中国民间故事集成·辽宁卷》，北京：中国 ISBN 中心出版，1994 年，第 175 ～ 177 页。

辽宁·长城砖石不搭灶

讲述者：胡汉申 采录者：贺瑞廷

从前，有个叫刘玉财的人，他妻子杜氏，一家两口住在长城脚下。刘玉财生性软弱，怕老婆。杜氏，是个有名的钱串子，小气鬼儿，一分钱搁她手掰成八瓣儿花。谁承想，越怕花钱越来事儿。这天，家里的土坯锅台坏了，刘玉财向妻子要钱买砖修锅台。哪知刚一张口，就挨杜氏一顿臭骂："一天你动不动就要钱，你以为那钱是白来的吗？老娘我没那份儿闲钱买砖！"刘玉财钱没要到手却挨了老婆一顿骂，心里是连憋气带窝火。他也知道，要钱比挖他老婆心还疼，只好忍气吞声地说："不买砖，拿啥搭锅台呢？"杜氏嘿嘿一笑，说："拿啥？南山上有现成的，不用花钱！"刘玉财一听，忙说："不行不行，那是长城，你看谁动过，你不怕得报应？"杜氏一听，更骂开了："你这个窝囊废！我就不怕报应，今儿个你不给我拿回砖来就别吃饭！"骂完就走了。刘玉财怕老婆怕得要命，哪敢不去。

他来到长城上边，不一会儿就拆下一大堆砖。看看差不多够用了，他就背起砖往家走。刚走到城墙脚下，就上来一股困劲儿，说啥也迈不动步了，他就顺城墙倒下，迷迷糊糊地睡着了。

恍恍惚惚儿地看见不知从哪儿来了好多人把他给围上了，有男的有女的，还有缺胳膊断腿的，啥人都有。刘玉财不忍看，赶忙闭上眼睛。就听一个老头儿吃力地说："这城墙不能拆呀，你知道修它时死了多少人吗？"就见一位白发老太太流着泪说："我是从远道赶来看我修边的儿子的，谁知他早就被填进城墙里去了。"一个断了腿的小伙子又说："毁它容易，修它时可难了，你咋能拆它呢？"

刘玉财听了这些话刚想把砖放回原来的地方，就看见自己的老婆杜氏手举烧火棍子站在他面前，吓得他冒出一身冷汗，冷不丁就站起来了。等他睁眼一看，周围一个人影儿也没有，才知是做了一个梦。

刘玉财把砖背到家，就把刚才的梦对老婆说了一遍。正说着呢，杜氏又骂开了："窝囊废！拿几块砖就把你吓掉魂儿了，还不快给我搭锅台！"刘玉财一声也没敢吱，就搭锅台去了。

锅台搭好了，杜氏看着没花一文钱的锅台，乐了。她忙抱柴火点火，淘米做饭。把米倒进锅里，火刚点着，她也来了困劲儿，迷迷糊糊中看到那大火一冒三尺，越烧越旺。不一会儿，饭做好了。她刚把饭掏出来，忽然从门外面进来一大帮人，跟刘玉财梦中见到的情景一模一样，这个冲她喊："我是修长城饿死的，你给我点儿吃的。"那个也叫："我是修长城累死的，给我吃点儿！"那帮人一连气儿地喊着。杜氏吓得直往后退。那帮人就一拥而上，把一锅饭抢个精光。杜氏又重做了一锅，结果照样又是一粒饭没剩，吓得杜氏大叫一声："妈呀！"这一叫她就醒了，才知是一场噩梦。可一看锅里，真的一粒饭也没有了。她哪吃过这亏儿呀，就气哼哼地骂："这回我不眨眼地盯着饭锅，看谁还敢来吃！"可她刚把米下锅，就又来困劲儿了，眼皮说啥也睁不开，刚折根草棍儿支上，眼皮不但被草棍儿扎破了，到了还是睡着了。只见那帮人又来了，这回不是来抢饭，是嘴里喊着："还我长城，还我长城！"还有一个黑大个儿指着她的鼻子说："你明儿个赶紧把长城修好，要不的话，我们就天天上你家吃饭，让你不得安生！"杜氏听了这话，吓坏了，跪在地上磕头如捣蒜，头都磕破了，磕醒了。这下子她可相信了，赶忙叫丈夫把锅灶拆了。两口子背着长城砖上了南山，把拆的地方重新修补好了，这才回家拿钱买砖重新搭了锅台。以后，那帮人也真的不来她家吃饭了。

据说，从那以后，凡听说过这件事的，没有一个人再敢去拆长城的砖，就是有人盖房子缺砖少石，也没人敢动城墙上的一砖一石。大概是真怕秦朝那些屈死的民夫显灵吧。

疑是长城落仙界

本文引自《中国民间文学集成》全国编辑委员会、《中国民间故事集成·辽宁卷》编辑委员会：《中国民间故事集成·辽宁卷》，北京：中国 ISBN 中心出版，1994 年，第 232 ~ 233 页。

残存的明长城敌楼似乎仍守护着大好河山

辽宁·九门口的长城咋修成的

讲述者：李文禄　采录者：刘凤金

修九门口长城那阵儿，正赶上大旱，半年多一点雨没下。修长城没水哪儿行啊？不说民夫们渴得干不动活儿，就是那长城也没法修呀。当时监修九门口长城的大臣着急了，长城缺水修不上，误了工期，犯杀头之罪呀！急得那位大臣整天吃不好睡不好。这天半夜里，他大睁俩眼睛睡不着，忽然间，不知打哪儿吹来一阵风儿，他就觉得来了一股困劲儿，一迷糊就睡着了。睡梦中，就听有人对他说："要想找到水，你得去访白莺，白莺能点泉。"大臣听了这话，一骨碌爬起来，刚要问白莺在哪儿，可找了半天也没找到说话的人，才知道是自个儿做了个梦。上哪儿去找白莺呢？

第二天一大早，那大臣化装成一个老道模样，又带了两个随从，化装成小道士，外出寻找白莺去了。三个人一直走啊，走啊，整整走了一天，傍晚时到了一个小庄子。三个人又渴又累，正愁没处住店呢，恰巧一个老太太站在庄头儿，一个劲儿地喊着："白莺，回家吃饭了！"大臣一听有人喊白莺，乐了，心想，真是"踏破铁鞋无觅处，得来全不费工夫"啊，想不到在这儿就找到了白莺，便赶忙上前同老太太搭话："老人家，我们走了一天，又累又乏，能让我们住下，做些饭给我们吃吗？"老太太上下

复建的九门口长城

看了看他们，说："饭是现成的，只是太少，怕不够你们几个吃啊！"大臣忙说："我们这儿有钱，你就再买些来做了给我们吃吧！"老太太接过钱刚要走，就见一个穿着一身白的小孩儿跑了过来。老太太忙拉过孩子说："白莺，你和这几个先生在家等着，我到前庄买米去！"

说话工夫，老太太就把米买回来了，开始做饭了。那大臣就同老太太叨咕起来，大臣说："你老人家有福啊，白莺这孩子将来一定有出息。"老太太说："道长，你咋知道白莺将来能有出息呢？"大臣说："我会看，他脸上带着呢。"老太太一听这话，就笑呵呵地说："不瞒道士，我这小孙子不光灵通，有时还真有点儿神乎劲儿，只要他手往哪儿一指，那地方保准'哗哗'往外淌水。就为这，我们庄里不管谁家找井，都让白莺去点泉呢！"大臣听了老太太这番话，更乐了，就对老太太说："老人家，这孩子得到外面闯荡闯荡啊！"老太太说："我也是这么寻思的，可让他到哪儿去闯呢？"大臣一听，正对自个儿心思，就说："不瞒你老人家，我们是皇上派下来寻访能人的，你就让我们把白莺带去见皇上吧！"老太太听了这话，摸摸白莺的脑袋，好像有些舍不得让孩子走。大臣又说："白莺跟着我们走会有出息的。再说，我们一定给你送钱来！"老太太为了让白莺有出息，就让大臣把他带走了。

那大臣带着白莺不几天就来到了九门口。白莺往修长城那儿看了看，然后伸出手往石砬根儿一指说："出水吧！"那水真的就淌出来了。水有了，九门口长城很快就修好了。

本文引自《中国民间文学集成》全国编辑委员会、《中国民间故事集成·辽宁卷》编辑委员会：《中国民间故事集成·辽宁卷》，北京：中国 ISBN 中心出版，1994 年，第 234 ~ 235 页。

河北·断壁崖上筑长城

搜集整理者：耿树将

在巍峨的燕山山脉西侧，有一处陡峭的山崖，人称断壁崖。这地方山势险要，像刀劈斧剁一般。甭说是从这里修长城，就是山鹰也难以在崖中停留。可是，雄伟的长城在这里像龙一样，爬上了断壁崖的崖顶。

关于断壁崖筑长城，有一段神话般的传说。在齐、楚、燕、韩、赵、魏、秦七国争霸时期，各个国家之间不断开战，特别是弱小的国家，国土难以保全，边民更加悲惨。为了抵御别国侵略，七国当中的弱国燕国国王，和文武大臣商议，准备修一条坚不可摧的国疆长城以便巩固江山，富国强民。

燕王把长城所过的地方分成段，一直至互相衔接上为止。燕王还明确规定，提前者赏，误期者斩。为了能尽快地把长城筑好，燕王把最艰险难修的一段交给了自己的得意大将柳杰，柳杰满怀雄心，领令而去。工程刚刚开始的时候，柳杰这段长城的进度一直名列前茅，燕王和柳杰自是欣喜不尽。可是没过多长时间，工程进展渐渐慢下来，后来甚至停滞不前。这个时候，柳杰坐卧不安了，其他段的长城已筑成，兵民共庆，纷纷告捷。眼看日期一天天逼近，柳杰如火焚心，就是不得进展。为啥？这时工程已到断壁崖了，崖头便是长城的交接处。可是几次刚刚修到崖腰，城墙便跌落下来，巨大的石条从天而降，筑城兵民死伤无数。柳杰望着苍天叫自己：“柳杰呀柳杰，你不怕沙场上的千军万马，难道就要死在这几十丈高的断壁崖前不成？”于是他竟一口气杀了几个掌管修长城的头目。但仍无济于事，看到每天修长城死伤的人员，他又流泪对苍天长叹。每天晚上总是做梦，一闭眼睛，眼前全是死人，血淋淋的尸体。这位大将军害怕了，全身战栗，呼爹叫娘。

可是，在一天晚上，他做了一个奇怪的梦。梦见一个胡须皆白的老人对他说：“柳杰呀，你虽精灵，却无法把长城修上这断壁崖，此处虽险，可险有险路，你应细观这石崖，便能看得出来，这里有像龙爬行一样的道路。在好多年前，有一条龙摔在这崖下。山神爷为了搭救这条龙，变险崖成道，当龙爬上崖顶，石头又长成原来的模样。可这新长的石头和原来的不一样，它有一线隐隐缝隙，似阶梯，且好凿易碎。你用一百石匠，不出一天，开出阶梯，可把长城通向崖顶。我看你忠心报国，筑城心诚，便把此话告之于你。”说完，只见一股青烟直入地下。柳杰一惊便醒来。此时天已微明，可梦中一切，他记得一清二楚。

他急不可耐地赶到断壁崖前一看，果真如此。他便命手下人找来一百名能工巧匠，不出一天，果真开出通向崖顶的路。

工程终于竣工了。这天刚好到规定的期限。修城兵民庆功团聚，柳杰自然高兴，大摆宴席，款待修长城的有功之臣。

像龙爬行一样的长城，在断壁崖终于通向崖顶了。至今，其他许多地方，城墙早已倒塌，石头砖头早已狼藉沟岭山川，可这断壁崖上的边城却仍然纹丝不动，坚固如初。

本文引自李克：《中国长城故事集》，北京：北京燕山出版社，1987 年，第 107 ~ 109 页。

河北·王小背砖十八块

讲述者：孙潘氏　采录者：孙树峰

抚宁九门口长城的墙砖上，当年有人刻了“王小背砖十八块”七个大字，铭记着一个悲壮的故事。王小是山东来的小民夫，十六岁那年，朝廷要修长城，乡里派他爹出夫。那时他爹重病在床出不了夫，娘和王小到乡里、县里央求免差。官家说：“不去也行，拿一百两银子来买个夫。”家里穷得吃了上顿没下顿，哪来的银子呀？王小是个孝子，他就顶替爹的名来到抚宁九门口工地。

别看王小年岁小，可长得粗粗壮壮，像头牛犊儿。他一到工地就甩开膀子拼命干。他想：早一天把长城修完，好早一天回家种地养活爹娘。没过几天，王小干活不惜力气，就出了名。这孩子不明白，那长城是十天半月能修好的吗？再说，工地上的伙食又乍古（乍古：方言，坏，不好），没过多久，王小的身子骨就塌下来。王小不会砌墙手艺，只会天天往山上背砖，好几回累得吐了血。

监工的哪管人死活，谁趴下了就用鞭子抽谁，盼你早点死了好让新来的壮民工顶替。俗话说：“不打勤的不打懒，专打你小子不长眼。”别的民夫瞅准监工走远了就歇会儿，监工来了就紧干。王小光知道傻卖力气，不会耍滑偷懒，每次累趴下昏过去，都是被鞭子抽醒的。

一天，王小顶着毒辣辣的日头往山顶上背砖，不留神把汗珠子甩到监工的脸上。监工生气了，硬罚王小把仨人背的砖一气背上山顶。仨人的砖十八块，合块堆有三百六十七斤，十六岁的孩子咋受得了？王小不敢顶撞，一咬牙把十八块砖背起来，一寸一寸地往山上爬。有俩民夫怕王小从半山腰骨碌下来，紧跟在后边，被监工一鞭子拦回来。

民夫们紧盯着王小，就见他一步没停，硬把十八块砖背到山顶，一屁股蹲在地上，“哇—哇—哇”连吐了三口血。正在砌墙的民夫紧跑到他身前时，见王小喘着气，连句话也没说出来就断了气。鲜血把那十八块砖全染红了。

第二天，在刚用血砖垒起的那段长城上，出现了“王小背砖十八块”七个刀刻的大字。是谁刻的？有人说那是王小冤魂不散，自己刻的。其实，是砌墙的民夫趁夜静没人，偷偷刻的。他们在这十八块血砖上永远记下修长城民夫们的苦和恨。

附记：

王小是所有长城传说中唯一留下真实名字的小民夫，他的传说流布于抚宁至兴隆的长城一带。兴隆县的《墙子雄关王小庙》，是凭借王小庙流传至今的。传说中的王小是个十二岁的勤劳朴实少年，他独身来长城看望爷爷和父亲，不幸两位亲人都死在长城脚下，王小便留下来烧火做饭。何仙姑送他一口宝锅，民夫们才吃上饱饭。后来王小累死在工地上，人们给他修了一座庙纪念他。

本文引自《中国民间文学集成》全国编辑委员会、《中国民间故事集成·河北卷》编辑委员会：《中国民间故事集成·河北卷》，北京：中国 ISBN 中心出版，1998 年，第 329 ~ 330 页。

北京·万年灰

讲述者：刘永庆　采录者：张　泉

延庆南面一百华里左右，有个叫庙梁关的地方。没修公路的时候，有个城门洞，洞的顶上倒挂着七块城砖，每块二十多斤重，共合一百四十余斤。听老辈子人说，那还是修长城时粘在那儿的呢。

修长城那会儿，为了把长城修结实，秦始皇派兵到处抓人。一天，也不知从哪儿抓来个名叫刘名的小伙子，听说他特会烧石灰，就把他送到一个叫石灰峪的村子烧石灰。刘名二十一二岁，高高的个儿，白白的脸，说话有点侉（侉：说话带有地方口音），可特别能吃苦，干起活来可利索了。

他从小爹妈就累死了，剩下他一个人，整天在外流浪。可他聪明、好学。后来，被一位在深山老林烧石灰的老大爷收留了。老大爷无儿无女，一个人过日子，把他当成亲儿子养活。在老大爷的指导下，没几年的工夫，刘名就学会了一手高超的烧石灰的本领。又过了几年，老大爷死了，只剩下他一个人，他按照老人临终时的遗嘱，一个人继续以烧灰为生。结果，没几个月，秦始皇要修长城，就把他抓来了。到了石灰峪，村里的人都看他老实、能干，对他特别亲热。有个姓谢的大伯，把女儿许配给了他，他也就在这儿安了家。要烧石灰了，监工的分给他几个人，叫他负责管理。

因为他为人实在，大伙都愿听他的话，叫干什么，就干什么，每次干活的时候，大伙也特别齐心。有一天，监工大人来到石灰窑，找到刘名，说："刘名，长城工程越来越紧，石灰快供应不上了，你要加快速度。"说完，又提了两个条件：一是石灰必须要黏，要能粘百斤以上的东西，二是要供上使用，不能耽误工程。否则，杀头问罪。

听了这两个条件，刘名可犯了愁，饭也吃不香，觉也睡不着，整天愁眉苦脸，怎么办呢？他想逃走，可往哪儿去呢？天下到处都在抓人修边，再说，这里还有媳妇和一个可爱的小儿子，跑了和尚也跑不了庙哇，还不如混到哪儿算到哪儿。想到这里，他便继续和大伙烧石灰。

过了几天，石灰又烧好了。监工的便派了些人，把石灰往庙梁关背，去做实验，看够不够格儿。刚出西村口，监工的突然想到不如叫刘名也一起去，怕他跑了不好交代。

临走之前，刘名心里非常着急，心想，这次保准回不来了。于是，临走时，他便对媳妇说："我十有八九回不来了，你要好好拉扯孩子，伺候两位老人。"听了丈夫的话，媳妇心里非常难受，抱着丈夫痛哭，怎么也不叫他走。可是不走不行啊！最后，小两口只能忍痛告别了。

小晌午的时候，刘名跟着监工的到了庙梁关。他心里别提多紧张了，同来的一伙人也都为他捏着把汗，可有什么办法，谁能救得了呢？当时，正是六月天气，遍地流火，大伙见门洞里挺凉快的，便坐下来乘凉。

俗话说："人逢喜事精神爽，闷上心来瞌睡多。"刘名歪在草地上一会儿就睡着了。蒙眬中忽见一个花白胡须的老翁走到他跟前，对他说："小伙子，别犯愁了，你的石灰烧得不错，和灰时只要掺点大黄米稀粥，就能粘一百斤重。切记！”说完，老翁就不见了。刘名正在纳闷，忽觉身上一阵疼痛，原来，监工头一见他睡着了，上前就是一脚，把他踢醒了。他睁眼一看，才知刚才是一个梦。他觉得这事挺奇怪，信吧，是个梦；不信吧，又没别的办法，只好半信半疑地把自己的要求和监工头说了。

说来也巧，这天晌午，修长城的民夫吃的是大黄米粥。于是便弄来点稀粥倒在石灰上。和好后一试，还真灵，二十来斤重的城墙砖一块一块地往上粘。一连粘了七块，有一百四十多斤。从此，修长城的灰就全部用大黄米粥和了。直到新中国成立后，这七块砖还粘在那个洞子上。从此，人们就把刘名的这种灰叫作“万年灰”。

本文引自《中国民间文学集成》全国编辑委员会、《中国民间故事集成·北京卷》编辑委员会：《中国民间故事集成·北京卷》，北京：中国 ISBN 中心出版，1998 年，第 262 ~ 263 页。

北京·九缸十八锅

讲述者：刘运起　搜集整理者：张海生

延庆县东面山区的海宇口村，流传着这样一首民谣：

海宇口，靠西坡，有银子九缸十八锅。
过河不过道，过道不过河。
要想找到它，去问荆条老大哥。

这银子究竟是怎么回事呢？要是追根儿的话，还得从秦始皇修万里长城的时候说起。

相传，秦始皇修万里长城，一共修成了九九八十一段。每一段都有一个朝中的大臣掌握修建，并把修长城要花的银子分给了他们。

那时贪官污吏很多，其中有一个大臣被分在离京城很远的地方掌管修边。他一心就想贪污银子，发大财。于是，亲自下边城指挥。他下令：城墙上不用一点石灰和砖，只能用大石头干插。这样，墙的中间全是空的。只有在修城楼时才用上一点点石灰。有的地方只用土和石子堆在一起，这也就算长城了（现在这地方叫干插边）。甚至有的地方已经挖好了边沟，也没有修（这地方叫边沟），结果这段长城连蒙带混也就算完工了。

就这样，这个奸臣修完长城，剩下了许多银子，共装了九缸零十八锅。一天夜里，他让人偷偷地埋藏在海宇口西坡上。他怕取银子时忘了地方，怎么办呢？他想，此地山虽多，但坡上坡下没有荆条。于是就刨来一棵荆条栽在上面，作为记号。

过了几年后，长城全修完了，这个奸臣便到海宇口村来取银子。天下的怪事就是多，俗话说，不义之财不可得呀！奸臣到这里一看，他傻眼了，漫山遍野全长了一丛丛的荆条，他埋银子的地方哪还找得见啊？一直到现在也没有人找到那九缸十八锅的银子，只留下了前面那首民谣。

本文引自李克：《中国长城故事集》，北京：北京燕山出版社，1987 年，第 166 页。

北京·修居庸关的大石条

讲述者：刘　臣　采录者：张凤起

从延庆清泉铺乡营城村顺公路向南走五里地，有一道大梁。站在这道梁上，向南看，是深深的山谷，向北看，还是深深的山谷，放眼望，可纵观塞外。过去，这里叫石匠口。

修居庸关时，有人给秦始皇算卦说：有人会偷越居庸关攻打朝廷。于是秦始皇下令，用最好的石头修居庸关，找来最好的石匠把石头过錾。督管修居庸关的官吏，一方面让修边的百姓亲自去找好石头，还说，找不到就斩；另一方面琢磨着要抓石匠。

官吏们听说八达岭东边八十里的地方，有个村儿，叫

1880 年拍摄的居庸关长城东北扇面

石匠口，便想：这石匠口定有石匠，于是，去了五六十个抓石匠的。快鸡叫的时候，他们把石匠口围得严严实实。

石匠口说是一个村，其实，只有一户人家，两间草房。这户人家的主人叫“老石匠”。老石匠五十多岁，有一个儿子，总共两口人。因为老石匠的儿子长得虎虎实实，粗个伦墩儿（粗个伦墩儿：粗壮），所以叫大墩。大墩今年九岁了。四天前，他妈病死了，就埋在房后。妈死后，大墩天天哭。第四天的白天，老石匠哄大墩，给他打了个石头玩意儿——一头“雄狮”。大墩有了玩意儿，不哭了，挺高兴，晚上吃点饭，就和爸爸睡觉了。他们哪里知道，就在这夜里，外面有五六十人，把两间草房围得不透风呀！大墩睡得正香，就听见屋内一阵厮打喊叫，睁眼一看，屋黑得要命，一喊爸爸，没人应声。老石匠被抓走了。

太阳出来。大墩拿着“雄狮”，来到妈妈坟前，哭得眼珠都发红了。大墩把“雄狮”放在地上，这时，下起了大雨，刮起了黑风，“雄狮”突然变大了，先是锅台大，后是房子大，并向西边走去。大墩不知发生了什么事，吓得昏了过去。

大墩昏过去的时候做了个梦，梦见了他的爸爸。他爸爸告诉他：要想爸爸就到八达岭来找。天晴了，大墩醒来一看，在西面的山坡上，出现了一座新的大山，那就是“雄狮”变的。大墩回想起梦中爸爸的话，转身朝八达岭走去，爬了一山又一山，过了一岭又一岭。一天中午，太阳像个大火球，热得人浑身淌汗。大墩坐在一棵大树下，迷迷糊糊的。这时，就见一个白眉白胡子的老头出现在他面前，说：“孩子，我知道你是找你爸爸的，你爸爸他们修长城遇难了，官吏让他们找好石条，找不着就没命了。”大墩着急了：“老爷爷，您快给出个主意吧！”老头说：“你家里的石头，都是天下最好的石头，你告诉找石条的人这个信儿，也救了百姓的命了。”“是吗？太谢谢您了。”说着大墩就给老头磕头，只觉得头很痛，睁眼一看，是场梦。

大墩正琢磨这个梦呢，就见山下有一伙人，光着膀子，身子红黑红黑的，向自己走来。走到大墩跟前，有的人就唉声叹气地说：“大热天，上哪儿找好石条呢？”大墩听后又惊又喜，忙说：“找石条，我们家那儿的石头是天下最好的。”“是吗？那快领我们去。”

大墩领着这伙人，回到了自己家。嗬！自己家乡全变了样了：一块块的大石条，横七竖八地在地上躺着，到处都是。这伙人高兴得一人背起一块走了。大墩回头一看，只见从西面的梁上陆陆续续地来了好多人，都来背石条了。大墩想：我爸爸肯定也会来的。大墩为了能早看到爸爸，就跑到了“雄狮”变的山头上。这时，就见狮子山被白雾围裹着，从白雾中腾起一个火球，狮子山长高了一大截，大墩却不见了。为了纪念大墩，人们管那山叫大墩，现在还这么叫呢。石匠口因为出了好石条，救了百姓，就改名叫石金口了。至今，从石金口奔八达岭的山脊上，还有当年运石条儿的道儿，道儿边还有几块石条呢。

本文引自《中国民间文学集成》全国编辑委员会、《中国民间故事集成·北京卷》编辑委员会：《中国民间故事集成·北京卷》，北京：中国 ISBN 中心出版，1998 年，第 568 ~ 569 页。

居庸关长城东北扇面（[英]威廉·林赛摄于2005年）

北京·八达岭北三楼底下为啥是空的

讲述者：郭世长　采录者：张凤起

八达岭关城南北各有四个敌楼，底下全是石头、砖头加上黏土填的，夯得又瓷又实，唯独北三楼底下啥也没有，是空的。这是咋回子事？

早先，八达岭附近流传着藏宝歌儿：

八个金锅露着沿儿，
八个金镢露着绊儿……

这歌一共八句。嘿哟，宝贝哩，八八六十四件。后来歌词改了，变成了十句：

金锅露着沿儿，
金镢露着绊儿……
宝贝宝贝哪时现？
城楼一倒全能见。

原来，新歌词是冲着八达岭关城唱的。为啥？大明家补边，派个挺大的官当督办。在八达岭修关，修了九年九月零九天，人累死了九千九百零九个，全填了城墙沟子。老百姓有气呀！正当关城快修好，督办要跟皇上请赏的当儿，新歌满世界（满世界：处处）唱开了。

督办一听就吓坏了。刚修好的关城要让采宝的拆了，上头说是偷工减料，怪罪下来可有杀头之罪呀！这一天，督办正发愁，旁边斟茶料水的小书童忍不住了，问："大人哪，这些天您怎么老唉声叹气地发愁呢？"督办没好气，说："去去！告诉你有啥用？"书童一笑，唱了两句歌："宝贝宝贝啥时现？城楼一倒全能见！"督办吃了一惊，忙向书童问计。书童又是一笑，说："这点儿小事，好办，但不知大人您要十年计，还是百年计？"督办说："都要！"书童说："关城修好了，您赶给皇上奏本，说北国正操练人马，请朝廷派兵把关。有兵在，谁还敢拆墙？这是十年计。"督办又问百年计，书童又如此这般一说，督办一听大喜，全都照办了。

事儿果然照书童的话儿来，关城百年纹丝没动。到了清朝，八达岭防备不成了。大泥河村有个人，名字挺特别的，叫"跑不了"。他爹念过几年私塾，粗通文墨。家里有三十二亩好地，日子还过得不赖。可这个人贪心不足，急于发财。

有一年，"跑不了"爹到八达岭关城下的岔道村串亲戚，没事他老上城墙上溜达来溜达去，他看出破绽来了。原来，关城八个敌楼只有北三楼有块石碑，还没字。他把石碑推倒了，碑底下有个木匣，木匣里放着一本书。亲戚家不住了，他拿着书跑回家，没黑没白地看，看了七七四十九天，明白了。书上说，三楼底下有好多好多金条、元宝。于是，他卖了地，雇了五个棒小伙儿，在北三楼里头往下挖，挖出来的石头、泥土倒墙外头。小伙子们没黑没白干了七七四十九天。到第四十九天头上，挖出机关来了：一个砖券的小门儿，没挡；里头是砌砖的小窖，窖里放着好多好多金条、元宝。大伙儿把这些东西统统由箩筐提到城墙上，然后，把“跑不了”的爹请来。“跑不了”爹高兴得发了疯，跌跌撞撞跑上北三楼，可他一见城墙上堆的东西，“扑通”一声摔倒了，背过气去了。为啥？原来，这些金条、元宝全是砖头刻的，两个一碰就碎。地卖光了，钱花没了，气火攻心，咋不倒？人们在岔道村找了一块门板，往家里抬他，还没进村，他就咽了气。

“跑不了”家人财两空的事儿，一下子传开了。以后，谁还再干这样的傻事？八达岭关城到这会儿还好好的，全凭那个书童呢！北三楼底下的土没人填，所以至今还是空的。

本文引自《中国民间文学集成》全国编辑委员会、《中国民间故事集成·北京卷》编辑委员会：《中国民间故事集成·北京卷》，北京：中国 ISBN 中心出版，1998 年，第 567 ~ 568 页。

依山就势、因险制塞的明长城

北京·鹰飞倒仰十八磴

讲述者：刘贤臣　采录者：池尚明

秦始皇修长城时，命令把抓到的百姓按一定人数分成很多个组。每组里再选出个领头的来。然后，每个组包修一段，资金由朝廷下发，各组包的距离相等。

蔡大人带着一小组包修现在怀柔县二道关一带。蔡大人想，不修便罢，要修就得像个样儿。他每天都亲自和百姓们一起干。

资金用完了，蔡大人便找秦始皇去领。秦始皇问："别的组包的长城修好了，钱还有富余，你没修完，钱却花完了？"这时，朝廷里的一个奸臣想在秦始皇跟前讨个好，私下对秦始皇说："蔡大人早把钱都归为己有了，他这样做，岂不犯有欺君之罪？真是胆大妄为，我看绝不能放过他。"秦始皇轻信诬告，不容蔡大人解释，当即斩了蔡大人。

蔡大人被斩了，他的尸首不倒，在场的人都很吃惊。验边（验边：修长城时，专门检查修建情况的人）的人们觉得其中必有原因，蔡大人一定是屈死了。以前他们验边时，只是站在山脚下，望望山头，看看长城的大概样子，就算了事；这次，他们准备仔细看看蔡大人修的长城。

验边的人来到蔡大人修建的长城前，一个个拍腿称赞。只见那长城像燕窝一样，悬在陡峭的山崖上，像是从崖壁上长出来的。再细看，这长城是青石错磴，活像石阶倒立，挺有气势。在场的人没有不佩服的，都说就是能工巧匠也难以创造这样的奇迹呀！

验边的人把见到的情景告诉了秦始皇，说："修这样的长城，不要说发下来的那点钱，再增两倍，恐怕也难以修成。"秦始皇听后，亲自到现场观看，见到长城，后悔极了，为纪念蔡大人，在二道关给他修了一座庙，并把蔡大人的尸体安放在庙里，用金子为蔡大人铸了一个头像。后来人们常用"鹰飞倒仰十八磴"来形容这段长城的险要。

本文引自《中国民间文学集成》全国编辑委员会、《中国民间故事集成·北京卷》编辑委员会：《中国民间故事集成·北京卷》，北京：中国 ISBN 中心出版，1998 年，第 560 页。

内蒙古·差修边

搜集整理者：高　旺

在内蒙古清水河县口子上村有两条走向不同的长城，一条是东西走向，另一条是南北走向。这南北走向的长城的北端与东西走向的长城，在口子上村相接，形成了一条向南的支岔。当地人把这段长城支岔叫作“差修边”。

云蒙山上的明代长城烽火台（郑保卫 摄）

为什么叫“差修边”呢？其中有一段故事——相传，秦始皇统一了六国，在北方大兴土木，派大将蒙恬修建万里长城。秦始皇下的命令，时间紧，工程大，照常规修城是完不成的，所以采取了“跑马修边”的办法。所谓“跑马修边”的意思，是由一员将官身穿白袍，骑上白马头里跑，马跑过的地方就是长城线路。民夫们要紧跟着马把长城修起来，马跑多快修多快，马跑到哪儿修到哪儿。谁要修得慢了，轻的挨皮鞭，重的填了长城馅。

蒙恬为了马跑得快，每三百里设了一座行营，马跑到行营就换人换马，继续往前跑。从辽东的鸭绿江跑起，一直往西修长城。

有一天，正当午时，跑马的将官来到清水河县的口子上村，又累又饿，再也跑不动了，就到村里一家人家吃饭喂马去了。

不料，负责修这一段长城的监修官正紧跟着马尾监督民夫修长城，修到口子上村不见了跑马的将官。他误以为跑马的将官从五眼井跑到老洼沟去了，赶紧爬上柏杨岭去察看，仍然看不到骑马的将官。监修官这下可发毛了。他以为马跑远了，自己修得太慢，跟不上跑马就是掉脑袋的罪呀！

他急忙用皮鞭把民工们赶着，从口子上村冲着偏关老营那儿修过去。这可苦了修边的民夫们，他们好不容易连明彻夜地追着马尾把长城修到口子上村，没吃一口饭，没喝一口水，又得累着往前修，加上这一带山高陡坡，运砖送石不便，许多人累倒了、饿昏了，马上就被监修官填了长城馅。也不知死了多少民夫，才把长城修到偏关老营，还是不见跑马将官的影儿。

再说那跑马的将官，吃饱了，喝足了，马也喂饱了，忽听得大街上有人说："修长城的人走空了！"他急忙拉马出来一看，这里一个民夫也没有了。只见南山坡崛起一条长城。他这才明白，原来自己吃了一顿饭，差修了长城四十里。要不赶快拦住，秦始皇知道了，非被砍头不可。于是，跑马将官快马加鞭追到偏关老营止住了民夫，叫他们回到口子上村来，接着东西长城往西修。从此，这里就留下了南北走向的"差修边"。正是——

将官饱餐一顿饭，
差修长城四十里。

本文引自宋孟寅、董侃：《万里长城传说》，台北：林郁文化事业有限公司，1994年，第47页。

陕西·孟长城与城砖

搜集整理者：谢久云

天启年间，有一个叫孟长城的人，他从小就机灵，和同年龄孩子比，高出一大截。他有一个特点，凡事爱追根寻底。他二十岁的时候，锛凿斧锯，修房盖屋，石匠、泥匠样样在行。

正赶上明朝的熹宗修万里长城，很多人都被抓来当民工。孟长城告别了父母，随着被抓的人一起上了路。在树叶落尽的一个秋天，来到一个叫东三岔的地方。在孟长城到来之前，这里的长城已修好了一大半，也快够高了，就差最上面的一层石条还没垒。由于山高坡陡，从山下把石条运到山上就够费劲儿了，还要把石条运到长城墙上，这就更费劲了。监工刘大人，心眼别提多坏了，民工们成天吃不饱，穿不暖，挨打受骂，人都要累死了，哪还有劲爬高垒城墙呀？就这样，工程一天天拖了下来，进度越来越慢了。就在这时，上边传下命令，如不按期完工，不但要杀掉工头，民工们还要到更远的地方去修长城。

这一下，可急坏了监工的刘大人，他饭吃不好，觉睡不着。民工们也着急呀，大家好不容易快把这截长城修完了，盼着早日回家呢，结果，又要被罚到更远的地方去修长城。即便有了石料，也很难弄到立陡的山崖上。孟长城为了大伙儿，主动找到刘大人说："你只要答应我两个条件，我可以帮你的忙。"刘大人说："只要你的主意能使工程按期完工，莫说两个条件，就是十条八条我也依你。"

孟长城说："第一，让民工吃饱、穿暖；第二，今后不准再打骂民工，不准再克扣民工的口粮。这两件事你要当着民工们的面，刻在石条上，竖在长城旁。若有反悔，我们就用这块石条把你压在下面。"

刘大人一听，吓出了一身冷汗，本想不答应，无奈上边追得紧。所以当着众人，就把条件刻在了石条上。然后，把孟长城恭恭敬敬地请到自己屋里，拿出好酒好菜招待。

这时，孟长城才说："城墙按要求只差一层石条高了，我们不妨以土代石。"刘大人糊涂了，孟长城告诉他："就是把土烧成砖，用它在上方垒成墙垛。"孟长城说着又用脚板子在地上比划了一下。接着说："二十多斤的砖，一人能背上几块，这样，就不愁石条运不上去了。"孟长城说到这儿，停了停，刘大人伸脖子瞪眼直勾勾地听着。孟长城又说："在坚硬的石墙上垒几层砖，再垒上城垛，既省工，又省料，还好看。在砖垛之间向外瞭望，又方便，又能减少暴露的目标。"一席话说得刘大人不住地点头称是。刘大人让孟长城当指挥，大家烧砖的烧砖，和灰的和灰，运料的运料，不出数日，东至西水岭，西至东三岔，长达几里的城墙都修好了。

现在，刻有碑文的那块大石条，还在东三岔北梁头的烽火台上。因为城墙上的砖是孟长城发明烧的，后人就把它叫作城砖了。

本文引自李克：《中国长城故事集》，北京：北京燕山出版社，1987年，第161～162页。

甘肃·选址建关

搜集整理者：高风山　张军武

嘉峪关在明代是甘肃镇贵州卫的前哨，是西北的防务要地。它北依马鬃山，南据祁连山，关址设在两山夹峙的戈壁瀚海的嘉峪山上，深藏固险，险峻天成，又加建筑精湛，与山海关虽东西相隔万里，却遥相对峙，互争雄险。山海关有“天下第一关”之称，而嘉峪关则被誉为“天下第一雄关”，这一个“雄”字十分传神，生动地表明了它巍峨的气势。当初，在这里建关的时候，留下了一个有趣的故事，直到今天还在民间流传着。

据说是明朝洪武年间，朱元璋派征虏大将军冯胜，追歼元朝的残兵败将。冯胜大将军率兵西进，直取河西走廊。他雄勇多智，大破元兵于甘州（今张掖）一带，进军肃州（今酒泉）直达居延海玉门关外，所向无敌，连连报捷，收复河西，建立下奇功。朱元璋为了巩固西北边陲，命他在河西建关设防。

冯胜大将军遵照旨意，带领众将，骑马日行夜宿，仔细观察这一带的地形。原来这号称“走廊”的地带，很多地方宽度大都在一二百里开外，防守困难，发愁找不到适合建关的地方。

有一天，冯胜将军骑马来到肃州西面五十里的龟盖山下，见这里两边依山凭险，前面还有一道河水流过，靠山近水也算是一处险要之地。他便和众将商议，决定在此建关。指定监修官招集工匠，立即测定方位，钉桩放线，商定次日清晨就要破土动工，晚上还派了兵士守护。一切安排停当，冯胜大将军才连夜返回肃州。

第二天，天刚麻麻亮，监修官带领众工匠、民夫来到工地上，一看木桩和线都不在了，监修官急得连嚷：“怪哉怪哉！”马上叫来守护兵士问道：“你知道桩线哪儿去了吗？”兵士们吓得战战兢兢地如实禀报：“小人看守桩线，一夜也不敢闭眼。刚交三更天，西北山后头，飞起来一朵黑云彩，没过多大工夫，一股黑风吹来，刮得天昏地暗。说来真怪，这股风刮来，又旋回去了。风停后，那朵黑云又从西北山后头落下去了。我觉得奇怪，再看桩线，已无影无踪了，吓得我浑身冒冷汗。”

监修官本来不信，见大家都这样说，也弄得他半信半疑，真假莫辨。正在这时，从西北方向来了一位顽童，红缨小辫在头上打转，身上戴了个红兜兜，手持一根小杠，直向他们跑来。监修官向顽童打听桩线的下落，顽童只说了一句：“跟我来！”监修官和众人不约而同地跟着顽童向西北山跑去，他们爬上山坡，登上嘉峪山，一个个惊得目瞪口呆，只见木桩和线整整齐齐地排列在山西面的一个岩岗上。望着望着，监修官恍然大悟：龟盖山在讨赖河边，山下是低洼之地，如果洪水溢出，定会冲毁关城。“好险啊！”他不由得长叹一声。这时回头找顽童，已经不见了。

这座嘉峪山，把监修官吸引住了。他东瞧瞧，西望望，只见祁连山雄峙于南，马鬃山耸立于北，西接群山大漠，东连平畴绿野，依山靠水，地势险要，这才是建关的好地方啊！监修官高兴非常，立即上马飞奔肃州，禀报冯大将军。

冯胜大将军率领众将领，骑马涉过冬夏澄清的“九眼泉”，登上嘉峪山，仔细观看了山行水势，情不自禁地赞叹：“此乃咽喉之地，地势天成，妙啊！”他又看看脚下，山势平坦，基石牢固，方圆足有五十亩地开外，真是建关设防的好地方。众将领也异口同声地说：“这里峡谷似瓶，易守难攻，修建关口，定然固若金汤！”

冯将军就将关址选定在此处，立即破土动工，不到一年，就修筑了周长二百二十丈的嘉峪雄关。关城修起来了，冯胜心中留下一个解不开的谜：究竟是谁移动桩线的呢？于是派人四处明察暗访，也毫无结果。后来有人说是关云长显灵，移动了关址。后人就在关城附近，又修建了一座关帝庙。

本文引自花山文艺出版社：《长城传说故事》，石家庄：花山文艺出版社，1985年，第146页。

甘肃·定城砖

搜集整理者：田恒江

嘉峪关城的西门，叫“柔远门”。柔远门外，有西瓮城回护着；这西瓮城城门，叫“会极门”。会极门的阁楼后檐台子上，放着一块大青砖，这就是有名的“定城砖”。定城砖，顾名思义，就是说，有它在此，可以确保整个关城稳稳当当，千秋屹立，不出意外；要是没有了它，可就难说了，说不定城墙、城楼会突然倒塌的！这么要紧的一块砖，有谁敢动它一动呢？所以，自明朝建关，至今六百多年过去了，它便一直放在那里。

说起这定城砖的来历，当地民间流传着一段动人的故事。当年修筑嘉峪关的时候，负责总工程的佥事官，名叫丁玺。他派人雇来的瓦匠师傅，名叫崔伏。这崔伏是位名匠，从肃州（今酒泉）到嘉峪关一带的楼阁寺庙，多是由他主持设计建筑起来的。崔伏经营的建筑，有两个特点：一是结实，二是节省。先说结实吧。在崔伏的指挥下，筑城墙用的土，全部用筛子筛过，然后摊在青石板上让烈日暴晒，有的还用大火焙烧过，这样，土粒均匀，草籽又不得萌芽。夯筑时，把土与麻丝、灰浆混合搅拌，有的掺入适量的糯米粉，使得粘结能力大大增强。墙筑好了，射箭验收：飞箭射出，触城落地，才算合格；要是箭头插入墙里，就得返工。因此，嘉峪关城墙，风风雨雨几百年，直到现在，用铁镢头刨，或用钢斧砍，也只是留下点白印印，你说结实不结实？

再说节省。这崔伏老师傅，没多少文化，可是，从大半辈子的实践中，摸索了一种“九九算法”。无论多大工程，凡是由他设计、计算，无论用工用料都要求节省再节省，直到不能更节省的地步。丁佥事不相信那么精确，就叫他算。只见崔伏闭了双眼，养神似的，不一刻，就算出来啦，说：“按设计，嘉峪关要修建雄关正门、柔远门、光华门这三座大城楼，会极门、朝宗门那两座瓮城，还有四座角楼、两座敌楼，加上闸门、垛墙、宇墙、瞭望孔、灯台、射孔、马道等等，总共需用九千九百九十九万九千九百九十九块砖。”

“不多一块？”丁佥事眨巴着怀疑的眼睛。“嗯。”崔师傅答。

“不少一块？”“嗯。”

“哼！打个赌吧：完工时，要是多一块，或者少一块，杀你的头！”“要是不多不少呢？”“我，我以前程为赌注，输了情愿削官为民！……”

就这样，大青砖经过严格清点，如数运来了。接着，崔伏指挥砖瓦匠们动手砌城。日月往复，嘉峪关城全部竣工。丁佥事亲自细细验收。突然，发现西瓮城阁楼后檐台子上多出一块砖。

他心头猛地一亮：“这场赌，算赢了！”就要命人上去取下那块砖，杀死崔伏。本来，像这么浩大的工程，不要说多出一块砖，就是多出一百块、一千块，也算不得什么的。可是，正是由于这一块砖，名匠崔伏却要输了，要掉脑袋了！见丁佥事发现真多出一块砖，崔伏也奇怪。没有算错呀，怎么多了一块？他急忙用眼朝城墙上横扫了一下，立即发现，南边城头的垛墙上第九百九十九层砖，是一个学徒娃砌的，砖缝挂的灰，统统厚了两头发丝，这样，正好多出了一块砖来！怎么办？总不能因为这个，出卖了学徒娃呀！好，先和丁佥事这家伙斗斗智，看到底谁输谁赢……他不是对梦里的事很信服吗？想到这儿，只见崔伏眼珠一转，不慌不忙，上前阻止道："那块砖，万万动不得！""怎么？"丁玺忙问。"那可不是我多出来的。""谁？""神。""胡说！"

"信不信由你。昨晚，睡梦里，护城神告诉我，他给会极门上放了一块砖，名叫'定城砖'。有它，城存；无它，城毁。取与不取，你听便吧！"

"鬼话！"丁佥事吼了一声。可是抬起脸，望一望那高耸入云的城头，也头晕目眩。取吧，要攀援上去，至少得有飞檐走壁的本领；不取吧，又不甘心认输。一时竟没了主意。

正这时，佥事手下一个善于拍马屁的家伙，觉得这是个显示奴才本领讨好主子的好机会，便自告奋勇，上城取砖。

城楼好上，檐台难登。那檐台是怎样的一个去处啊：宽不容脚，下临千仞，背后又靠着绝壁。然而，那家伙竟是侧了脚，身子紧紧贴着墙壁，双手死死抠住砖缝，双脚一分一寸地向那块砖挪过去、挪过去！到砖跟前了！只消一猫腰，就可以把砖抓到手里了！可是，那地方，可不是想猫腰就能猫得下去的地方。读者诸君不妨试试看：您背靠墙壁站着，脚跟不许离开墙根，请您猫一下腰。——屁股撞着墙壁，稍一动作，不跌个嘴啃泥才怪哩！那奴才，只图博得主子欢心，别的什么都不顾了，只见他斜了眉，瞪了眼，嘴脸抽搐，手脚颤抖，吸了口冷气，横了一条心，眼看就要抓着那块砖。这时，就听"哎哟"一声，一头从那高高的檐台上栽了下来，摔得七窍出血，脑浆迸裂，一命呜呼了！

在场的匠人和民工们，无不暗暗称快。都说："看来这护城神托梦可真灵验哪！"丁佥事只好摇头认输，灰溜溜地辞官而去。

本文引自花山文艺出版社:《长城传说故事》，石家庄:花山文艺出版社，1985年，第161页。

甘肃·嘉峪关上一块砖

讲述者：老 李 搜集整理者：唐光玉

传说在长城的终点——嘉峪关，修关的时候，请了一个会算的工匠。这个工匠叫易开占，精通九九算法，承揽过几个大建筑的修建。不管多大规模的建筑，只要经过他的计算，不论用工还是用料，都十分节省。

负责承修嘉峪关的监事官叫张不信，根本不相信易开占这么大的能耐，易开占当场打赌说："老爷在上，我可以夸个海口，保证修城墙的城砖不多一块。"张不信斗气说："你干脆让多出来一块吧，这一块砖，我给你永远放在重关的小楼上，为你扬名，怎么样？"

"一言为定！"易开占爽朗地答应了。结果，易开占赢了。修完了嘉峪关一查，刚好多出来一块。这块砖至今还放在重关的小楼上。

本文引自陈庆浩、王秋桂:《中国民间故事全集》卷29:《甘肃民间故事集》，台北:远流出版事业股份有限公司，1989年，第45页。

明长城西端著名关隘嘉峪关被誉为“天下第一雄关”

甘肃·冰道运石

搜集整理者：高风山　张军武

人们走进嘉峪关城，就会看到楼阁台阶、城墙基础和门洞铺地全是巨型石条，足足有数千块之多。这些长约二米、宽五十厘米、厚三十厘米的青石石条，是从哪里来的呢？

据说，在当初建关城时，因需要大块的青石做成石条，供施工用，石匠们就到四处山上寻找，经过细心察看，终于在关北十多公里的黑山中一个叫磨子沟的地方找到了这种石头。那里盛产地溜石，石质坚硬，可凿成磨盘、碾磙等物。石匠们取了样品，经鉴定，确定用磨子沟的石头做基石。于是，就选派有丰富经验的石匠数十人，到磨子沟开采石条。石条凿成之后，又遇到了问题，人抬不起，牛车拉不动，路程又远，运输十分困难。再说，如果误了工期，那是要开刀问斩的啊！工匠们边凿石条边犯愁，眼看隆冬季节到了，石条还没运出山，上边又催得很紧，怎么办呢？

这时候，有一位老石匠，召集众人合计。人多智慧广，你一句，他一言，急中生智。老石匠开了腔："我看，顺山坡修一条路吧，冬季一到，就在路上泼水，结冰以后，往下滑，看这样行不行？"大伙一听，都说这是一个好办法。急忙禀告监工，得到批准后，就开始修路。滴水成冰的季节一到，调动车辆人夫，拉水、担水，往路面上一泼，水很快凝结成冰，一条冰道出现在山间。石匠们将采好凿成的石条，用肩抬杠撬，移到冰道上。人们站到冰道两边，手持撬杠"护送"着巨大的石条沿冰道向山下滑行，就用这法把所有的石条一块接一块，运到了关城的工地上，保证了长城的工程按期完工。

本文引自花山文艺出版社：《长城传说故事》，石家庄：花山文艺出版社，1985年，第153页。

甘肃·山羊驮砖

搜集整理者：高凤山　张军武

嘉峪关城，是明代万里长城西端的重要关口。它重城并守，多道防线，森严壁垒，巍峨壮观。在九米多高的城墙之上，有十余座大小楼阁、宇墙、墩台，还有数不尽的垛墙，用砖数量之多是很惊人的。据说，当时修建关城所用的砖，是在关西四十里以外的地方烧制的。砖烧好以后，用牛车拉到关城下，然后再一块一块背上城墙。城高坡陡，上下很吃力。尽管派了许多人背砖，个个累得腰酸腿疼，还是满足不了施工需要，跟不上施工进度，眼看有贻误工期的危险，人们都焦急万分。

有一天，有一个放羊娃赶着一群山羊，在关城附近放牧。他看着一队队的伯伯叔叔们在弯腰驼背地运砖，个个筋疲力尽，监工还在不停地吆喝着。他心情十分沉重。怎么能够帮助叔叔伯伯们摆脱这繁重的劳

冬日的长城（郑保卫　摄）

役呢？那憨厚的孩子在斜坡马道上来回走动，细心观察，仔细地琢磨起来。想着想着，他突然高兴地喊道：“有办法啦！”

他甩着响鞭，吆喝着把羊赶到了城下，解下腰带，一头拴一块砖，搭在羊背上。他用手轻轻一拍羊屁股，只见身体轻巧的山羊驮着砖，“噔噔噔”一溜小跑爬上了又高又陡的城墙。背砖的人们看了喜出望外。放羊娃高兴地跳了起来，边跳边拍手叫好，和背砖的人们说了几句话，欢跳着跑向城头。

这时候，只见放羊娃站在城头，一声呼哨，一群群山羊从四面八方拥到关城下。放羊娃和背砖的人们又跑到城下的羊群中，忙活了起来，驱赶着一群又一群山羊，驮着砖从马道登上了城墙。就这样，一趟又一趟，靠着小小的山羊，把成十万上百万块砖运上了城墙。

本文引自花山文艺出版社：《长城传说故事》，石家庄：花山文艺出版社，1985 年，第 155 页。

二、修筑长城过程中得到神仙帮助的传说

河北·二郎神的传说

搜集整理者：周春霆

山海关城西有条河，叫“石河”。石河里的石头全是圆蛋蛋，没有一个带棱角的。石河原名叫“渝水河”，所以山海关很早以前叫“临渝关”。后来，渝水河为什么改名叫作“石河”了呢？

传说，秦始皇在这里修长城的时候，征集了很多的民夫。修长城的活可苦啦，秦始皇想尽快把长城修成，他升起九个太阳在天上照明。这样，就全是白天，没有黑夜了。民夫们没有了睡觉时间，再加上活重、吃不饱，真是苦上加苦。尽管这样，监督修城的还用皮鞭抽打他们哩。

有一天，民夫们背砖实在背不动了，监工又用皮鞭抽打他们。民夫们就坐在地上哭泣。民夫的哭声惊动了一个又聪明又能干的小伙子，这小伙子的名字叫二郎。二郎听到一片哭声，不知道那么多人为什么在那里哭哭啼啼的，就想弄个明白。他走到一个正在呜呜哭泣的年轻民夫跟前，问道：“喂，小伙子，有什么为难事，使你们这样伤心地落泪？”年轻的民夫听见二郎问他，抹了把眼泪说：“秦始皇抓我们来给他修长城，怕我们修得慢，就升起九个太阳轮流照明，不让我们睡觉，还派监工用皮鞭抽打我们，所以，大家才这样伤心落泪。”“哦，原来是这样！这好办，我帮你们解除痛苦吧！”年轻的民夫们一听，可高兴啦！二郎见那边还有许多老年民夫坐在一块哀哀地哭泣，就走到老年民夫跟前问道：“老爷爷，有什么为难事，使你们这样伤心落泪？”老年民夫听二郎问他们，抹了把眼泪说：“秦始皇抓我们给他修长城，要修得像山峰那样高，修长城熬得我们胡子都白了！哪年哪月才能修成啊？我们这把老骨头，恐怕永远也回不到家乡去啦。所以，我们才这样伤心落泪！”“哦，原来是这样！这好办，我来帮助你们解除痛苦！”老年民夫们一听，可高兴啦！二郎又看见还有许多妇女坐在渝水岸边哭泣，哭得更是伤心，就走到妇女们跟前问道：“大嫂大姐们，有什么为难事，使你们这样伤心落泪？”妇女们见二郎问她们，抹了把眼泪说：“秦始皇要我们把渝水里的石头，都给他磨成圆蛋蛋，留做守城的武器。磨不完就要砍掉我们的头。我们这些妇女哪里磨得动啊？所以，我们才这样伤心落泪！”“哦，原来是这样！这好办，我来帮助你们解除痛苦！”妇女们一听，可高兴啦！

二郎问完了这三件事，回去割来像大树那样粗的荆条，编成了一副大挑筐；砍来一棵千年古树当扁担；用大海里的水和泥，做了九座大山；找来两块碾盘一样大的顽石，用手搓了搓，搓成两个石弹丸。接着，把九座大山放在挑筐里，带上石弹，插上扁担，担起来，就去赶太阳了。

二郎穿的是一双飞虎鞋，要走多快能走多快，要跳多高能跳多高，他赶上一个太阳，跳起来捉住，拿起一座山，把太阳一压，修长城的民夫们就欢呼一声。就这样，二郎一连捉了八个太阳，压了八座山，最后剩下一个太阳了，他想：不能把太阳都捉下来，那样不就没有光亮了吗？于是，他就把最后一个太阳留下来了。又把最后一座山放在西天边，遮住阳光。从此，太阳从东方出，从西方落，就变成了一半是白天，一半是黑夜：好让那些修长城的民夫们夜晚睡觉。后来，人们就把西边那座大山叫作“背阳山”。有了这九座山连在一起，民夫们就着高山修长城，修得可快啦，而且修得像山峰那样高。

二郎为了找到磨石蛋的方法，又去访问了一个一百二十岁的老石匠，老石匠说：“要想磨石蛋，不难不难，渝水上游有个黄龙口，黄龙口里有个泉眼，泉眼被黄龙口里一块大石头堵住了。你要能打开山石，泉眼里的水流出来，绕着猴儿崖转三遭，就会把所有的山石磨成圆蛋蛋了。”

二郎一听高兴极了，辞别了老人，带着石弹到黄龙口去了。到那里一看，黄龙口里真有一块大山石堵着泉眼。二郎拿起一个石弹，就照准黄龙口里的大山石打去，只听轰的一声响，大山石被打碎了，一股清清的泉水哗地流了出来，顺着猴儿崖转了三遭，把山石都磨成了圆蛋蛋，从此以后，渝水河里的石头就都变成圆蛋蛋了。当地的老百姓也就把渝水河改名叫石河了。直到现在，还是一河圆蛋蛋石头，晶莹如玉，洁白光滑，可好看啦。

二郎办完这三件事，觉得累了，就坐在长坡休息，脱下飞虎鞋，把鞋壳里的沙子倒掉。从此，长坡上的石头就都变成黑色的了。二郎觉得剩下的一颗石弹没用了，随手一抛，扔在了首山下。后来，修长城的民夫为了纪念二郎的功德，就把扔石弹的地方叫“石弹沟”，在石弹沟上的首山修了二郎庙。从那以后，当地的老百姓就有了二郎神的传说。

本文引自陈庆浩、王秋桂：《中国民间故事全集》卷 25：《河北民间故事集》，台北：远流出版事业股份有限公司，1989 年，第 304 ~ 308 页。

河北·张果老修边

讲述者：邓玉贤　搜集整理者：马维德

人们游长城时，常常会发现大城砖上，留有很大的手印儿，这手印儿的手掌有蒲扇那么大，手指头有棒胎儿那么粗。人们推断：古人身高体胖，脚大手也大，这手印一定是修边的民夫干活时留下来的。其实不对，这吓人的手印是八仙中的张果老留下的。

听老人传说，长城开工时，张果老被王母娘娘邀请，去赴蟠桃盛会，他恐怕失礼，没敢骑驴。会罢，他回到终南山仙洞，看到心爱的神驴瘦得皮包着骨头，就责问童子："为何不用心喂料饮水？"童子告禀："下界秦始皇修造长城，凡人不够，又向仙界征丁。别的洞府已派出仙役，我们人手缺乏，只好将神驴去驮砖。"张果老听了又惊又气，惊的是，这条孽龙竟干出偌大事业；气的是，神驴怎么累成这般模样？

第二天神驴又去上工了，张果老就悄悄驾云跟踪下来。刚到燕山就听得人喊马叫，震天动地。他慌忙拨开云缝一瞧，哎呀！满山遍野，人山人海，抬石运砖，和泥挑土，像蚂蚁搬家，密密匝匝，乱乱哄哄。他的小毛驴驮着小山似的一驮子砖，正艰难地往山上走着。那崎岖狭窄的山道，像垂下来的线，气喘吁吁的小毛驴稍一停蹄，胯骨上就会挨上一顿棍打鞭抽，不几趟，它浑身的皮毛全湿透了，腾腾地冒着白气。张果老心疼极了。他又扫了一下山上山下，只见崖头沟壑堆着不少尸骨，禁不住暗骂一声："暴君！"他马上化成一个瘦高的老头儿，飞下云端。

一个好心的工头对他说："这么长的胡子还来修边，唉！你将就着去和灰吧。"张果老捋着花白胡子笑了："不，我去背砖！"说着，拿出绳套，背起八块城砖，腋下又夹上四块，每只手又紧紧拿起两块，如飞地跑上山坡。这下可把人吓呆了，想不到这瘦老头有这般神力！

修了好些日子，张果老跨上他的神驴回山了。瓦匠们垒墙用到他运的砖，发现上面留有很大很深的手印，都十分惊讶！心里琢磨：那老头儿准是神仙。什么神仙呢？张果老嘛，只有他才有头好驴子呀。

这样留有巨大手印的城砖，在拐角楼、北三楼、石匣关许许多多的地方都发现过。张果老帮助黎民修边的神话传说，在长城脚下的好多山村中，被人们神奇地传颂着。

本文引自李克：《中国长城故事集》，北京：北京燕山出版社，1987 年，第 404 ~ 405 页。

天津·臭虫、蚊子的来历

讲述者：王长起　采录者：王力行

虱子、臭虫、蚊子、跳蚤真讨厌！这些害人的东西是打哪儿来的呢？听老辈子人说，是秦始皇修万里长城的时候神仙撒的。

我国古时候，有个皇上叫秦始皇。为了防备他国打进来，下令要修边墙，就是万里长城。那万里长城有的修在山上，有的修在洼地里，随坡就势。工程大，用人多，秦始皇一下子聚集了几十万民夫，还有数不清的牲口，连羊也不放过，一只羊两块砖，从山下往山上驮。就这样，秦始皇还嫌慢，下令一天必须干两天的活儿，完不成就杀头。这下子可苦了修长城的民夫，完不成的杀，修着修着塌了，也杀！杀的人呐，海啦。边杀边征夫，老百姓遇到了大灾大难。

秦始皇修长城总杀人这件事儿，惊动了老天爷。老天爷看杀的人太多了，就想了个办法，用拐棍儿把太阳支住了，修长城的人们一天吃了六顿饭，太阳还不落山，等大伙儿都把规定的活儿干完了，老天爷把拐棍儿一拿，太阳就落山了。这天秦始皇没有杀人，还挺高兴。再说干活儿的农夫，一个一个累得像散了架子，人们困得没法，走着道儿一倒就睡了。这一睡不要紧，有的人再也没有醒过来，一下就睡过去了。老天爷一看，心里说："不好！照这样下去，到天亮人们还不叫秦始皇都杀了。"急得老天爷直抓脑瓜皮儿。到末了儿，老天爷想出一个办法，让这些虫子去咬人们，不让人们睡到大早。

老天爷刮起了大风，在风上用锨扬草木灰，这些灰刮得到处都是，落到墙缝里的，变成了臭虫；落到水里草里的，变成了蚊子；落到衣服上的，变成了虱子；刮进屋里去的，变成了跳蚤。天一黑人们睡了觉，蚊子、臭虫、虱子、跳蚤都出来咬人，人们睡一会儿就被咬醒，这样当时救了不少人。可是长城修完了，这些蚊子、臭虫、虱子、跳蚤，老天爷就收不回去了，成了祸害。

本文引自《中国民间文学集成》全国编辑委员会、《中国民间故事集成·天津卷》编辑委员会：《中国民间故事集成·天津卷》，北京：中国 ISBN 中心出版，2004 年，第 420 页。

北京·仙女楼

讲述者：张景齐　采录者：李善文

在金山岭长城密集的敌楼中，东山顶上最高的那座楼叫“仙女楼”。传说秦始皇修边时，因为没法挂线，把官差都愁坏了。长城大都修在砬头上，况且边疆上人烟稀少，荆棘丛生，树大林深，甭说挂线取直，就是空人穿走，也挺费劲。秦始皇圣旨传来，出榜招贤。有五只狐狸，变成五个姑娘，揭了皇榜。这五个姑娘不分昼夜，不辞艰辛，三天三夜就把线挂好了。从东到西，迢迢万里，线挂得直，取得正。可惜最后的线刚挂上，她们就累死了。

原来这五位狐仙是玉皇打发下来帮忙的。玉皇见她们干活实诚，特意允许她们在人静时到最高的城楼上看一看，风光风光。有一天凌晨，一只山羊疯了似的往山上跑，羊倌追到这座楼前。羊倌见窗台上有一双鲜红鲜红的绣花鞋，便伸手去拿，鞋忽然不见了。只听楼里咯吱咯吱木底鞋走路的声音。羊倌向里望去，什么也没看见。于是“仙女楼”就这样传开了。据说狐仙中的大姐思凡，是她用法术把羊倌招上山的。谁想这个羊倌动手动脚，把仙女们羞跑了。

本文引自《中国民间文学集成》全国编辑委员会、《中国民间故事集成·北京卷》编辑委员会：《中国民间故事集成·北京卷》，北京：中国ISBN中心出版，1998年，第561页。

北京·驴驹子庙与望金石

讲述者：张霞　采录者：孟皋卿

在延庆县城东南的深山里有那么一座山，形状就像一头毛驴站在那里。在这座山的顶上有一座庙，庙里供着一头黄毛毛驴。这座山的对面，有一块大石头，人们都管它叫望金石。

相传在秦始皇修长城的时候，这儿也修起了长城，几百名民夫日夜不停地修着，长城眼瞅着就有了模样了。这长城下半截是用石条垒起来的，上半截都是用砖垒的。当时，民夫中有个小伙子叫李春。这李春是专门管烧砖的，他有一手高超的烧砖技术，烧出来的砖一敲都“当当”响。随着长城的延长，李春运砖越来越困难。一天，监工李大人对他说：“皇上下了一道圣旨，要你们必须在七天内修完这段长城；你必须保证每天运十万块砖到工地，如果耽误了工期就要杀你的狗头。”李春回到家中，愁得饭吃不好，觉睡不着。他左思右想，没有一点办法，眼看着限期越来越近了，李春心想自己的脑袋快长不住了。这天晚上，李春一个人躺在炕上，思想着运砖的办法，怎么办呢？只剩三天就到限期了，自己这样下去，明明是朝死里走，还有什么奔头？不如早点死了了事。想着想着不觉蒙胧睡去。他忽见屋外明亮，便站起身出了屋，一直朝山上走去。他走过两道山梁，三道山沟，一直来到山崖上，想从这儿跳下了事。他想到家中年老的父亲，想起妻子、儿女，自己就这样了却了自己，真是太可惜了。可他又转念一想，自己怎么也难免一死呀，还不如这会儿死了倒痛快。想到这儿，他把双眼一合，纵身朝崖下就跳。就在这时，从他身后伸出一双手来把他拉住了。他回头一看，是一个老头，这老头满头白发，白眉毛有一寸多长，白胡子有一大把。一双有神的眼睛，盯着他说：“小伙子，你一不老，二不小，为什么要寻这样的短见呢？”

李春见老头这样问，便把一年来修长城当中，李监工咋欺负他和这几天叫他运砖的事说了一遍，最后他说：“老大爷，我上不能孝敬父母，下不能养育儿女，活着有啥用？再说就算现在不死，早晚也免不了一死呀！”

老头听罢，对他说：“瞧你这一说，你就去死吧！”说完，一把把他推下山崖。他顾不上多想，只有闭眼等死。他刚把眼合上，就觉得落了地，可是没摔着，他慢慢睁开眼睛，原来他趴在屋地下，刚才是做了一个梦，自己从炕上摔到了地上。他从地上爬起来，见身底下压着一张黄布绢，他急忙捡起来一看，只见绢上写着字，他一行行地看下去，原来是：

李春莫把悬崖跳，
单听三更宝驴叫。
赠你黄绢做丝条，
绢拉金驴砖运到。

李春看了绢上字句，半信半疑，只好等到三更再说。他听了村外边刚打了二更，便耐心地等待着三更。过一会儿，三更响了，就在这时，外边响起了牲口叫。他一听便来了精神。赶忙往外跑，刚出屋门儿，就见迎面跑过来一头金毛驴。

李春真是喜出望外，他一步迈上前去，把那事先挽好套的黄绢朝驴头上甩去，正套在驴脖子上，那驴也不像刚才那样乱蹦乱跳了。李春见这驴身上披着现成的鞍子、驮筐，立刻把它拉到砖垛旁。装满了砖，只喊了一声："驾"，金驴就跑得无影无踪了。李春一看，驴没了，心想又坏了，这驴能驮到哪儿去呢？正想着，见迎面又跑来一头金毛驴，和刚才那头一个样，一直跑到砖垛跟前。李春那高兴劲儿就甭说了，他三下两下又装满了砖，这驴又跑得没影儿了。这头驴刚跑，又跑来一头金毛驴。

李春想，自己一个人咋装也装不过来，不如把大伙都叫来装砖。想到这儿，他把大伙儿喊了起来。大伙儿也正为这事发愁，一听说金驴运砖，都来了劲儿，全来到砖场上七手八脚地装起砖来。装到快天亮的时候，窑上的砖全装没了，要运的砖够数了，也没有金驴再来了。

再说李大人，心想李春准运不了这么多砖。眼看限期就要到了，这下子李春是难脱一死了。这天晚上，李大人就琢磨着咋害死李春，把他们做砖的银子归为己有，咋想法取得皇上的信任，好当大官，发大财。就在这时他听见外面有一个什么东西叫唤，像驴，可比驴叫的声音亮；像马，又比马叫得好听。他觉得奇怪，便披起斗篷，走出屋外，到外面一看，只见月光下有一头驴，全身黄色，在长城下奔跑。他好像听人说过，金驴就是这个样。他灵机一动，我要是能得个金驴献给皇上，我不就弄来个当朝一品做做？事不宜迟。想到这儿，他大叫一声"快备我的宝驹来！"

手下的人不知道是咋回事儿，慌忙把他的乌龙驹拉到他跟前。他二话没说，翻身上了马，猛抽一鞭，那马飞一般向长城下跑去。这会儿，李春的砖也运完了。那金驴一看有人追它，便慌不择路，向北跑了起来。就在这会儿，金驴的主人——金驴太岁知道了，他立刻站在云端，一招手，把那些宝驴都收了回去。但那头跑在最后边的金驴却没有收回来，因为那驴只顾跑，不知道主人在叫它回去。金驴太岁一看没有办法，只好用了一个法术说声："变"，那驴立刻不跑了，站在原地一动不动，变成一座小山，这小山照样有驴头和驴尾巴。李大人一看那金驴变成一座山，知道事情不好，刚想回马，没想到金驴太岁又一声"变"，李大人和那马也变成了石头。

天亮了，烧砖的民夫听说工头死了，这段长城没人管了，他们可以自由了，但那金驴却停在那里不能动了。人们为了记下金驴的功劳，便在这小山的顶上修了一座金驴庙。庙修完了，人们各奔他乡，把金驴运砖的故事一个传俩、俩传仨地传来传去，人们便习惯地把金驴变的山叫驴驹子山，把李监工变的石头叫望金石了。但那驴驹子山越来越大，那望金石却越来越小了。

本文引自《中国民间文学集成》全国编辑委员会、《中国民间故事集成·北京卷》编辑委员会：《中国民间故事集成·北京卷》，北京：中国ISBN中心出版，1998年，第253～255页。

每块长城砖仿佛都在诉说沧海桑田

北京·神牛驮砖

讲述者：武振山　搜集整理者：武振林　谢久云

修长城要用大量的石料和砖。据说长城修到怀柔与延庆交界处，民夫们难住了。山太高太陡，仰起头才能看见山顶。需要石条，根本运不上去；用土烧砖，也找不到黄土。这可急坏了监工的。他们派人四处打听，并且张贴榜文：谁能找到黄土场，给白银一千两。

这件事让一个叫李刚的人知道了。他扯下榜文，跟着差人找到监工大人，叩头说道："小民知道，由此往北二十余里，有个叫黄土梁的地方，那里的黄土，可以烧砖。"

工头一听，很是高兴，给了李刚千两白银，并让他专管烧砖。李刚心眼好，一直也不贪财，把得来的银子分给了一些穷苦人。他来到黄土梁，便马上动手和众民夫一起干了起来。不到一百天，砖烧出来了。可又犯了难：这么多砖，距长城又那么远，怎么运到工地呢？李刚愁得没法儿。正想着，身子也累了，就倒下睡着了。

睡着后他做了一个梦：梦见莲花仙女给了他一根牛鞭，说："李刚，李刚，别愁，莲花山后有头牛，借你一把赶牛鞭，运完砖再还牛。"李刚被她的好心感动了，上前跪下叩头，莲花女忙拉他起来说："莫这样，快快牵牛驮砖去吧！"

李刚接过赶牛鞭，来到莲花山后，把牛牵来。这头牛膘肥体壮，力大无穷，几十万块砖，它只几个来回，就运完了。李刚一高兴，一拍大腿，连声说："好牛！好牛！"便醒了。睁眼一看，几个月烧的砖果然不见了。

李刚来到工地一看，民夫们正用这些砖砌城墙垛呢！

本文引自李克：《中国长城故事集》，北京：北京燕山出版社，1987年，第204～205页。

北京·二郎神与赶山鞭

讲述者：刘贤臣　搜集整理者：池尚明

人们常说："二郎担山赶太阳。"二郎神真有那么大力气？真能"担山"？不能。他没那么大力气，也担不动山。但"二郎担山"的故事一直在流传。据说，他担山用的"扁担"是很特别的。二郎用的"扁担"是一根神棍，那"扁担"本身就能把山赶走。那这"扁担"是怎么来的呢？

一次，二郎神下凡来到玻璃庄。走到村边，有个白发苍苍的老大爷，老泪纵横地跪在地上，向天念叨着什么。二郎走上前问道："老大爷，您这是为何呀？"老大爷悲伤地说："你不知道呀，有个妖精，凶得很，天天晚上到我们村来，专吃人心。一天吃一个，两天吃一双。今天晚上，要吃我的儿郎。"二郎听了，点了点头。

这天晚上，狂风大作，阴云漫天；雷声轰鸣，电光闪闪。原来是二郎神招来天兵天将，把妖精拘到了一座庙里。二郎神变成凡人，在庙中佛像头上坐着。妖精到庙里原形毕露，原来是一个长毛狐狸。妖精肚里正饿，见佛像头上有个人，上去就想咬脑袋。咬一口，二郎变成了俩脑袋，咬两口，二郎变成了仨脑袋……而且，越咬二郎越哈哈大笑。妖精慌了，转身想跑，但四面无门。走，走不了，钻，无缝可钻。这时，二郎神怒容满面，大声吼道："小小狐狸，无故伤人，天理难容。"说着一伸手喊道："神棍。"话音未落，一根神棍空中飘来，落在二郎手中。二郎举棍将妖精打死。从此，得到了神棍，也就是那担山用的"扁担"。神棍从哪儿来的？原来是"哮天犬"变的。

这是"扁担"的来历。这个"扁担"就是后来秦始皇使的"赶山鞭"。二郎神的"扁担"怎会跑到秦始皇手里呢？又怎样变成了"赶山鞭"的呢？这还得从"二郎担山赶太阳"说起。二郎为什么要"担山赶太阳"呢？因为当时他见修长城死了很多人，就下凡打听是怎么回事。原来，一是因为有的山太高太险，没法修，但不修又不成；二是因为一天十三个太阳，这个落，那个升，尽干活，一天只吃一顿饭；三是因为大石条和搭架用的木头太沉，不好往山上运。

二郎为给百姓排愁解难，一气之下，把险峻的大山都给挑走了，又把那十三个太阳赶走了十二个。因此有"二郎担山赶太阳，专为百姓灭祸殃。十三赶走十二个，留了一个照下方"的歌谣。

险峻的大山没了，太阳剩一个了，可是，修边的百姓活儿还是那么重，还吃不饱饭，石条木头还是不好往山上运呀！

一天中午，一伙儿修边的百姓正累得满头大汗，饿得头昏眼花，就见一个老奶奶，手里拿着一根针，赶着一头牛，向他们走来。修边百姓很奇怪，哪儿来的老奶奶呢？怎么用针当鞭赶牛呢？这时，就听那老奶奶说："你们如果想吃饭，就用这针扎牛角。"说着，她就用针扎了下牛角，那牛"哞儿——"的一声，顿时，山山岭岭，所有修长城的人，全都有饭吃了。一转眼，老奶奶不见了。那针还在牛角上扎着呢。百姓们将那针拔下来，保存好，饿了，就扎一下牛角。

几天后，这事传到了秦始皇耳朵里，他不明白这是怎么回事儿，就抓到修边的百姓痛打一顿。有的人经不起重刑，就招认了。秦始皇得到了牛和针，很是得意。

又是一天中午，太阳像个大火球，晒得地皮儿直裂纹儿。一伙修边的百姓，正往山上背石条，石条又大又沉，压得人直不起腰。这时，有的百姓就看见从山头上走下来一个老奶奶，手里拿着几条白布。不知是谁小声儿说："你看看，给咱送牛的老奶奶又来了。"老奶奶走到修边的百姓跟前，对背石条的人说："你们背这大石条，一定很累吧？要是太累了，就把这白布条儿围在腰上。"说完，就把那一叠白布条儿扔在了地上，不见了。百姓们按照老奶奶的说法，都争着去拿白布条儿。说来也怪，看着是一小叠白布条儿，可怎么也拿不完。到最后，凡是背石条的人，正好一人一条。人们把白布条儿围在腰上，一背石条，哈！像没背一样，连人带石条都轻飘飘的。

几天之后，这事又传到秦始皇耳朵里。秦始皇想，腰里围白布条儿是什么意思呢？我得弄清楚。于是便派大臣抓了不少百姓。不管大臣怎么问，也没人说。大臣火了，就痛打百姓，有的百姓受不住，就把实话说了。大臣把白布条儿都收了起来，带回朝廷。秦始皇得到了白布条儿，心里乐滋滋的。

过了好多日子，一天晌午日头歪了，一伙修边的百姓们正往山上运木头，留着修边搭架用。那木头又粗又长，比石条还沉。两个人抬一根，就够呛了，可是，监工为了早点搭好架，早点修完边，就让一个人扛一根。百姓们扛着木头，压得腿直发颤。这时，有人看见还是那个老奶奶，手里拿着几绺黑线，从山上下来向他们走来。修边的百姓都很奇怪，她拿黑线干什么用呢？老奶奶走到背木头的人跟前，说："你们往山上背木头，要是没绳子，就用这线当绳子。"修边的百姓们听了，说："木头沉得很，怎能拿线当绳子？"老奶奶说："你们试试，行就行，不行就算了！"老奶奶说完，把那几绺黑线扔在地上，不见了。百姓们想：上两次老奶奶给送来了牛和针，咱们有了饭吃；送来了白布条儿，咱们背石条省了劲儿；这回又给咱送来了线，让咱当绳子背木头，咱们试试，要真行，不就又省劲儿了吗？于是，百姓们就按着老奶奶的说法，都去拿黑线。你说怪不怪，看着是几绺，你也拿，我也拿，大伙都拿，可怎么也拿不完，到最后，所有抬木头的人，正好一人一根。人们用那线绑上木头一抬，哈！别提多轻松了，像没抬一样。

没过几天，这事又传到了秦始皇耳朵里，秦始皇想：这是怎么回事呀？牛、针、布条儿我都给没收了，这回又有了线，说不定这线也是宝贝，我必须把线也收进朝来。于是，又让大臣去收线。大臣找到百姓，抓了一大伙儿人，又是骂，又是打，逼着让人交出线。可是，谁也不往出拿线。后来，大臣说："你们再不交出线，就把你们三亲六故全都斩了。"有的人怕连累自己的亲人，就交出了线。大臣带着线，回了朝。秦始皇又得到了黑线，高兴得不得了。

从此，那老奶奶再也没来。秦始皇得到了牛、针、布条儿、黑线，开始琢磨了：这几样东西都是宝贝，我要把他们合在一块，不就用处更大了吗？于是，把那牛宰了，把牛皮割成了一条儿一条儿的，拧成了绳，用那白布条儿在外面缠了一圈儿又一圈儿，又用那黑线在白布上绑了一道儿又一道儿。最后，弄成了一根长长的鞭子。弄得之后，秦始皇说："哎！太大了，要小点就好了。"话音刚落，那鞭子刷地变小了。秦始皇拿起来，到外面一晃悠，就见对面的山也跟着晃……原来呀，这就是"赶山鞭"。中午给百姓送牛和针、送白布、送黑线的老奶奶，就是二郎神。二郎神为了解救百姓，才把"扁担"分三次送给了修边的人。

本文引自李克：《中国长城故事集》，北京：北京燕山出版社，1987年，第353～357页。

北京·莲花女与长城

讲述者：秀 珍 搜集整理者：振 林

传说秦始皇修长城时，到处抓夫抢粮。村无论大小，人不分老少，有钱出钱，有人出人，只要能干活的，核桃栗子一齐数。老百姓有冤无处申，有苦无处诉。

一天，长城修到庙梁关附近，砖已备齐，只是没有石灰，这可真难坏了监工官李成。这李成也是穷苦百姓出身。他在修山海关时曾立过功绩，受到了上司的重用，于是，由普通民夫晋升为监工官，李成这个监工官没有官架子，心里时刻都在想着穷弟兄，所以民夫门也都和他一个心眼儿。大家盼着早点完工，回家与妻儿老小团聚。可是眼下没有白灰，不能动工，上司又逼得要命，真要贻误了工期，大家非掉脑袋不可！唉，就为这事，几天来，李成愁得吃不下睡不安，眼睛熬红了，脸也显瘦了。大家看到这位知心贴己的监工官急成了这样，也都心急如焚，愁眉不展，可又有什么法子呢？离庙梁东北方六里开外，有座莲花山，山中住着一位仙女，人们都叫她莲花女。莲花女心地善良，常在山中为方圆百里的穷苦百姓施善积德。哪方百姓有了灾难，她便亲自帮助解脱；谁家遇上了难关，也都虔诚地烧上一炷高香，祈求莲花女来帮忙。

这天，莲花女正在山中与女童赏花，忽然觉得心中烦闷不安，她知道这准是民间谁又有事相求，于是掐指一算，不禁眉头一皱，对女童说：“李成修边碰到难关，吾当助他一臂之力。”说罢和女童踏上一朵祥云，奔庙梁关而来。

李成弄不到石灰，终日愁眉不展。这天，他带上了两个心腹随从——张三和李四，来到山顶，饮酒消愁。不几杯，李成便觉得迷迷糊糊好像上了天堂，只见眼前亭台楼阁，青烟缕缕，青松翠柏，鸟语花香，好一处仙境胜景。李成正在观赏，忽见一仙女翩翩而来。李成以为是见到了观音菩萨，连忙下跪。仙女开口说话了：“李成，你自动修好，从不欺害百姓，念你德良性善，吾理当助你一臂之力。”说着，她伸手向西北一指告诉李成：“离此二十里有两座山，一座称东灰岭，一座叫西灰岭，山中皆是上好的石灰，需用多少尽可去取。”

李成听罢忙叩头谢恩，心里刚一松快，但转念又一想，时间紧迫，恐怕运灰来不及，于是他为难地对莲花女说：“眼看工期已到，取灰路途遥远，恐怕来不及了。”

仙女低头想了想，便道：“也罢，今晚我求天上众仙，将这两座山南移至庙梁附近，这样你便可随用随取。”李成听罢，心中大喜，连连拜谢。待他抬头看时，仙女早已不见了，自己好像站在空中。他不禁心里一惊，“啊”的一声醒了，这才知道是在做梦。

李成寻思着，是不是仙人有意指点呢？那仙人莫非是莲花山上的莲花女？唉，不妨按仙人说的试试看。于是，李成命令张三李四一南一北在附近挖地三尺，看是否有奇迹出现。

不多时，二人回来了，乐得合不上嘴，笑道：“启禀李大人，我们二人在庙梁南山和二道河北山都挖出了上好的石灰，这回修边可不用愁了。”李成一听，大喜过望，马上来了精神，急忙率领民工们赶修长城。

长城修好了。为了纪念莲花女，李成和众民工们在莲花山顶修了一座庙。一直到现在，东灰岭和西灰岭却见不到白土，而到庙梁南山和二道河北山上看看，连土带石头全是白的。

本文引自李克：《中国长城故事集》，北京：北京燕山出版社，1987 年，第 401 ~ 403 页。

黑龙江·二郎担山赶太阳

讲述者：贾长有 采录者：贾永先

秦始皇修万里长城时，天上有十二个太阳，这个落下去，另一个就升起来了，正好每个时辰出一个太阳，一天十二个时辰没有黑天的时候。修万里长城的人又热又累，人死得不计其数。这件事情被天老爷知道了，他就派他的外甥杨二郎担山赶太阳。杨二郎担起十二座大山追赶太阳，追上一个用山压住一个，一连气压在山底下十一个太阳，最后一个太阳被撵丢了，怎么也找不着了。杨二郎见天黑洞洞的啥也看不见了，就回到天上向天老爷说，让他把最后一个太阳撵丢了。天老爷大笑着说："好！剩下一个留给人间照亮用，黑天一半白天一半，各六个时辰，好让人们又能干活，又能歇着睡觉。"

从此，天上只剩一个太阳。这个太阳哪儿去了呢？被杨二郎撵得无处躲，躲在蚂蚱菜底下去了，六个时辰后又从蚂蚱菜底钻出来了。现下有农村的小孩一见着蚂蚱菜就薅出来，根是白的，但是用手轻轻地理着，嘴里叨念着"红根，绿根，蚂蚱蚂蚱菜根……" 不一会儿，蚂蚱菜根就变成红的了，因为从前太阳在蚂蚱菜底下藏过的缘故。

本文引自《中国民间文学集成》全国编辑委员会、《中国民间故事集成·黑龙江卷》编辑委员会：《中国民间故事集成·黑龙江卷》，北京：中国 ISBN 中心出版，2005 年，第 25 页。

湖南·龙生虎养的楚霸王

讲述者：孙杏生　采录者：方国平　李永平

秦始皇统一六国以后，调集了天下的民夫修筑万里长城。那些民夫真苦啊！离家乡隔起天似的远，吃又吃不饱，一根扁担时时刻刻不离肩，拖的拖死了，冇（意思是没有）死的一个个拖得黄皮寡瘦，脚杆子提不动，硬是怨天恨地呀！

这件事惊动了观音老母，她掐指一算，人间有怨恨之心，于是变成个老婆婆到人间来察访。到了长城边上一看，观音老母心里就清楚了。她拿出一把花线站在路边上，看到挑土的民夫过身，就在扁担上缠一根，直到个个民夫的扁担上都有了花线她才走。说起来也古怪，花线往扁担上一缠，挑子就轻了一大半，那些民夫挑起土来就像冇挑样的，这下就活了命！民夫不觉得蛮累了，慢慢就开始有说有笑，工地上这才有了一点点生气。

塞外苍茫

过了不久，秦始皇到工地上来观阵势。看见民夫们挑起大担大担的土走得飞快，不像原先那么愁眉不展、要死不活的，当时他感到蛮奇怪，便派人到民夫里头去查探。民夫当中有些嘴壳不稳的，就把老婆婆在扁担上缠了花线的事一下都说了出来。秦始皇听了心想，那个婆婆靠得住是个神仙，那些花线也必定不是凡间之物。于是他派人把民夫扁担上的花线都收拢来，结成一根鞭子，他要用这根神鞭去赶山塞海，开拓疆土。这么一来，那些民夫肩上的担子又变重了，工地上又变得死气沉沉了。

秦始皇有了这根神鞭，便四处去巡游，用鞭子把一座座大山往海里赶，十分得意。他这一赶非同小可，把龙宫都震动了！那些虾兵蟹将一个个惊慌失措，龙王爷也不晓得么哩（意思是什么）事发作了。到处打听之后，龙王才晓得，原来是秦始皇用神鞭在赶山塞海。他心想：好厉害的神鞭！要是让他这么赶下去，我连安身的地方都冇得了！于是，他便派三公主到凡间来偷这根神鞭。

龙王三公主来到凡间，变成一个天姿国色的女子，在秦始皇过身的地方开了一个小客店。秦始皇看到这女子如此美貌，当时就动了心，将她收为妃子带到身边。三公主做了妃子后，一心只想早点把这根神鞭偷到手，但是秦始皇看得紧，日里带在身上赶山，夜间抱在怀里睡觉，总冇得机会。三公主面上不露一点声色。过了半年，三公主身体有"喜"了，秦始皇也慢慢大意了一点。一天夜间，三公主趁秦始皇格外高兴，就左一杯右一杯地劝酒，把秦始皇灌得烂醉如泥，乘此机会，三公主便偷了神鞭回海里去了。

三公主回去不久，生下一个伢儿。这个伢儿肉体凡胎，在海里当然过不得哕。三公主虽然舍不得，但是冇得办法，只好把他送到凡间来，放在一户好过的人家屋里。

这户人家姓项，那一天，家人到后花园去做事，看到一只好大的老虎抱着这个伢儿在喂奶，当时吓得魂不附体，慌慌张张去告诉主人。主人再去看时，又见一只五颜六色的凤凰张开翅膀，在帮小伢儿遮阴。一家人又惊奇又害怕，再也不敢打开后门，大大只从门缝里瞄（瞄：窥视；读去声）。那只老虎一天来喂几回奶，老虎一去，凤凰又来遮阴，天天如此。主人心想：这是个奇事，这个伢儿将来必定不是平常之辈，我若得了这个伢儿，也算是我的福气呢！他打定主意，趁有一天老虎刚走，麻起胆子把伢儿抱了进来。抱进来之后，老虎和凤凰再也就冇现过面了。

这个伢儿因为"龙生虎养凤遮阴"，当然长得快哕！只几年工夫，他就成了个大汉子，而且力大无比，勇猛过人。他的养父给他取名"项羽"，是说有凤凰保佑的意思。果不然，项羽后来成了威震四海的"楚霸王"。

本文引自《中国民间文学集成》全国编辑委员会、《中国民间故事集成·湖南卷》编辑委员会：《中国民间故事集成·湖南卷》，北京：中国ISBN中心出版，2002年，第72～73页。

长 城 人 物 的 传 说

一、修筑镇守长城的将士和英雄的传说

河北·将军楼

讲述者：张学文　采录者：封瑞功

在滦平县金山岭长城的中段，有一个重要的关口，叫后川口。后川口东面的悬崖上，有一座像棺柩的敌楼，这就是将军楼。据说当年将军楼装饰得可美啦！楼内的四面墙壁上，有牡丹、海棠、绣球等各种花卉的雕刻，还有狮子、龙凤、海马、虎豹等兽类的浮雕，活灵活现，很吸引人。就连那楼门都是用汉白玉雕砌的。后来日本人占领这一带时，都给破坏了。将军楼外的山坡上，有一座将军墓。将军墓西北面有一条三里多长的大沟，叫将军沟。传说，这些名字的来历都和一位死在这里的将军有关。

据说那是戚继光从南方调到这里担任蓟镇总兵时候的事。一天，戚继光正要到下面察看民情，有个十七八岁的小伙子上前拦住他，高低要求从军。戚继光有些奇怪。当时北方人都不愿意当兵。他看了看这个小伙子，小伙子长得柳叶眉、杏核眼，好像个姑娘家。戚继光有点怀疑，就盘问他姓什么，叫什么，家住哪里，为啥要当兵？小伙子说，他叫武桂花，家住浙江宁海，父亲是一位还乡的将军，生前非常崇敬戚将军精忠报国的精神，临终时嘱咐他一定要找到戚将军，在将军手下当个兵。就为这，他才千里迢迢找到这儿。说完，跪在地上就咚咚磕头。戚继光忙叫卫士把他扶起来，又问他：“你一个小伙子，为啥叫个姑娘名？”“我小时候父母特别疼我，怕我不好养活，就给我起了个姑娘名。”戚继光又问他会不会武艺？武桂花说：“我从七岁起就跟父亲练习武艺，可以说刀、枪、箭、戟样样精通。”这时，戚继光看见天上飞过两只鸟，就命令卫士给他弓箭射鸟。武桂花接过弓箭，嗖嗖连发两箭，两只飞鸟随之落地。卫士们直叫好。戚继光又让卫士递给他一把钢刀，让他与一名武艺高强的卫士比武。武桂花说：“一两个卫士与我比武，就是我杀了他，也算不得我什么武艺高强！”戚继光心说，这小伙子口气还不小，就叫五个卫士与他比武。武桂花脱掉外衣，把手中的钢刀一扔，空手与五个卫士打杀起来。就见他拳脚一起上，三下五除二，几下子就把五名卫士打败了，五把钢刀全都到了他的手里。戚继光看了非常高兴，又问他是否懂得兵法？他又口若悬河地背诵了一套戚继光在南方抗倭用的兵法。戚继光听了哈哈大笑，把他请到中军帐内，奉为上宾。很快把他推荐给朝廷，任命他为镇守古北口等地方的副总兵。

武桂花上任不多日子，北方尕颜部人五千骑兵，从古北口进犯中原。武桂花率领一千名士兵应战。他充分利用地形，巧布兵力，结果打了个大胜仗。这下震动了整个朝廷，皇上亲自召见他，为他庆功。

隆庆三年，大规模修筑长城的工程开始，武桂花奉命监修金山岭后川口一段。在施工中，他与士兵们一起背砖运石，博得了士兵的敬佩和拥护。谁知，长城刚修完，北方敌人又一次发重兵入侵，武桂花率兵还击，与敌人奋战了七天七夜，也胜利了，武桂花也累病了，时间不长就死了。死后，士兵们才发现，武将军原来真是个女兵，她是女扮男装从军的。按照武将军生前的遗嘱，士兵们

明代筑城将士后裔村董家口山峰上矗立着“忠义报国楼”(马卫庆 摄)

把她葬在离长城不远的一个山坡上。下葬那天，大雪纷飞，天地穿孝，戚总兵冒雪前来参加葬礼。为了让后人永远记住这位为国捐躯的女将军，士兵们又把她和将士们一起建造的一座敌楼，命名为将军楼。把将军楼外的一条大沟命名为将军沟，代代相传，直到如今。

本文引自《中国民间文学集成》全国编辑委员会、《中国民间故事集成·河北卷》编辑委员会：《中国民间故事集成·河北卷》，北京：中国 ISBN 中心出版，1998 年，第 332 ~ 334 页。

河北·杨家将把守长城

搜集整理者：谷庆池

杨家将的故事，几乎老幼皆知，《小放牛》中也唱到，杨六郎把守三关口。杨六郎把守的是哪三关呢？根据民间传说和杨家将遗迹，杨六郎把守的是龙泉关（阜平）、倒马关（唐县）、紫荆关（易县）。下面是流传在这一带有关杨家将的故事。

插箭岭

唐县倒马关往南，有一道岭，名叫“插箭岭”，这是因杨六郎而得名。北宋年间，唐县倒马关是军事重镇，杨六郎曾率兵镇守在这一带。那时，宋辽两国经常交战。有一次，两军相遇，杨六郎一马当先，兵士勇猛冲杀，杀得辽兵溃不成军。杨六郎率兵紧紧追赶，辽兵统帅仓皇逃命，向一座山岭奔去。杨六郎在后搭弓射去，狡猾的辽兵统帅听到箭响，翻身一滚，箭镞射进岩石，结果，辽兵统帅逃掉了。

后来，人们就把这座山岭叫作插箭岭。据说现在岩石里还有杨六郎射的箭头呢！

祭刀岭

北宋年间，辽国时常向南侵扰宋朝的北部边境，杨六郎奉命坚守在倒马关一带。他率兵在一座山岭下扎下营盘，伐木筑城，准备长期抗敌。这时候，辽国首领派来使臣，携带美女珠宝前来诱降杨六郎。杨六郎一见，怒发冲冠，喝令左右将来使斩首祭刀，以示抗敌的决心。

此后，人们便把杨六郎斩杀来使的山岭，叫作祭刀岭，现在倒马关往西的长城脚下。

马蹄泉

唐县的西北，嘉山之东的长城脚下，有一个马蹄形的泉口，其水涓涓，清凉香甜，长流不断。相传，这口泉水是宋朝名将杨六郎的马蹄踩成的。那时候，杨六郎率兵追杀辽兵，追至嘉山之东，由于天气炎热缺水，兵将一个个都渴得嗓子冒烟，坠下马来。杨六郎焦急万分，怒气之下，鞭打坐骑。他的枣红马，暴怒飞腾，高扬四蹄，忽地在地上踏出一口马蹄形的泉眼来。兵将们喝了清凉香甜的泉水，斗志昂扬，直追到辽兵的大营，大获全胜。

故此，人们便把这口泉叫马蹄泉。

焦赞石

在唐县与涞源交界的长城脚下，有一块光溜溜的大青石，石头上有个簸箕大的屁股印子。传说北宋年间，辽兵常常侵扰宋朝边境，闹得百姓不得安宁。当时，把守倒马关的杨六郎手下的名将焦赞上书朝廷，要求抗敌，直捣大辽，统一天下。可是宋王听信了潘仁美的谗言，一味媾和，不准抗敌，并诏书边境将帅，若有言再战者杀。焦赞接到诏书，愤愤不已，他生气地一屁股坐在那块大青石上，半晌说不出话来。焦赞起来后，大青石上便留下了一个簸箕大的屁股印子。

后来，人们把这块石头叫焦赞石。

点将台

出易县县城向西北而去过上陈驿，便到了古长城重镇紫荆关。沿关口，顺长城根走不远，路边有一块方方正正的大石头，石头足有三丈长，两丈宽，光滑滑，平整整，这就是有名的点将台。

北宋时，辽兵犯境，杨家将一门忠勇，为大宋江山前仆后继。名将杨六郎、杨宗保等先后为国捐躯。杨宗保之妻穆桂英乃女中豪杰，为了确保边境不受外辱，她带领杨家老少寡妇，挂帅出征。她领兵五万人在这块大石头上聚兵点将，迎战辽兵，所到之处，旗开得胜，杀得辽兵闻风丧胆，大败而逃。后人为纪念女英雄穆桂英的功绩，把这块大石头取名为穆桂英点将台。

本文引自李克：《中国长城故事集》，北京：北京燕山出版社，1987年，第379～382页。

天津·寡妇楼

讲述者：李佑林　采录者：金振东

盘山黄崖关长城有一座敌楼叫寡妇楼。盘山长城是明朝隆庆年间重修的，主持这项工程的是抗倭名将戚继光。修建长城的时候，正在河南任职的戚继光的弟弟戚继美率领一支河南兵，千里迢迢赶到黄崖关来支援。他们和民工一起，冬冒寒风、夏顶烈日拼命地干。

天有不测风云，正当整个工程快要结束的时候，突然夜里来了一队敌军，朝刚建起的敌楼底座处扑上来。哨兵发觉后，急忙敲锣报警。住在附近的河南兵都急忙赶来，点着松明火把，抄起兵刃，赶到豁口处。经过一场浴血奋战，敌人被打退了，几十个士兵却牺牲在了城台上。这里边有十二个青壮年在家乡都娶了媳妇。

这十二名战士的媳妇，盼了一年，两年，总不见丈夫回来，大伙儿一商量，决定千里寻夫。她们一行十二人，起早睡晚，走了五九四十五天，到了蓟州的黄崖关。她们在大帐里见到了戚继美，戚继美对照了一下士兵的名册，沉痛地说："他们修长城吃苦耐劳，和入侵的敌人战斗，英勇顽强，是好样的，他们的美名和这长城一样，将永世长存。"十二名妇女痛不欲生，她们找到了自己丈夫的坟墓，一个个扑在墓碑上、坟头上，"天啊地啊"哭个不停，有的拔下玉钗插在坟上，有的揪下一绺头发埋进坟土，有的采来白色的山菊花撒在碑前。

这天夜里，十二姐妹咋也睡不着觉。她们商量好接着把那座敌楼修起来，继承丈夫遗志，为国家效一点力。天刚麻麻亮，十二姐妹就一起上了山，修起了敌楼。她们吃在山上，住在山上，每天冒着寒冷的西风和滚滚的沙尘，夜以继日地干，敌楼终于建成了。她们脸晒黑了，身子累瘦了，心情却觉得轻松多了。她们在敌楼前，面对坟墓，烧化了纸钱，每人剪下绺头发，埋在敌楼石基旁，痛哭了一场，一步三回头地回到了住处。第二天早晨，天空下着雪，山山岭岭一片白。戚继美带着专为十二寡妇准备的财物和十二匹高头大马，来到她们的住地，进工棚一看，连个人影也没有。木桌上放着几包纹银，上边歪歪扭扭地写道："这六百两抚恤银，留作国家修长城用。"夜里值哨的士兵说："昨晚，她们给士兵整整缝了一宿的衣服，鸡叫二遍就顶着大雪回许昌去了。"

为了纪念这十二位深明大义的寡妇，人们就把她们修筑的这座敌楼叫作"寡妇楼"，受到当地百姓的格外保护。十二名寡妇修长城的故事，直到今天，还在黄崖关一带流传。近年重修长城，果然从寡妇楼附近出土了不少女人用的物件呢。

附记：

盘山上的长城是北齐时期修建，明代重修的古长城遗址。县境内长城长 41 公里，其中砖城 2 公里、石城 12.5 公里、敌楼 52 座、墩台 14 座。蓟县长城的石城和形状各异的敌楼，在中国的长城建筑上极为罕见。

黄崖关是长城的主要关口之一。“寡妇楼”是黄崖关的一座主要敌楼。

本文引自《中国民间文学集成》全国编辑委员会、《中国民间故事集成·天津卷》编辑委员会：《中国民间故事集成·天津卷》，北京：中国 ISBN 中心出版，2004 年，第 388 ～ 389 页。

北京·卧虎山的来历

讲述者：傅友海　采录者：王长青

卧虎山在古北口长城关口的左侧，河西村的村后边，这里山势陡峭，山顶上岩石突起，像两只猛虎，直瞅着山下，很威武。传说明朝大将戚继光率领士兵和民夫在此修长城。因这段山势险恶，路途艰难，就把它作为古北口长城修建中的最后一段。

面对这座连老鹰飞上去都没处落脚儿的山崖，戚总兵确实绞了不少脑汁儿。他对监修这段长城的总管说："只要这段儿长城能在一年之内完工，就奖给你九缸十八锅金子。"总管接到任务后不敢耽搁，想了好多好多的主意，总算提前一个月把这段八里多长的长城修完了。总管和士兵因昼夜劳累也累死在山上了。戚继光不负诺言，为对总管和士卒表示纪念，就把这九缸十八锅金子埋在了山崖上。这件事被一个小官知道了，为了以后有人能找着这九缸十八锅金子，他就在山上写下了这么四句话："长城好巍峨，全凭金子托。九缸十八锅，不在前坡在后坡。"可这个小官写完这句话不久就死了。

过了些年，从南方来了三个憋宝的。这几个人刚一进古北口的山洞，就发现西山上金光闪闪。几个人急忙蹚过河上西山去了。他们沿着长城到了山崖，就发现了"九缸十八锅，不在前坡在后坡"的刻字。接着就不顾死活地刨坑挖洞，找这九缸十八锅金子。这三人干得正来劲儿呢，突然山崖上一片火光，从火光里扑出来两只大老虎，向憋宝的冲了下来，一眨巴眼的工夫，那仨人就没影儿了。过了一会儿，在长城的西边山顶上卧下了两只老虎，一只头朝东，一只头朝西，互相对着变成了石头。有人说，这两只老虎是玉皇大帝从天上派下来专门为看守这九缸十八锅金子的。后来，当地人就把这儿的西山叫"卧虎山"了。

本文引自《中国民间文学集成》全国编辑委员会、《中国民间故事集成·北京卷》编辑委员会：《中国民间故事集成·北京卷》，北京：中国 ISBN 中心出版，1998 年，第 249 页。

北京·居庸关道上的五桂头

讲述者：巩永发　采录者：于长泰

从南口到八达岭这一条沟，叫关沟。关沟有七十二景，“五桂头”是七十二景之一。“五桂头”原先叫“乱柴沟”，后来叫“五鬼头”，再后来才改叫“五桂头”。传说燕王朱棣第一次扫北时，大兵过了居庸关，到了乱柴沟这地方，蒙古兵凭借天险，死死地把守着，怎么也攻不过去。明军伤亡很大，燕王非常苦恼，军师姚广孝也没了辙。有一天，姚广孝出去了解军情，听当地的百姓说，附近隐居着火家仁、义、礼、智、信兄弟五人。他们都曾在元朝当过小军官，学得一手放火炮的绝技，这在元朝营内是没比的。他们眼看南方的大明军队就要来收复燕京了，就都离开了元军来到这里。姚广孝听到有这样的能人，马上就告诉燕王，燕王便用厚礼聘这五兄弟出山。

火家兄弟五人来到了燕王兵营，看了阵前地势，一切准备妥当。这天，明军要进攻了，只见他们五个人各用胳膊夹着一尊火炮，一字儿排开对准了元兵营垒，只听见一阵阵山崩地裂似的巨响，一条条火龙飞向元军阵地。不大工夫，就打得乱柴沟成了一片火海，烧死、炸死的元兵满荒沟都是。剩下的元兵元将都逃了。燕王顺利地过了乱柴沟，上了八达岭。

火家五兄弟用火炮为燕王立下了老大的战功。明太祖死后，燕王朱棣为了做皇帝又打了四年内战。火家兄弟对这场骨肉仇杀很不忍心，所以出力不多，他们还多次向燕王建议“不要骨肉相残，应以扫北为重”。因此遭到燕王的冷落和猜疑。燕王做皇帝后，对火家五兄弟更是放心不下，他总怀疑这五个人当过元朝的兵，是不可靠的。他想，这五个人一旦叛变了自己，光是那五尊火炮，就得把金銮殿给轰平了。他是越想越疑，越疑也就越怕，就下了决心，要除掉这兄弟五人。

过了不久，燕王就把火家五兄弟当“蒙古奸细”给杀了。燕王还叫人把五兄弟的人头，挂在他们家乡的弹琴峡崖头上示众。又把五兄弟的尸身暴陈在宣武门。火氏兄弟惨死的消息传出去以后，很多投奔燕王立过战功的人，都感到燕王过河拆桥，很是惊慌。燕王发现众人同他离心离德，后悔自己干事儿莽撞了，于是他又诏封五人为“五显财神”，在关沟石佛寺给他们立了庙。把人头取回拼在五人的尸体上，就地埋在宣武门瓮城里南城墙下面。每当行人走过乱柴沟和宣武门的时候，都相互转告：“这儿就是挂火家五兄弟人头的地方。”“这里就是火家兄弟被杀后暴尸的地方。”还把乱柴沟悬头示众的地方，起名叫“五鬼头”。

燕王的后代也觉得他们的先王干的事儿不光彩，就派出一些亲信编造一些传说，把“五鬼头”叫成了“五桂头”。又把埋在宣武门瓮城里的火家兄弟的墓周围砌上砖，改名“陪楼”，说它是泄城内积水用的。

本文引自《中国民间文学集成》全国编辑委员会、《中国民间故事集成·北京卷》编辑委员会：《中国民间故事集成·北京卷》，北京：中国 ISBN 中心出版，1998 年，第 557 ~ 558 页。

北京·姊妹楼的传说

讲述者：李书文　采录者：王长青

在古北口潮河西岸的长城根下，有一对奇特的双楼子。北面的楼子较高，南面的楼子稍矮，两个楼子紧紧连在一起，从远处看去就像两个美丽的少女挽着胳膊向东远望。这就是万里长城仅此一处的“姊妹楼”。

很早以前，在古北口柳林营村住着一户姓马的阔财主，马财主有两个千金小姐，大小姐叫大雪，二小姐叫小雪。姐俩长得一模一样，如果不看个头，还真难分大小呢。

有一天，姊妹俩从后花园出来绕到了万寿山上。刚上万寿山的第一凉亭，就听山北面有一个男子在哭。大雪对小雪说：“咱俩去看看好吗？”小雪随姐姐来到了山北坡下。见一个年方二十四五的男子坐在山崖上哭。大雪走上前去问：“这位大哥，因何事如此伤心？”男子便向姊妹俩诉说了苦衷。

原来这位男子叫洪富，是福建人，随戚继光将军来到古北口修长城。戚总兵封他为设计师，并让他把古北口长城设计得新颖壮观，随山势筑楼建堡。当他把古北口的山水观赏一番后，心里凉了大半：古北口地形复杂，不是峭壁悬崖，就是七沟八岔。长城怎么修，城楼怎么建呀？他一时没了主意，就急得哭起来。

姊妹俩听完洪富的话，不由一阵好笑。洪富好生奇怪：“你姐妹笑我意在何处？”大雪说：“瞧你那五尺高的男子汉，就因这点小事就这般伤心？”洪富说：“小姐哪里晓得，戚总兵对我十分爱护，如设计不好怎对得住他老人家呢？”大雪问：“你最难的是什么呢？”洪富用手指一指眼前说：“这山，这水。”大雪不假思索地说：“你何不让长城从水过，崖头筑双楼，两边伸双须，东西各出头？”洪富听后惊喜地跳了起来，连声说：“好，好！多谢小姐指点，您真是才华出众，思维绝妙，可谓天下女子中的佼佼者。”大雪和小雪看着洪富惊喜若狂的样子，便说：“你修好了长城可别忘了我们姊妹俩啊。”洪富连连点头答道：“一定，一定。”

晚上洪富把大雪的主意向戚总兵如实作了汇报。戚继光非常高兴，说：“为了感谢两位小姐，我们把山崖上的双楼子称为‘姊妹楼’吧。”从此“姊妹楼”就屹立在古北口万寿山的崖根底下。

本文引自《中国民间文学集成》全国编辑委员会、《中国民间故事集成·北京卷》编辑委员会：《中国民间故事集成·北京卷》，北京：中国ISBN中心出版，1998年，第562～563页。

北京·戚继光与金山岭

讲述者：关清贤　采录者：王长青

在古北口东面有一段长城，叫金山岭长城。起先，这儿不叫“金山岭”，叫沙口岭。传说戚继光任总兵在这里修长城时，大部分官兵和民工都是来自福建大金山、小金山。工程刚开始时，大伙儿干着还有劲儿，等到日子长了，好多人都不愿意干了。有一天戚继光从古北口来到沙峪口巡视。看到好些人都坐在山崖边儿上呆着闲聊，便问督官是怎么回事。督官告诉他，好多人离家四五年了，想念家乡了，所以干活儿也没大精气神儿。戚继光听后，便登上一个山梁，对日夜劳苦的官兵、民工们说：“父老乡亲思念家乡，我又何尝不是这样呢？大家想一想，你们从千里之外来到这里，为啥呢？是为保卫京师，让众多的父老乡亲平安呀！”讲到这儿，戚总兵沉思一下，然后说：“依我看，就把这段长城叫‘金山岭’吧，修好金山岭就是保卫咱们的‘大金山’‘小金山’。”说完便在一块大石头上亲笔题了“金山”二字，打这以后，官兵和民工们又来了精气神儿，这段长城又快又好地修完了。

本文引自《中国民间文学集成》全国编辑委员会、《中国民间故事集成·北京卷》编辑委员会：《中国民间故事集成·北京卷》，北京：中国ISBN中心出版，1998年，第557页。

明长城蜿蜒在金山岭上（陈玉 摄）

北京·李闯王越长城

讲述者：郭世长　采录者：张凤起

闯王李自成率领的农民起义军，连着打了几个大胜仗，兵威大振，远远近近的官兵听到闯王的名字就害怕。这一天，闯王带领大队人马，从河北狼山来到隆庆（延庆县），没打县城，绕道在县城正南二十多里的地方安营扎寨。傍晚，传下将令："明早四更烧饭，五更发兵，天亮打开八达岭，晌午拿下居庸关，紧跟着砸崇祯的老窝儿。"夜里，闯王让将士们早早睡觉。为啥？攒足劲儿明儿个上阵哪！他自个哩，一个人坐在灯下瞧兵书。

正看着，八达岭关城朝这儿打起炮来。闯王正要出去看看，猛然间一声巨响，大炮把闯王的中军帐顶子掀了。原来，守关的把总知道闯王来了，把一门二千斤重的大铜炮吊起来，冲这儿开了一家伙。闯王先是吃了一惊，接着，把牙一咬，喊了声"来人哪！传我的令，立刻拔营攻关！""慢！"忽听门外有人喊了一声。闯王走到来人跟前，借着月光一看，是个白胡子老头儿。闯王问："您老为何阻我将令？"老头儿反问道："大王啊，你知道刚才放炮是啥地方？"闯王说："八达岭呀！""你知道那儿几岭几关？""一岭一关呀！"老头儿摇摇头说："不对不对！那儿叫'八达岭'，岭有八道，关有八层，层层有大将军（大炮）镇守，难攻呀！"闯王说："漫说八道岭，八道关，就是八百道岭也要过去，八百层关今儿个也要拿下来！"老头儿又摇摇头说："不行不行！要是关城一时打不破，隆庆兵马又从背后杀来，咋对付？"闯王一时答不上来，又听老头问："风吹不透墙头，可能吹透柴篱笆，为啥？"闯王说："好呀好呀！避实击虚！……可路呢？""只容一人一马过去！""难走不怕，只怕不认得。""我领着！"

闯王军令没改，还是四更造饭，五更发兵，可只让少数人喊着叫着，做出攻关的样子。他自己领着大队人马进了东南山沟，走石峡、帮水峪，过白乙城来到京郊。由于沿途兵微将寡，一攻就破。老头儿往前一指，告诉闯王说："前头这不就是北京，进京可莫忘了隆庆。"说完，就走了。

闯王从齐化门攻进京城，做了真龙天子，他真没忘隆庆和白胡子老头儿。返回头，顺关沟上来，打隆庆县城。路过八达岭关城，闯王站在敌楼上一看，心里说，好家伙，地势好险，虽说是一岭一关，可要是搁外头往里打，比八达岭八关还难攻哪！那天夜里没那个白胡子老丈，怕是这会儿还在关外哩。闯王打心眼里感激白胡子老头和隆庆的乡亲父老，攻下县城就打开官仓官库，让老百姓可劲灌粮食，还下了一道圣旨：老百姓不纳粮出捐。百姓都拥护闯王，为了纪念他，当年起义军安营扎寨附近的两个村子就叫里炮、外炮了。眼下这两个村子还在，名字也没改。

本文引自《中国民间文学集成》全国编辑委员会、《中国民间故事集成·北京卷》编辑委员会：《中国民间故事集成·北京卷》，北京：中国 ISBN 中心出版，1998 年，第 208 ~ 209 页。

内蒙古·大青山上的六郎庙

讲述者：王金泉

大青山山腰的峭壁下，有一座“六郎庙”，当地群众中流传着这样一个传说。

北宋年间，杨六郎镇守边关，辽兵几次犯境，都被六郎击溃，边关诸镇，固若金汤。那辽邦连年征战，损兵折将，徒费钱粮，群臣意见不一，人民怨声载道。不得已，遣使三关，请求议和。消息传开，军民无不欢畅，喜坏了六郎帐下一名小校。这小校名唤耶律睦，原来是辽帅韩昌部下一名骁勇小将。金沙滩一战，乱军中被马踏伤，昏倒道旁，多亏被杨六郎救起，扶回帐中照料调养。耶律睦感谢六郎救命之恩，留在帐下做了一名贴身侍卫。多少年来，他鞍前马后，不离左右，一片忠心，报答主人。只因为辽宋不和，战事不休，他才有国难奔，有家难回。

这一天，三关做好迎接辽使的准备，耶律睦兴奋异常。他邀来孟良、焦赞，饮酒舞剑，唱曲划拳，彻夜未眠。

辽邦使者，是呼韩先。临行之时，萧太后早已吩咐：“将在外，君命有所不受。议和事宜，但凭驸马做主。”这呼韩先当然是辽邦的全权代表了。酒过三巡，他操着不太流利的汉话说；“辽宋本是一家，不应相互厮杀；大宋乃是天国至尊，我主情愿进贡称臣。”杨元帅将酒杯高高举起说：“两国修好，百姓安宁，开放互市，共同繁荣，这是两国臣民久已盼望的事情。”驸马说：“为了民族昌盛，我欲在边关一带，弃牧试耕。”“好，好，我当奏明圣上，表彰你们的忠诚！”杨元帅显得非常高兴。

经过充分协商，达成协议：辽邦自边关退回“一箭之地”，让宋廷迁徙边民，垦荒围耕；宋廷将茶叶一万担送给辽邦，作为馈赠，还确定在大同市和丰州滩互市，三日之后，在雁门关践约。

送走使臣，杨元帅刚刚坐定，耶律睦就闯进帐中，双膝跪倒，向元帅辞行：“元帅，我离家十余年，从未省亲。好不容易盼来两国修好，边境安宁，我想回去，一则回家看一看多年不见的母亲，二则我要办一件紧急事情。一月之后，我再回来侍奉您。”杨元帅虽然有些依依不舍，但不便挽留，命焦赞打点一些钱物，为他送行。

走过十里长亭，耶律睦与焦赞都下了马。耶律睦拉着焦赞的手，压低声音问道：“焦兄，你我兄弟相处十年，交情如何？”焦赞被问得莫名其妙，赶忙说：“情同手足。”“既然如此，兄弟求你一件事情。”焦赞这时已是耐不住了：“贤弟但说无妨，焦赞绝非无义之人。”耶律睦凑前一步，俯在焦赞耳边，说了一会儿，乐得焦赞伸出手，在耶律睦背上狠狠地拍了一下，“你小子有种，盼你成功。”于是，耶律睦带了一名随从，匆匆打马北行。

践约这天，雁门关上战旗猎猎。一队兵士推着茶叶车送进了辽营。只见杨元帅立在敌楼下，左手挽定一张宝雕弓，右手将箭搭在弦上，拉成满月，奋力朝远方射去。利箭脱弦，飞向天际。杨元帅即命焦赞偕同驸马的中军，顺着箭去的方向寻找。两个人整整找了两天，未见踪影，他们又饥又困，缓缓而行。不知不觉过了金沙滩来到大青山腰。只见一个铁犁铧端端正正地插在峭壁下的石缝之中，焦赞抢先一步，指着铁犁铧对中军说："将军，这不是我家元帅的箭头吗？"那时，辽邦尚不知使用铁器耕种，中军哪里识得这是犁铧，只是怀疑地说："箭头哪有这般大呢？""我家元帅神力，用的是神弓，箭头能小得了吗？"那中军半信半疑，带着箭头回去复命。呼韩先相信杨六郎的神力，就将大青山以南到雁门关的地区让宋廷迁徙边民，开荒耕种。

驸马回到辽邦，向萧太后禀报了三关议和及"杨六郎脚踩雁门关，一箭射到大青山"的经过。萧太后虽然知道杨六郎膂力过人，却不相信一箭能射这么远。只是有言在先，"但凭驸马做主"，也不好责怪驸马，暗地里派人四处打听，想弄个水落石出。几天以后，有人告密，萧太后就将耶律睦抓回去，定了他个"卖主求荣"之罪，处以死刑。

原来，那耶律睦久在宋营，目击中原农耕先进，听说辽邦要在边境弃牧试耕，心里有说不出的高兴。后来，又听说只退"一箭之地"，那他的家乡金沙滩（金沙滩：传说即今土默川一带）就不在其中了，于是，他灵机一动要去省亲，实则带了一个铁犁铧插在大青山的石岩中，事先又将秘密告知焦赞。要不然，焦赞怎么能在大青山上寻见箭头呢？

从此以后，大青山南麓的人民过上了安居乐业的生活。人们怀念杨六郎，就在原来插犁铧的地方，修了一座小庙——"六郎庙"，可是，却很少有人知道这是耶律睦的功勋。不相信？你亲自去大青山西侧神水沟的石岩上看一看，那里还有耶律睦当年饮马时留下的马蹄印呢。

本文引自《中国民间文学集成》全国编辑委员会、《中国民间故事集成·内蒙古卷》编辑委员会：《中国民间故事集成·内蒙古卷》，北京：中国 ISBN 中心出版，1992 年，第 307 ~ 309 页。

内蒙古·白道岭长城与蜈蚣精

搜集整理者：高 旺

白道岭长城是一条土砂筑成的边墙，坐落在内蒙古呼和浩特市大青山主峰白道岭上。它东接卓资县秦汉长城，西连武川县豁谷，地势极为险要，工程十分艰巨。这里流传着一个除蟒精修长城的故事。

当年秦始皇统一全国以后，先把大青山南麓的赵长城和鄂尔多斯高原的秦长城和燕长城连成一体，把匈奴赶到漠北一带。他怕匈奴再向南侵扰，接着又修了大青山北麓的长城，现在又要在大青山主峰上修一条长城，形成内外中三条长城防线。监修这条长城的是大将蒙恬，他从全国各地征调了许多民夫，限期完工。

不料，长城修到大青山主峰白道岭古道的一个石洞前，遇到一条巨蟒伤人。这条蟒有一丈二尺长，水桶一般粗，一连吞吃了十几个民夫。

这样一来，谁还敢上工地修长城？可是不修长城，按秦朝的法律，就有杀头之罪。民夫们左右都是一死，愁得吃不下饭，睡不着觉。

正当大伙儿觉得没了活路的时候，山上下来了一个身材瘦小的南方老头儿，他说有办法除掉蟒害。民夫们像见到救星一样，热情款待了瘦老头儿。

老头儿吃饱了饭，便背了个羊毛叉子登上白道岭。民夫们怕瘦老头儿有闪失，派了几个身强力壮的民夫，拿上铁锨、大镐远远地跟在瘦老头后面。

眼看瘦老头攀到离蟒洞口不远的地方，从羊毛叉子里掏出个什么东西放在洞前的路上。瘦老头还没来得及返身，洞里刮出一阵腥风，一个巨蟒头从洞口冲出来，张开血盆大口吐出一尺多长的舌头直朝瘦老头儿逼来。跟随的几个民夫眼看巨蟒就要把瘦老头吞进肚里，吓得大惊失色。但是瘦老头却不慌不忙，身子一缩，退到岩石后面。

再看那巨蟒，猛然发出几声怪叫，跃在空中，翻蜷了几下就跌落在地上，疯狂地扭曲着身躯。原来，瘦老头从羊毛叉子里取出的是两条蜈蚣。

常言道：“一物降一物，卤水点豆腐。”别看小小的蜈蚣，却能制服大蟒蛇。当巨蟒从洞中冲出来要吞吃瘦老头时，两条蜈蚣机敏地钻进它的鼻孔里，狠命咬住巨蟒不放。等到巨蟒从空中跌落在地上时，瘦老头冲蟒头喊了几句话，两条蜈蚣按照主人的指令，狠劲朝巨蟒的脑浆子里钻去。巨蟒疼痛难忍，忽地蹦起一丈多高，一下子摔到万丈深谷去了。

民夫们赶紧随着瘦老头下到谷底去，只见巨蟒浑身是血，死在沟坡上。瘦老头呼叫几声，不见蜈蚣出来，他伸手从巨蟒鼻孔里掏出两条蜈蚣，蜈蚣也被摔死了。瘦老头一手托着一条蜈蚣哭着说：“蜈蚣啊！蜈蚣，可怜你为民除害，自己也丧了命……”

民夫们感激小蜈蚣救了大伙的命，把蜈蚣埋在白道岭的坝顶上的长城墙内，并把这里命名叫“蜈蚣坝”。从此，“蜈蚣坝”成了沟通大青山长城南北的交通要道。每当人们从蜈蚣坝大道走过时，总要讲说当年小蜈蚣救民夫的故事。

本文引自宋孟寅、董侃：《万里长城传说》，台北：林郁文化事业有限公司，1994 年，第 44 页。

山西·娘子军驻守娘子关

搜集整理者：焦彦龙　刘其印

山西和河北的交界处，有一座巍峨险峻的关口，古老的城堡雄踞在陡峭的半山腰里，前临桃河，背靠奇峰突起的绵山，紧紧卡住了河北通往山西的咽喉，真是一夫当关、万夫莫开。这就是著名的“万里长城第九关”——娘子关。

相传娘子关的名称来自唐高祖李渊的女儿平阳公主。这平阳公主武艺高强，能征善战。当年李渊在太原起兵反隋，平阳公主在陕西鄠县高举义旗，奋起响应，招兵买马，她的队伍发展到七万余人。后来，平阳公主率领精兵，与其兄李世民会师于渭北，参加了围攻京城之战。时人称平阳公主的军队为“娘子军”。后来，平阳公主率兵到这一带来驻守，因为她的军队是娘子军，所以这个关口也就叫“娘子关”了。

平阳公主把守娘子关期间，防守谨严，使险关固若金汤，当地至今还流传着她的“米汤退千军”的故事。据说，有一次敌人以十倍的兵力进犯娘子关，火急情报一个接一个，关上人心惶惶，可平阳公主却胸有成竹，稳如泰山。她命令关上百姓家家户户架起大铁锅，熬了无数锅小米汤，然后命令军士们把米汤从关上倒下去，关前的沟沟壑壑里米汤横流。敌军将领来到娘子关前，见关上旌旗招展，每面旗上都写着斗大的一个“李”字，知是平阳公主在此把守。再一看，只见沟里到处黄汤横溢。敌将领见此，马上传令后队变前队，退兵而去。将士们不解其故，来向平阳公主请教，平阳公主笑了笑说：“敌人把米汤当成了马尿，他看见有这样多的马尿，以为我们这里埋伏着千军万马呢！”

20 世纪 30 年代的娘子关

娘子关是山西平定、阳泉一带通往河北的唯一路口，商旅不断，每天从太阳升起到太阳落山，贩运货物的骆驼、毛驴就像流水似的通过娘子关。可是，娘子关道路狭窄，一次只能过一头牲口，骆驼过毛驴就不能过，毛驴过骆驼就过不去。据说，有个赶毛驴驮脚的，打早起来过关，他在关前解了个小手耽误了一会儿工夫，结果让一个骆驼帮赶在前头，这骆驼帮从上午过到下午，直到太阳落山都没有轮上赶毛驴的过关。平阳公主利用这个地理条件，在此征收关税，过一个毛驴一个钱，过一个骆驼两个钱。据说仅这里每年的关税就够皇宫一年的开销。足见当年过往商旅之多。

至今，娘子关上与平阳公主有关的遗迹还很多。南门上有一座“宿将楼”，桃河对岸有一个“点将台”，绵山之巅有一处“避暑亭”，相传都是平阳公主所建。绵山山腰里还有一个长年流水的水潭，清澈见底，据说这是平阳公主的“洗脸盆”，当年她常在这里冲洗满身的战尘，梳妆美丽的发冠。现在，“洗脸盆”旁边的石头上还有平阳公主放梳子的痕迹呢！

本文引自花山文艺出版社：《长城传说故事》，石家庄：花山文艺出版社，1985 年，第 93 页。

山西·六郎的神箭

讲述者：刘维青　采录者：范金荣

杨六郎率领众兵将，一鼓作气，杀得辽兵由雁门关退到马邑滩，又由马邑滩退到担子山。六郎见辽兵大败，心中暗喜。转念一想，军中粮草不多，如何是好？六郎在营中转来转去，忽然心生一计。第二天晚上，六郎命兵将趁黑夜悄悄出动，挖的挖，刨的刨，没半夜工夫，在朔州川堆起了上百个土山包，上面盖上了苇席，用绳子扎好，远远望去，活像一个个“粮草堆”。辽兵几次来吃了败仗，一路上丢盔弃甲，就像老鼠见了耗夹子，终日惶惶不安。辽王身在军帐，坐卧不安，一天清早，探子来报：“大事不好，六爷爷谋住（谋住：下定决心的意思）和咱干呀，一黑夜运来好些粮草。”辽王一听杨六郎备下大量粮草，谋住要捣辽兵的老窝，吓得魂飞天外，立即派人和杨六郎和谈。六郎见了来使，笑道：“和谈不难，看你退我一马之地，还是一箭之地？”辽使心想：让一马不知要跑多远，让他一箭能射多远呢？便道：“甘让一箭之地。”

话音刚落，六郎走出营外，大喝一声：“拿弓箭来！”兵士们抬来了箭，六郎搭箭上弦，轻轻一放，“嗖”的一声，那箭脱弦而去。杨六郎神机妙算，料定辽王会有这一着，早已暗中派将士骑马跑在大青山，把一根安有犁铧的铧椽插进山石缝中。辽兵一路上找啊找，一直找到大青山，才找到这枝铧椽箭（铧椽箭：据传，此箭至今还插在大青山，民间并有“六郎的箭，干摇不动”的说法）。无奈，辽兵只好退到大青山了。至今，朔县（今朔州市）人还流传着这样一首民谣：

脚蹬雁门关，
手攀担子山，
一箭射到大青山。

本文引自《中国民间文学集成》全国编辑委员会、《中国民间故事集成·山西卷》编辑委员会：《中国民间故事集成·山西卷》，北京：中国ISBN中心出版，1999年，第77页。

二、秦始皇的传说

辽宁·秦始皇火烧黄松

讲述者：贺锐廷　采录者：刘凤金

万里长城修到绥中永安境内就算修完了。这天，秦始皇刚要下圣旨，放修城的民工们回家，就接到了修长城的总监工蒙恬的奏本。说是在长城外的东北部加碑岩一带，发现一片林木，树木长得笔直又坚硬，最细的也有一搂多粗。奇怪的是，那树连叶带本全是黄色儿，形状跟松树差不多，当地人叫它黄松，也叫黄木。

秦始皇看完奏本，派人就要去砍树。又一想：不行，这些黄木在长城外边，我这次砍了，下次被别人砍去咋办？干脆再修一段儿长城，把它围在里边，这不就不用砍了吗。想到这儿，他下了一道圣旨：修长城的民工不准回家，还接着往前修。

这下子修城的民工们可遭殃了，纷纷叫苦，就连那些监工的也觉得离家这么多年了，谁不想回家看看呢？这秦始皇太贪心了，先说修长城挡胡人，今儿个又说修长城围黄松，围完了黄松还不定围什么呢！干脆，宁可死在刀剑下，也不能累死在长城上了。总监工蒙恬一见人们都不干活，着急了，忙去问秦始皇这长城到底修到什么时候为止？秦始皇说：“长城完工日，金牛入洞时。”皇上说的话就是金口玉言，没法子，长城还得接着往前修，可是什么时候才能看到金牛入洞呢？

在那些民工里，有个叫小柱子的年轻人，家住本地，为人和气正义。这天，他把几个年轻的民工叫到一块儿商量起来，只见其中的一个小伙子一拍大腿，说：“行，就这么办了！”

第二天，天麻麻黑了，民工们正要收工，就听有人大喊：“金牛入洞了！快来看哪！”民工们一听有人喊“金牛入洞了”也顾不得一天的劳累，赶忙往喊声跟前跑，就见小柱子拽住一条金黄色的牛尾巴，被金牛拉进洞里去了。有几个监工跑到洞跟前刚要钻进去看看，就听洞里“哞——哞——”有金牛的叫声。这时，小柱子手里拿着一条金色的牛尾巴从洞里钻出来了。接着，又从洞里窜出一股大火来。小柱子边跑边喊：“不好啦，金牛喷火了！”那几个想进去的监工，见洞里真的着火了，也就不敢进去了，抢过小柱子手里的牛尾巴一看，这哪是金牛尾巴呀，这不是一根铜棍吗？这都是小柱子他们事先准备好的，那火把也是事先放好的。小柱子见那些监工有些怀疑，就说：“监工大人，你们就别看了，金牛的尾巴和普通牛的尾巴就是不一样。我扯断了牛尾巴，差点儿没被它喷出的神火烧死，你们瞎寻思，那金牛怪罪下来可不得了哇！”那些监工也不敢再说什么了，只好拿着金牛尾巴去见秦始皇。

秦始皇接过金牛尾巴叹口气，说：“当初我说‘长城完工日，金牛入洞时’，那只是一句没边儿没沿儿的戏言，没想到还真有金牛入洞。看来我要再把长城修下去，有违天意呀！”可是不修长城他又不甘心，就又下了一道圣旨，不修长城，改修车道。他要把那些黄木运回京城盖皇宫用。

一个多月过去了，秦始皇问车道修到哪儿了。大臣回答说：“从黄木障子开始，通过一座大山，下了南井沟，已修到没门沟了。”秦始皇一听：“天哪，往前走没门，中间又有井，如此下去，那黄木啥时候才能运到皇城？算了，车道不修了，那黄木我也不要了。可是我不要谁也别想要，我要放火把它烧掉。”火烧黄松的圣旨很快就传到了黄木障子。火点着了，足足烧了十多天。可惜那些上等的黄木，被一把大火烧了个精光。其实，南井沟并没井，没门沟倒有门，只是当时人们那样叫罢了。

秦始皇火烧黄松后，那地方再也没长出这种树来，只是留下了“车道岭”和“黄木”这两个名字。

本文引自《中国民间文学集成》全国编辑委员会、《中国民间故事集成·辽宁卷》编辑委员会：《中国民间故事集成·辽宁卷》，北京：中国 ISBN 中心出版，1994 年，第 22 ~ 23 页。

河北·赶山鞭

讲述者：黄兴平　采录者：吴　山

秦始皇修万里长城的时候，征了很多民夫去扛石头，石头块大又沉，很多人都累折了腰，砸断了腿。有的累死了，就埋在长城下边。

菩萨想解救受灾受难的民夫，就变成一个货郎，挑着担子，来到修长城的地方，给每个民夫的膀子上搭了一根五彩线。有了这条绒线，人们再背起石块来，就像背棉花瓤子那样轻巧了。

这事叫秦始皇知道了，就把绒线抽下来，拧成一条鞭子。他本想用鞭子抽民夫，就先在石头上试一下，叭的一鞭，就把石头抽到了东洋大海里。他挺奇怪，又在一座山上试了一鞭，没想到把山也赶到大海里去了。他就给鞭子起名叫赶山鞭。有了赶山鞭，秦始皇就有事干了。看哪座山碍事，就给一鞭，他东一鞭西一鞭，把很多座山都赶到海里，海边上变成了一片大平原。

秦代长城遗址

菩萨见秦始皇破了她的法，想把绒线收回去。可秦始皇天天拿着鞭子不离手，他是皇帝，菩萨也不能去抢呀。得想个法儿才能把鞭子收回来。

后来秦始皇周游天下，菩萨就先在太行山脚下点化了一座宫殿，把飞禽走兽变成美女，等着秦始皇到来。秦始皇路过太行山，住在了这座宫殿里，找了个胖乎乎的美女陪伴他。秦始皇赶了一天路能不累吗，一躺下就呼噜呼噜睡着了。美女偷偷地把他的赶山鞭换走，交给了菩萨。

第二天，秦始皇醒来，见自己睡在猪圈里，身边睡着一头老母猪。他又气又恼，抽出赶山鞭，想把太行山赶到大海里出气。叭的一声抽出去，太行山纹丝儿不动；不管咋着甩，山也赶不动，他的赶山鞭不灵了，气得他猛一甩，倒闪了个大跟头。

本文引自《中国民间文学集成》全国编辑委员会、《中国民间故事集成·河北卷》编辑委员会：《中国民间故事集成·河北卷》，北京：中国 ISBN 中心出版，1998 年，第 49 ~ 51 页。

河北·赶山神鞭

讲述者：冯玉文 采录者：陶 涛

传说，孟姜女千里寻夫来到山海关，当她听说丈夫万喜良已经累死，被砌在长城里时，不禁放声痛哭，哭了三天三夜。忽然，听得天崩地裂一声巨响，万里长城倒了八百里。

秦始皇听说有一个叫孟姜女的哭倒长城八百里，气得他火冒三丈，就派奸臣赵高捉拿孟姜女治罪。当赵高把孟姜女带到秦始皇面前时，秦始皇见孟姜女长得如花似玉，气也消了，罪也免了，传旨要孟姜女做他的娘娘。孟姜女一听，肺都要气炸了，但她转念一想，自己一个弱女子，抗旨必定一死，不如将计就计，先把丈夫埋葬了，再想法寻死。她对秦始皇说："皇上，你要我做娘娘，必须依我三件事：第一，要给我丈夫万喜良修墓树碑；第二，要在大海上给我丈夫举行葬礼；第三，你和文武百官要披麻戴孝，为万喜良送殡。"

秦始皇知道孟姜女是个烈女，不答应她的条件，她会去死，只好三个条件全都答应了。选了个潮平浪静的好日子，秦始皇和文武百官披麻戴孝，陪孟姜女一起乘船，在海上为万喜良举行了葬礼。孟姜女抑不住泪如泉涌，喊了一声："万郎，为妻随你去了！"扑通跳进了大海。秦始皇急忙呼喊，哪里还有回声，气得他从腰里解下赶山神鞭，猛抽大海，海浪扬起数丈高，他要把许多大山赶到海里压住孟姜女夫妻俩。霎时，直震得龙宫东摇西摆。老龙王知道秦始皇赶山神鞭的威力，它能赶来大山把大海填平，愁得他唉声叹气，没法可想。这时，只见三公主笑道："父王，一个小小的秦始皇有什么可怕，待女儿前去骗了他的赶山神鞭，量他有天大本事也奈何不了龙宫了。"

老龙王听了开怀大笑说："好！还是我三女儿有办法。父王限你一年时间把赶山神鞭弄到手。"三公主出了龙宫，变成了一身孝服的孟姜女，她又用法术在秦始皇的船后升出一高一矮的礁石，她藏在礁石后面高喊："皇上，别发火，我在这儿哪！"秦始皇听到叫声，伸着脖子找了半天，才见孟姜女从礁石后站起身来，但他哪里知道这个孟姜女是龙王的三公主变的呢。

秦始皇登时转怒为喜说："美人儿，朕不怪你，快快上船，随朕入洞房吧。"打这儿起，三公主冒充孟姜女做了秦始皇的娘娘。三公主和秦始皇过了一年，一直也没得手。狡猾的秦始皇总是把赶山神鞭系在腰里，三公主怎么敢轻易动手呢？这天，是三公主的生日，秦始皇问她喜欢什么？三公主说："皇上待我似掌上明珠，凡是我喜欢的我都得到了。今天，我只想见见你腰里的这条鞭子，行吗？"秦始皇知道这条鞭子的威力，每次与娘娘同房，都把这条鞭子交武士保护起来，平时连看见都困难。今天，他为了让娘娘喜欢，就说："你是朕的心肝宝贝，今天又是你的生日，怎能不叫你看？不过，你看看就得还给我。"三公主接过赶山神鞭，翻过来调过去地看呀看，趁秦始皇不注意，便腾云驾雾回了龙宫。三公主飞到海边时，忽然肚子疼痛得难受，一头栽到沙滩上，生下一个胖乎乎的男孩儿。三公主望着这哇哇啼哭的孩子，心里非常难过，她不能把和秦始皇所生的凡胎带回龙宫，一狠心把婴儿放在沙滩上，带着赶山神鞭回了龙宫。

第二天清晨，有一个姓项的老渔翁，把这婴儿捡回家里，项翁给婴儿起个名叫项羽。项翁孤身一人，从此便和项羽相依为命。

项羽十岁那年赶上闹灾荒，项翁只好带着项羽沿海流落到一个江南农村落户，他们住在一家姓刘的两间草房里。刘家也有个小男孩儿，叫刘邦，比项羽大两岁，他们很快交上了朋友。一天，刘邦问项羽："人家都有妈妈，你怎么没有妈妈呢？"

项羽一听刘邦问他妈妈，眼泪就扑簌簌地流了下来，说："我从小就没有妈妈。"刘邦见项羽哭得这样伤心，就劝他说："项羽，别哭了，只要你心诚，就一定能找到妈妈。"项羽说："刘邦哥哥，你快说，怎么去找妈妈？"刘邦指指天说："你向苍天呼喊呗，老天爷感动了，兴许就能为你找到妈妈呢。"项羽仰头大喊："妈妈！妈妈！……"项羽喊破了嗓子，苍天也没有回声。这天夜晚，项羽做了个梦，梦到妈妈了，他的妈妈美极了。妈妈对他说："羽儿，你想见妈妈，那你就到海边来吧。到了晚上，你向大海呼喊三声妈妈，妈妈就会来到你的身边。"第二天夜晚，项羽背着项翁到海边去见妈妈。项羽来到海边向大海呼喊了三声妈妈，一会儿，三公主衣袖飘飘来到项羽的面前，母子相见，抱头痛哭。项羽求妈妈不要离开他。三公主说："羽儿，妈妈是龙女，不能在人间生活。从今后，妈妈要帮你跟秦始皇争天下，做天下一代英豪，你有这个志气吗？"项羽答道："妈妈，我有这个志气，但我怎么能争得过秦始皇呢？"三公主取出两盒药丸说："孩子，你看，这绿药丸是谋略，这红药丸是勇力，你把这两盒药丸，在二月二的半夜吞下，你就会成为既有谋又有勇的人了，人间的帝王都比不上你，你还怕战胜不了秦始皇吗？"这时，天已快亮，母子洒泪告别。项羽回到家里，把见到妈妈的经过告诉了项翁和刘邦，并把那谋略和勇力的两盒药丸拿给他们看。项翁嘱咐说："羽儿，你要把这两盒药丸保存好，这可是你妈妈对你的期望啊！等你实现了你妈的心愿，当上了皇上，也好造福天下百姓。"

刘邦是个很有心计的人，他也想当皇上。他怕项羽有了谋略和勇力，自己争不过他，便把项羽的绿药丸偷吃了，做了一盒假药丸放在原处。这些，项羽一点儿也不知道。

后来，项羽和刘邦一齐跟秦始皇争天下，推翻了秦始皇的统治后，又开始争夺天下。在一次大战中，因为刘邦吃了绿药丸，有了谋略，打败了项羽。项羽吃了红药丸有了勇力，但是他有勇无谋，最后在乌江自杀了。

本文引自《中国民间文学集成》全国编辑委员会、《中国民间故事集成·河北卷》编辑委员会：《中国民间故事集成·河北卷》，北京：中国 ISBN 中心出版，1998 年，第 197 ~ 199 页。

河北·秦始皇修长城

讲述者：苗廷芹　采录者：苗金山

人们都知道修万里长城的是秦始皇，可是有人传说，不是秦始皇，是他手下的一个马童。说得有鼻子有眼儿的。

说是秦始皇统一中国后，国家兴盛，政通人和。可是过了几年，天不作美，老天爷连续三年滴雨未下。这年春夏交接季节，秦始皇巡察全国，他见多处田地都荒了，老百姓到处逃难。秦始皇心里挺难受，他让百官磕头焚香，自己也朝天拜了三拜，然后跨上一匹宝马，带着马童一起上天求雨去了。不一刻来到了南天门外。秦始皇吩咐马童在原地看马，不可乱走动，自己上玉皇宫去找玉帝。哪知这个马童是个不安分的人，秦始皇刚走，他就这走走，那转转。他见不远处有一棵很粗的大树，就把马拴在树上，自己也纵身上了树。那树的枝丫光滑光滑的，树枝上长满丹白色椭圆的叶子，轻风一吹，叶子叮叮当当直响。马童觉得好玩，就两手抱着一个枝子拼命地摇起来，摇呀摇，那树的叶子纷纷落下来。正当马童摇得起劲的时候，秦始皇气急败坏地跑过来，大喊一声："贱辈，住手！你可把我给坑苦了。"

这是咋回事？原来这棵树是天上的冰雹树，每掉一片叶子就会变成无数的冰雹降到人间。秦始皇俯身望望人间，坏了，仅有的一点田苗又让雹子砸光了。不由长叹一声说："老百姓原指望我上天求雨解旱，不想降雨未成，反招祸害，我还有什么脸见他们？"他脱下衣冠，摘下天子剑，递给马童说："你治理天下去吧！"

这假始皇只字不识，更无治国才能，他回到人间，就整天寻欢作乐，不问政事，闹得天下人怨声满天，上书相劝的大臣，都被他一个个杀了。

正这时，北方邻国见有机可乘，向秦国发起进攻，慌得假始皇手忙脚乱。他见守边的士兵士气低落，很难抵挡外敌，就向天下发令，在边界地带修筑长城，并强令老百姓出劳工。假始皇为了赶修长城，还到天上借了一根"定日针"，把太阳在中天定了七昼七夜，八十四个时辰。当时正值盛夏，烈日炎炎，劳工们连热带累，再加上饭吃不饱，多数都被折磨死了。那些监工的官儿为了早日完工请赏，就把一个个尸体填进长城墙里。就这样，万里长城修起来了。

所以，后来人们都说万里长城是秦始皇修的。

本文引自《中国民间文学集成》全国编辑委员会、《中国民间故事集成·河北卷》编辑委员会：《中国民间故事集成·河北卷》，北京：中国ISBN中心出版，1998年，第336～337页。

开“天窗”的明代长城敌楼

北京·秦始皇治水

讲述者：赵王德 搜集整理者：张和平 黄德福

雄伟的万里长城到了大榛峪这一带，更显得变幻无常、起伏不定了。座座关口像道道哨卡一样，把守着这巍峨的长城。在长城脚下，有一股泉水，穿过一个小小的关口，翻着浪花向东南方向流去。这股泉水便是龙泉。那个小小的关口叫磨水口。磨水口前，有一条干涸的河道，弯弯曲曲地向西南流去。传说这条干涸的河道便是当年秦始皇治水留下的。秦始皇统一天下之后，派大将蒙恬带领三十万军夫修筑万里长城。长城修到这八百里旱海，没法修了。因为这里没有水，无法和灰，蒙恬只好下令停工。然后，他把这事禀报秦始皇。秦始皇原是黄鱼所转，熟知这一带的水情，他知道这儿并不是没有水，而是龙王爷把水藏到地下了。于是秦始皇便顺着水线找到了这里。他挥动宝剑向地下刺去，山谷中立时出现了一个水泉。泉水喷薄而出，向着东南流去。有了水，长城很快地又开工了。

当长城修到水泉边时，秦始皇想：我秦始皇不但要征服各个诸侯，统一天下，而且还要征服天上地下，让他们都听从我的指挥和调遣，就连龙王也要听我的调遣。于是便下令把龙王的路给堵了。用长城把泉水改了道，使原来向东南流的水，改为向西南流。因为秦朝的都城咸阳在这泉水的西南方向。秦始皇堵了龙王的路，龙王大为恼怒。长城刚刚修好，他便用这泉水把长城冲了。冲毁之后，秦始皇并不死心，下令还在这里修长城。结果是，修好了，被冲了，又修好了，又被冲了。就这样，秦始皇一连修了五次，都被龙王用这泉水给冲塌了。最后秦始皇没办法了，只得在这里修了个关口，使得龙泉之水向东南流去。

龙泉的水还是向东南流去，可在磨水口前却留下了一条干涸的河道，弯弯曲曲地伸向西南。现在，人们看到它，怎能不想起秦始皇治水的传说呢？

本文引自李克：《中国长城故事集》，北京：北京燕山出版社，1987年，第120～121页。

内蒙古·秦始皇走马修边墙

搜集整理者：刘 岱

现在呼和浩特市以北，大青山中，还断断续续能看见古长城的遗迹，有的已经成了土圪塄（土圪塄：土梁），有的还残露着砖石砌壁，绵延横亘，一直到包头市西北，固阳县境。当地的老人会告诉你，这就是边墙，是秦始皇走马修的。传说，秦始皇修边墙那时候，老百姓苦极了，不知有多少万喜良一样的民夫被埋在长城下，有多少和孟姜女一样的烈女失去了自己的丈夫。沿长城一带的民户更不用说了，误了期限，大人娃娃都要杀头。有一天，来了一个老太太，她步履艰难，颤巍巍地提着篮子在卖绣花针。她来到边墙工地上乞求着："买下我的绣花针吧！救救你们的命。"修边墙的人们听了，都苦苦地笑了："这个老太太真是……"于是老太太又向沿边墙的村子走去。她走进了村子高声叫道："买下我的绣花针吧！救救你们的命。"村里的人个个鸦雀无声，没一个答应。于是，她挨家挨户走去，不停地高声叫道："买下我的绣花针吧！救救你们的命。"只见那些姑娘媳妇也无心打扮，她们个个垂头叹气地说："修边墙的工事正紧着呢，哪还有心思绣花？"那个老太太流着泪，只是苦苦地乞求着。人们看见她可怜，就买下了。老太太整整转遍了边墙沿线的各个村庄。

有一天，秦始皇骑马来视察了，恰巧一用劲，把马鞭打断了。他下令长城沿线的村子，限期打造一把铁鞭。命令下来，人们急得像热锅上的蚂蚁。铁器早收回宫里铸了金人，何处找铁呢？大家一急，都想起了老太太的绣花针。长城沿线的绣花针都积聚起来了，几天以后，打了一把结结实实的铁鞭。秦始皇骑上马，拿着铁鞭，赶山赶水，逢山开路，遇水搭桥；鞭到之处，一道道长城修起来了。秦始皇一直走到陇西郡的临洮——长城的西尽头。

长城修起来了，不知救下了多少的生命。长城沿线的人们都说，那位老太太是神仙，是神仙显灵了。

本文引自《中国民间文学集成》全国编辑委员会、《中国民间故事集成·内蒙古卷》编辑委员会：《中国民间故事集成·内蒙古卷》，北京：中国ISBN中心出版，1992年，第157～158页。

陕西·赶山鞭

讲述者：刘振中　采录者：杜兴荣

秦始皇在全国征集了成千上万的民夫修万里长城。民夫们缺吃少穿，挨饿受冻，没黑没明地干活，许多人被折磨死了。

一天，观音菩萨驾着祥云从空中经过，见此情景，心中不忍，要搭救遭难的百姓。她按落云头，变作一个老太婆，坐在路口，修长城的人从她身边经过，她给每个人肩上搭一根红线。红线一搭到肩上，肚子不饥了，口也不渴了，人也有劲了，不吃不喝就能干活。一连几个月，秦始皇发现民夫们天天不吃不喝，蛮劲还这么大，就派人去查问。查也查不出来，问又问不明白，一天，士卒在一个民夫肩上发现一根红线，就顺手取下来，没想到这个民夫一下子就头晕眼花，瘫在了地上。士卒仔细一看，原来每个人肩上都有红线，就去禀报秦始皇。始皇下令，把红线收起来，扎在一起编成辫子。他拿在手里一扬，没想到眼前的一座大山，呼呼向前跑了一大截，秦始皇就有了赶山鞭。

秦始皇想用赶山鞭把大山都赶到东海，把东海填平。他天天扬起鞭子赶山，山咕扭咕扭不住地朝东方走。几天以后，出现了一个大坝子。据说这就是关中平原。

东海龙王听说秦始皇要把东海填平，整天闷闷不乐。龙女对龙王说："父王呀！不要忧虑，我去把赶山鞭盗来。他没了赶山鞭，就填不成大海了。"

秦始皇是一个贪图女色的皇帝，龙女变成一个美丽的姑娘，从东海来到王宫。她又会唱歌，又会跳舞，秦始皇非常喜欢她，就纳她做了妃子。他在龙女的陪伴下，晚上歌舞作乐，白天又去赶山。一天，龙女问："大王呀！你每天一个人出去做啥呀？"始皇不说。龙女又说："你光一人出去我不放心。再说把我丢在宫殿里，真闷死人了。"秦始皇说："好吧，我明天带你出去玩玩。"第二天，秦始皇带着赶山鞭和龙女出去玩。龙女指着赶山鞭问："大王呀，那是什么？"秦始皇答："这叫赶山鞭。"龙女摇头笑道："我就不信，凭一根红线绳子就能把山赶走？"秦始皇笑着说："你不信？"说着鞭子一扬，前面的山咕扭咕扭走了一截。龙女一看说："呀！这么厉害啊，给我看看！"

秦始皇把赶山鞭给了龙女。龙女一拿到鞭子，一下子变成一条小龙，呼地驾起彩云，直奔东海去了。所以华山、太白山、大巴山才保持了现在的这个样子，没被赶山鞭赶走。

附记：

关于陕西山川的形成，在陕西民间有很多不同的传说。有的说它和巨灵擘有关，有的说它和制伏恶龙有关，有的又把它和秦始皇治理秦国联系起来。

秦始皇赶山的传说在陕西省流传较广。除以上两种说法外，还有城固县张彦行、熊景良，略阳县王正满采录的同类传说。城固县流传的《赶山鞭》还说，龙女与秦始皇婚后怀孕，生下一对双胞胎儿子，龙女忍痛潜回龙宫。她生的这一对双胞胎就是后来的刘邦和项羽，他俩成了秦的克星。

本文引自《中国民间文学集成》全国编辑委员会、《中国民间故事集成·陕西卷》编辑委员会：《中国民间故事集成·陕西卷》，北京：中国 ISBN 中心出版，1996 年，第 243 ~ 244 页。

陕西·秦始皇吊孝

讲述者：杨虎权　采录者：刘西燕

孟姜女哭倒长城，吓坏了监工的将官。他急忙派人捉住孟姜女送到咸阳，由秦始皇亲自审问。孟姜女见了秦始皇，大骂不休，但秦始皇一见装扮素雅、长相秀丽的孟姜女，一下惊呆了。他左看右看，竟对孟姜女骂的话一句也没听进耳里。奸臣赵高看穿了秦始皇的心事，近前小声说："请陛下将此女死罪免去，封为贵妃，既能早晚陪伴，又可使天下人知道陛下宽厚仁爱！"秦始皇听罢，点头应允。于是，赵高当即将此话传于孟姜女，并诱劝说："做了贵妃，荣华富贵享不尽，奴婢宫女任你使，绫罗绸缎任你挑，金钗银花任你戴。"听了赵高一席花言巧语，孟姜女恨不得撕烂他那张臭嘴才解恨，但转念一想："这样硬碰，难免一死，自己死了事小，谁来安葬范郎尸骨呢？"她拿定主意，强压怒火对秦始皇说："要我应允此事不难，但须依我三件事。"秦始皇一听哈哈大笑："我是一国之君，莫说三件，三十件、三百件也能办到，你快说哪三件？"孟姜女说："一、给范喜良修墓立碑。二、要头顶纸盆，手抱灵牌，亲自祭奠。三、文武百官要披麻戴孝，手持哭丧棒，隆重安葬范喜良。就此三件，如不应允，奴家宁死不从！"秦始皇听了心里一怔，万没想到这个民妇竟如此刚烈。答应吧，自己一个堂堂皇上去祭奠一个贱民，这太失皇家体面；不答应吧，万一孟姜女以死相拼，到口的美味岂不飞了？他左思右想，拿不定主意。赵高近前劝道："答应吧，此事不费吹灰之力即可办成。事一过，那个美人可就得乖乖顺从陛下了！"秦始皇听了满心喜欢。

墓修成后，孟姜女身穿孝服，亲自将范郎尸骨装殓入棺。看着入土后，抚碑痛哭。秦始皇身穿重服，头顶纸盆，手持灵牌，率领披麻戴孝、手持哭丧棒的文武官员，为范喜良送葬。孟姜女见心愿已遂，心一横，大叫一声："范郎啊，奴随你来了！"一头碰死在墓碑前。

秦始皇贪色不成，还落得个被后人耻笑的下场。从此，在民间便留下了秦始皇吊孝的传说。

本文引自《中国民间文学集成》全国编辑委员会、《中国民间故事集成·陕西卷》编辑委员会：《中国民间故事集成·陕西卷》，北京：中国 ISBN 中心出版，1996 年，第 198 页。

宁夏·秦始皇的传说

讲述者：袁真清　采录者：高万伟

秦始皇在不得时（不得时：指没有地位和权势）的时候，给赵员外家当伙计，人都叫他秦伙计。赵员外全家子吃斋念佛，不动荤。这年三十，他家院落打扫得一干二净，在围坛敬神，香烟大得冲开了南天门。天兵天将报知玉帝，玉帝派王母娘娘下凡查看，说："你看谁这么大的善念，香烟大得把南天门都冲开了？如果成了正果，早收他上天界。"王母就遵照玉帝的旨意，变了一个满身脓疮的病婆子，一路化斋而来。

王母来到赵员外门上化斋，秦伙计给掌柜的禀报了。赵员外一听是个满身脓疮的病婆子，急忙说："快赶出门外，看她不干不净的把坛冲了。"王母心想：玉帝派我来收你成正果，表面上看你善念大得了不得，心底里却恶着呢，连个病婆子一点斋饭都不给，还叫人赶出门外。她想着走开了。

秦伙计虽在赵员外家干活，他家中还收留了一帮闲散子弟玩赌耍牌，他就日打地头，夜打灯头，还杀猪宰羊，从中捞一点油水。秦伙计虽说是图私利的人，但心底里却还善良。这日，他见赵员外不给王母斋饭，还把她赶出门外，一个满身脓疮的病婆子，到处寻吃讨要，怪可怜的，他就把老婆子叫到家里吃喝了一顿。说："我干脆把你拜个干妈算了，看能成吗？"王母说："你家里这么多人，收留我干啥呢？""只要你情愿，我不嫌弃。""我是个要着吃的，不愿意咋呢？"王母见这个小伙子心善，就答应了。

"千古一帝"秦始皇画像

秦伙计听老婆子这么一说，就口称干妈，趴在地上磕了两个响头，拜了干妈，起来搀扶到炕上养活，整天端吃端喝，接屎倒尿地伺候。

过了些天，王母不住了，嚷着要走。干儿子说:“我拜你为干妈，我就是你的儿，你病到这个样子，叫你老人家哪里去？我几时把你养老送终了，才算完，今儿个咋么叫你走？”干儿子千留万留，王母总是要走。干儿子又说：“你是我干妈，如果一定要走，我就把你跟上，几时把你送终了，我再回来。”

王母推着说:“唉，你不要去咧，我出门四处讨要，你跟到哪里去呢？”“我一定要去！”秦伙计硬是要跟上走，王母挡不回去，这就引上他走。

走啊走，走了五六天，走到一个前不着村、后不着店的地方，娘儿俩来到个崖前，王母问：“娃娃，你饿吗？”

秦伙计说：“我饿得很。”“你饿了，我给你想方子吃点。”“咱们整天讨要，哪里来吃的？”

王母取出她要饭的碗碗，连擤带唾，血搅脓挤了一碗碗，给干儿子吃。秦伙计恶心得吃不下去，但他已经几天水米没打牙了，饿得没法，只好接过来喝下去了。

王母说：“你这回去，要往回走，还得五六天，又没吃的，我这是跳崖一死。”她边说边向崖里跳下去。

秦伙计一看，他干妈顺崖跳了下去。惊叫一声:“哎哟！这不得活了，我干妈绊（绊：指摔）死了。”他也顺着崖里跳了下去。

他跳下去，干妈站起来走着，他也起来走呢。王母说：“娃娃，你回头看看崖根里有个啥？”秦伙计回头一看，惊吓地说：“呦！哪里来个死人？！”“我给你实说了吧，那是你的尸身。你这到好处咧。”“我咋到好处咧？”

“你喝了我给你的一碗脓血，我把仙气度给你咧。你得了我的仙气。”娘儿两个这就驾起了祥云上了天上。

一天，王母娘娘要去开蟠桃会，就给干儿子安顿：“我走了，你哪达（哪达：指哪儿）都不敢去。”干儿子说：“好。”王母走后，秦伙计在房里坐了几天，急得实在不行，他就偷着出来转转，看见一园子树，树梢子上结的霜，好看得很。他用手稍微一动，唰地淌了一层，他当时没介意，就转了回来。王母回来埋怨他说：“我叫你哪达都不要去，这下可把麻达（麻达：指麻烦）惹下了。”秦伙计惊慌地问：“我惹下啥麻达咧？”“你来看。”王母引着秦伙计到窗门前，打开窗子一看，地上白白的一片。“你把树上的霜动淌了，地下就下了三尺厚的冷子（冷子：冰雹）。”秦伙计害怕地说：“我这下啥都不动了。”

一天，王母有事又出去了，他坐在家里实在闷得慌。心想：那一天把树动了一下，闯了大祸，我今儿个出去啥都不动。他出去转到街道上，见十八个秃头娃娃打捶（打捶：即打架）呢。俗话说，鸡狗咬仗都有个拦劝。我今儿个不能动手，劝劝他们：“哎，你这些娃娃，要耍就好好地耍，不耍就回去，打捶打伤了咋办？”

一个娃娃说：“叫他下去管万民，他不去叫我去。”“你这么大点，能管个啥万民？”“下去当皇上呢。”“当皇上看是好事么！”“好事，你去当！”“我当不上，要是能当上，我就去。”“那你就去！”说完，十八个娃娃笑上跑了。

王母回来了，不高兴地说：“我不叫你出去，又把麻达惹下了。”秦伙计说：“你走了，我急得没办法，想转一转散散心，走到街上碰着十八个娃娃打捶呢。我害怕打伤了，只过去一劝，人家说叫我下去当皇帝管万民，就笑上跑了。”“那你就下去投凡胎当皇帝去吧！”秦伙计一听哭开了,“我不去，我要跟你老人家呢！”“你已经把话说了，就一定要去！”“我去了想你咋么办？”

“我赐给你一顶钻天帽，一双登云鞋，你想我了，就穿戴好上天来看我。”秦伙计这就下来投了凡胎，到了人间，当了皇帝。一天，他想干妈了，就穿上登云鞋，戴上钻天帽驾上云来到天上，回头往地上一看，给王母说:“哎,我才管了瓦片片那么大点地方,还当多大呢?这么大点地方，不能叫别人来进犯我们，打些围墙圈起来把他们挡住。”

王母说:“你下去试试看，能圈起来吗?”秦始皇下来征集天下民夫，大兴土石，修筑万里长城。他有许多宝物，修城墙遇到大山，用赶山鞭就打跑了;碰到大海，放避水珠就吸干了。他一辈子只修万里长城，也把个中国没圈起来。秦始皇坐了天下后，下了三年黑霜，晒了三年太阳，下了三年雨，吹了三年风。年年是灾，月月是祸。

没五谷吃，还要抬土打墙，苦了平民百姓，好在老天还有个眼睛，他死了也有个报应，就变了个蜂儿，它一年四季，不管风吹日晒，都要出来采花给人酿蜜，将功折罪。

本文引自《中国民间文学集成》全国编辑委员会、《中国民间故事集成·宁夏卷》编辑委员会:《中国民间故事集成·宁夏卷》，北京:中国ISBN中心出版，1999年，第34～38页。

甘肃·跑马长城界

搜集整理者：贺锐亭

秦始皇把胡人打跑以后，为了阻挡胡人兴兵复仇，提出在与胡人交界的地方，修一座坚固的长城。他的建议，博得了许多大臣的赞赏，并一致认为，应先从东北的辽中开始，因为那里一面临海，还是一个战略要地。从那儿开始，在胡人恢复往日的气势以前，完全可以把长城修完。

那么，到底修到哪儿呢？秦始皇主张将统一的六国全部用长城围上。许多大臣表示：如果将六国全部围上，长城总长可达几万里，需要几十年的时间才能修完。这样一来，人力物力消耗太大，有可能造成人亡国空。所以，大臣们建议，还是短一点好。但是，不管大臣怎样反对，秦始皇还是极力主张用长城围住六国。他越是极力主张，大臣们就越是极力反对。秦始皇扬头想了一会儿，脸上露出不易察觉的冷笑。他提议，跑马划长城界。让一个将官，骑一匹快马，人马饱食之后，人不下马，马不停蹄，由山海关起跑，经由六国边界，能跑几天算几天，跑出多远修多远。

众大臣一想，这还可以。纵然是追风赶月的千里马，跑上两三天，也就是两三千里。所以，他们点头答应了。

谁想到，秦始皇又提出了一个条件：沿全国边界，不论山峰还是平地，每三百里修一行营，跑马者从行营中跑过，以壮人马之威。众大臣不知其中用意，也都同意了。

文武百官退下以后，秦始皇把心腹之人找来，如此这般地吩咐几句，他们便分头行事去了。跑马这天，只见一员将官，顶白盔，骑白马，穿白袍，挂白甲。他从第一座行营中飞出，走平地，越高山，半天多时间，冲到第二座行营。冲出二座行营，直奔三座行营。四座、五座……六天多时间，冲过十座行营。

秦始皇接到探马的传报：跑马者已冲过十座行营。这些大臣很纳闷，这马怎么这样能跑啊？六天多了，还跑啊？又有五六天工夫，探马又报，跑马者已冲过二十座行营。大臣们更奇怪了，怎么这马还跑哪？这是什么人？骑的是什么马？十多天了，饿不死也该累死了。想必是仙人骑神马。又过六天多，探马又报，跑马者再次冲过十座行营。这回大臣都明白了，就是神仙也不行啊。你瞅我，我瞅你，是不是秦始皇从中搞鬼了？探马接连传报，跑马者冲过四十座行营。秦始皇这个高兴呀，就甭说了，可是，有的大臣鼻子都气歪了。白袍将还在骑马飞跑着。战马跑到嘉峪关的时候，只见白袍将猛抽白马几鞭，白马口鼻流水，一个大翻个倒在地上。白袍将也从马上掉了下来。这是怎么回事？一匹马怎么一气跑了一万多里？原来，这是秦始皇用的计。为了达到长城围六国的目的，他提出每三百里设一行营，他派心腹之人，每座行营都备一匹白马，一员白袍将。第一座行营的白袍将到第二座，第二座的预备人马接着跑出，看上去如同一个人一样。就这样，一共传了四十多座行营。

那为什么到嘉峪关人落马倒呢？原来，驻嘉峪关行营有个姓赵的将官，对秦始皇这种做法极为不满。他认为，

嘉峪关关城全景

长城修到嘉峪关，就可以阻挡胡人的进犯，何必要修那么长呢？太劳民伤财了。所以，他见前营快马一到，让饿了几天的战马一个劲地喝水。他上马以后，猛打战马两鞭，战马一激灵，紧跑几步，呛水倒在地上。

秦始皇听说马倒嘉峪关，很不高兴。但是，按照他事先的话，长城只得修到嘉峪关了。

本文引自李克：《中国长城故事集》，北京：北京燕山出版社，1987年，第19～21页。

河南·秦始皇得赶山鞭

讲述者：张仁富　采录者：周君立

秦始皇嫌万里长城修得慢，不管民工累死累活，逼他们天黑了还得干到多半夜。观音老母可怜民工受累，就想了个叫民工干活不累的办法：夜里收工后，她拿把红头绳儿，往工地上一撒，说："绑在每根扁担头儿上！"眨眼间，工地的每根扁担儿头儿上，都绑上了一截儿红头绳儿。第二天，民工们干活时，还是那么重的挑子，却挑着轻飘飘的，一点儿也不觉得累，可谁也不知道是咋回事儿。秦始皇听说民工们干活不知道累了，觉着奇怪。他来到工地上，往这个民工身上瞅瞅，朝那个民工身上瞄瞄，也没看出个啥名堂。他正在纳闷哩，一个民工把扁担放到地上，解手去了。秦始皇蹲到扁担跟儿一看，"噢"了一声：扁担头儿上咋绑根红线呢？他偷偷把红线解下来，走到了一边。一会儿，那个民工解手回来，拿起扁担一挑，压得腰都直不起来。秦始皇明白了：哦，就是这根红线的劲儿呀！他马上下道命令，叫民工们统统交出扁担上的红线来。

没多久，红线交了一大堆。秦始皇知道这红线是宝物，把红线拧成了一条鞭子，又找根棍儿当鞭杆儿，系上甩了一下。只听"咔嚓"一声，像打个炸雷，把修的城墙震倒一大截子。

从这往后，秦始皇就用这条鞭子赶山填海，就叫它"赶山鞭"。

附记：

秦始皇得赶山鞭的传说，在河南还有不同的说法。汝南县董清玉讲述、魏建国采录的，说是一年夏天，秦始皇出外打猎，在一棵大槐树下歇息，觉得很凉快，就下令叫树的主人把这棵树移到京城午朝门外。这么大的活树怎么移动呢？树的主人愁病了。后来神仙给他托梦，赠给他一根小铜棍儿，说用它在树干上敲一下，树就往前挪一点儿。这样，大槐树才被赶到了京城午朝门外。秦始皇一见很惊异，就把这根小铜棍儿据为己有。他发现这根小铜棍儿不但能移树，还能移山，就用它赶山填海。太康县李思聪讲述的，说是孟姜女哭倒长城后，秦始皇要把她封为妃子，孟姜女以死相抗，跳海自尽。秦始皇疯了，逼着叫大臣们给石马喂草料。石马不会张嘴，喂不进去。为这，不少大臣被杀了。这事惊动了玉皇大帝，就命太白金星下凡，送给大臣们一条神鞭，打着石马张嘴吃草。秦始皇知道这鞭是宝物，接过来对着一座山抽了一鞭，把山给赶跑了。秦始皇大喜，说它是"赶山鞭"。

本文引自《中国民间文学集成》全国编辑委员会、《中国民间故事集成·河南卷》编辑委员会：《中国民间故事集成·河南卷》，北京：中国ISBN中心出版，2001年，第73页。

浙江·一人抵万人

讲述者：庄金荣　采录者：俞　海

秦始皇想永远做皇帝，顶怕有人夺他万里江山。有一天，一位星象官对他讲，秦朝要灭，新皇帝出在北方。秦始皇吓煞了，咋办？对，就造长城，省得北方出皇帝来打仗。

这下全国百姓遭了殃，凡是青壮年都被抓去造万里长城。每日都有长城塌倒的事，人也不晓得死了多少。这事使秦始皇很头痛，没办法，只好召集大臣商议。有一人出来讲："万岁，若用活人垫城脚，就勿会倒了。"秦始皇一听有办法，不管是啥都采用。当时有大臣说，最好抓天下无用之人去填城脚，否则抓光了能人，谁给你皇帝做事呢？秦始皇想想也对，就下令抓天下的残废人。

这事给鬼谷仙师得知了。鬼谷仙师也是个残废人，是瞎子。假如要抓，他也逃不了。咋办？第二天，鬼谷仙师来到京城，在皇宫外拼命敲算命锣，一敲敲了三天。秦始皇正为修长城心烦，听宫外不停地敲锣，心头大怒，就命人把他抓了进去，一看是个瞎子，就命令拉出去填城脚。鬼谷仙师叫道："且慢，你为何拉我去填城脚？"秦始皇讲："你们这些都是无用之人，填了城脚省粮。"鬼谷仙师讲："错了，这些人是不能杀的！"秦始皇问："为啥不能杀？"鬼谷仙师讲："这些人大有用场，比如我，能算你有多长寿命，上世作啥，下世作啥。我上知一千年，下知五百年，如不信可当场试试。"秦始皇听了一愣，当场叫鬼谷仙师算命，鬼谷仙师算得秦始皇开心煞。这样，秦始皇就下旨赦免了天下残废人。

赦是赦了，可城脚无人填咋办？鬼谷仙师讲："山西有个万喜良，一人可抵万人，只要把他抓来，保你长城造好。"这样秦始皇就下令去抓万喜良，万喜良就倒了霉。

本文引自《中国民间文学集成》全国编辑委员会、《中国民间故事集成·浙江卷》编辑委员会：《中国民间故事集成·浙江卷》，北京：中国ISBN中心出版，1997年，第294～295页。

福建·秦始皇的传说

讲述者：林政准　采录者：王淑莲

秦始皇是个风流皇帝，恨不得天下的美女都归他。吕洞宾为了救天下的美女，从花园里摘下两朵花，一朵开得十分美丽，一朵是花蕾，自己装成一个卖花的，到秦始皇的皇宫去卖花。秦始皇见花很美丽就买下了。吕洞宾教他要把开得很美丽的那朵给他母亲戴，没开的那朵给他老婆戴，叫他千万千万记住。

秦始皇见开得很美丽的那朵花实在很可爱，就给了老婆戴，把没开的那朵给他母亲戴。说来也怪，他老婆一戴上那朵开了的花，人随花变，越变越美丽；可是没过几天花凋谢啦，他老婆也随花变，越变越老，越变越丑啦。他母亲戴上那朵没开的花，开始不好看，没过几天花开啦，他母亲也随花变，越变越雅体（雅体：美丽）。秦始皇见他母亲越变越雅体，就起了坏心啦，弃了老婆要讨自己的母亲做老婆。他母亲骂他："畜生，我是你妈呀！"秦始皇说："是妈也要讨。"他母亲拗不过他，说："你要是能挡得住天上的日头，我就嫁给你。"

秦始皇为了挡住天上的日头，就派百姓筑城墙。要挡住天上日头的城墙要好高好高哇，可城墙一筑高就倒掉了。就这样筑了倒，倒了筑，百姓不知死了几多。秦始皇无法，只好喊军师算一下，使什么法子才能把城墙筑起来。军师算一下，算到某地有一个姓范的后生仔是土仙来出世，只有把他捉住才能把城墙筑上去。

秦始皇就派官兵去抓姓范的后生仔。姓范的后生仔四处躲。躲来躲去，有一天躲到了孟姜女的后花园的一棵大树上。孟姜女有一个习惯，每月的十五晚上一定要乘着月光在大树下沐浴。她脱下衣裳刚要进浴盆，看见浴盆里有个男人的倒影，忙喊人把他拿下。姓范的后生仔跪在她面前，把自己的遭遇告诉她。孟姜女听了很同情，说："既然你看见了我的身子，你就要娶我，今晚就成亲。"姓范的后生仔就和孟姜女成了亲。没过几天，秦始皇知道了，就派兵把他抓走了。

秦始皇把姓范的后生仔杀了埋在墙基下，城墙不用人去筑，就"突、突、突"地长高，一直长一直长，长到终于把日头给挡住了。秦始皇的母亲无法子，只好答应嫁给他。

成亲的那天，孟姜女哭着来找丈夫了。她哭着找着，找着哭着，怎么也找不到丈夫。她哭哇哭哇，哭得天昏昏，地暗暗，突然"轰隆"一声响，城墙被孟姜女哭倒掉了。城墙倒掉啦，秦始皇又结不成亲，生气啦："哪个大胆的竟敢哭倒我的城墙？把她给我捉来！"卫兵抓住了孟姜女，秦始皇一看："哇吓，生得比我老婆还要美丽。"这一下他不要他妈做老婆，要讨孟姜女做老婆了。

孟姜女说："要讨我做老婆使得，不过要答应我三件事：第一，要找到我丈夫的尸骨；第二要风光大葬我丈夫；第三，搭个高台，让天下的和尚念经七七四十九天超度我丈夫。"秦始皇答应了。

孟姜女哭着找丈夫的尸骨，筑城墙死的人太多啦，尸骨遍地都是，她认不出哪个是她丈夫的尸骨。她就咬破中指说："是我的丈夫随我的手指起。"她用中指血一个一个尸骨沾过去，终于找到了丈夫的尸骨。秦始皇风光大葬了孟姜女的丈夫，然后下旨搭了一个高高的台，令天下的和尚都来念经超度亡灵。孟姜女披麻戴孝坐在高高的台上哭。和尚们念了七七四十九天的经，把孟姜女给度上天成了仙。秦始皇一见发了怒："你们这些该死的骗人的和尚！我喊你们超度死人，你们却把活人给度上了天。"就下令把天下的和尚都杀了，还烧了天下的经书。这下糟啦，经书在中国绝了种，怎么办呢？玉皇大帝就拨了个圣僧出世，让他到西天去取经。秦始皇为了女人，害死那么多的人，玉皇大帝说他不能做人间的皇帝，就罚他做了"车屎皇帝"（车屎皇帝：即屎壳郎）。

本文引自《中国民间文学集成》全国编辑委员会、《中国民间故事集成·福建卷》编辑委员会：《中国民间故事集成·福建卷》，北京：中国 ISBN 中心出版，1998 年，第 207 ~ 208 页。

福建·秦始皇遮日

讲述者：陈阿莲　张金凤　采录者：郭立眉

秦始皇是猪狮精转世的，自号作“酒色散仙”。他拼命享乐拼命使性，正当的和不正当的，见得天日的和见不得天日的，心安理得的和提心吊胆的，凡间人尝到的滋味，他都设法尝到。

一日，一个癞头和尚直闯进宫来，从破袈裟里掏出两枝花：一枝花苞红，一枝花蕾白。癞头和尚说，那是太虚涵孕的奇葩，秦始皇的怪欲，可以从戴这奇葩的人那儿得到满足。秦始皇半疑半信地要了花，正好皇后、太后在旁，他随手将红花苞插在皇后的头上，将白花蕾插到太后鬓角。癞头和尚笑嘻嘻地摇摆出宫去了。

皇后髻上的红花苞绽开了，红艳欲流，老远就把人的眼睛和魂都吸引了过去。可是百媚千娇的皇后很快就蔫了，灰眉土眼，比粗使丫头还招人恶心。皇太后鬓角的白蕾也绽开了，花色虽淡素，可是皇太后脱了层壳似的娇嫩了，灰发变青了，杏眼水灵灵，樱唇香馥馥，杨柳腰轻袅袅。秦始皇一脚踢开皇后，两粒乌珠子吊在眼眶外，直勾勾盯着太后，他失声叫：“寡人要你做娘娘。”太后气得目汁下淌上（下淌上：倒流）：“我是你母后，你要我做娘娘？你眼睛翻黄（翻黄：方言，没眼力，不分是非）啦？大逆不道，不得好死！”兴筋吊起的秦始皇大叫：“披毛戴角（披毛戴角：身上长毛，头上生角）我也不怕，我娶定你了！”太后晓得这逆子说到做到，只好说：“你敢乱伦，我可没脸见天日！要我做娘娘，除非你把城墙筑得遮住白日！”

秦始皇大叫：“这有何难？”他下诏全国三丁抽一，五丁抽二，硬逼百姓筑万里长城。那筑长城的民夫里有个叫杞梁，受不住鞭打劳累死了，秦始皇令人将他的白骨填到城墙基下。

一日日一年年过去，万里长城筑得越来越高。太后抬头看，见天日遮去一大半了，吓得头上走了三魂，脚底荡去七魄，羞忿地大哭起来。与这同时，杞梁妻孟姜女万里寻夫到了长城下，听说丈夫屈死，白骨垫了城墙，也放声大哭，哭干目汁，目里都流血了。宫中太后哭，墙根下孟姜女哭，两地的哭声惊天动地，只听“哗啦啦”一声巨响，万里长城崩塌了八百里。

秦始皇的城墙遮不住日，干兴（干兴：白高兴）一场，又恼又无可奈何，就托名巡狩天下，在半路死了，果然落他老娘奶的嘴：“大逆不道，不得好死！”

本文引自《中国民间文学集成》全国编辑委员会、《中国民间故事集成·福建卷》编辑委员会：《中国民间故事集成·福建卷》，北京：中国ISBN中心出版，1998年，第208～209页。

福建·秦始皇筑长城

讲述者：蓝玉珠　采录者：林菊莲

传说玉皇大帝身边养着一只公鸡。有一日，这只公鸡偷偷拨开南天门看凡间人，一看看迷了。人间夫唱妇随，亲亲热热，真比天上好。看着看着，耽误了报时。玉帝火起，一脚把它踢落凡间，投胎王室，成了秦始皇。

后来，上界九天玄女听说秦始皇无道，又十分贪色，决意败一败他的江山。这日，她化作一位卖花少娘（少娘：畲语，姑娘）下凡，花篮内放着两朵鲜花，一朵是开了花的，一朵是花蕾。晚边，秦始皇游猎回来，路过城楼门口，听见卖花女叫唤："买花呀，买花呀！"他立刻翻身下马，看见少娘篮内那两朵鲜花真好看，就叫随从掏钱买来带回宫去。这两朵花插哪好呢？

秦始皇想了想，把开了的一朵插到妻子头上，把花蕾插到阿母（阿母：畲语，母亲）头上。讲来奇怪，第二天早晨，秦始皇进宫时，看见妻子头上的鲜花谢了，一夜之间，妻子面上布满皱纹，皮肤又黄又干，变成了个老太婆；再看阿母，头上花蕾开得正鲜艳，面颊也变得白里透红，细皮嫩肉，成了个年轻的小娘，比妻子漂亮几百倍，三十六宫没人比得上。

秦始皇动了情，就要阿母做他老婆。阿母生气地说："仔啊，你想阿母做老婆，除非把城墙筑到遮住天日，才能使得！"秦始皇听了这句话，立刻降旨调遣四方百姓进京筑长城，弄得万民妻离子散，百姓怨气冲天，秦始皇的江山从此败落。这事现在还有畲歌为证：

你莫骂我老年坯，四十过了五十来。
秦皇阿母倒头嫩，五色芙蓉倒头开。

（倒头嫩：畲语，返老还童）

本文引自《中国民间文学集成》全国编辑委员会、《中国民间故事集成·福建卷》编辑委员会：《中国民间故事集成·福建卷》，北京：中国 ISBN 中心出版，1998 年，第 209 ~ 210 页。

长城上的外国游客(孙志升 摄)

长城人物的传说

三、孟姜女的传说

漫谈孟姜女传说

孟姜女传说作为中国四大传说之一，在丰富的长城人物传说中是最富有代表性的。

一、横向的传播：地域流布

孟姜女传说历史悠久，流传广泛，几乎成为家喻户晓的口头文学，在河北、山东、湖南、湖北、安徽、黑龙江等省都有留存，它的数量可观，形态各异，比如《孟姜女》《孟姜女哭倒长城之后》《孟姜女哭甜瓜》《孟姜女寻夫》《杞梁和姜女》《长城和孟姜女》《孟姜女和最早的一段长城》《孟姜女和范喜郎》《孟姜竹》《孟姜女梦中助尚书》《孟姜女走沙路》等。这些版本不一的孟姜女传说，组成了一个丰富但是又各不相同的孟姜女传说系统，由于它们的内容和侧重点不同，可以分为以下几类：

（1）关于她的出生的。关于孟姜女出生记载最多的，是孟姜女诞生于葫芦，是剖开葫芦自然而生的。比如河南的《孟姜女》、河北的《孟姜女》、吉林的《孟姜女出世》、陕西的《孟姜女和范喜良》、北京的《万喜良桥》，都是说孟姜女生于葫芦中，其中吉林的《孟姜女出世》讲述了一只小燕子叼来一粒葫芦籽，孟老太太种在地上，秋天长成一个大葫芦，锯开之后，里面是一个白白胖胖的小姑娘。也有说是生于瓜中的，比如北京的《长城与孟姜女》;浙江的《孟姜女》也说她本是天上的仙女，因犯天规被罚下人间，托身在一个大冬瓜里；上海的《孟姜女传说》说她是长在南瓜里的。关于孟姜女出生有特殊说法的，是福建的《孟姜女出世》，里面讲到天庭的一个仙女，被秦始皇摸了手，全身乌青被玉皇斩成两段，下身投胎孟姜女，上身投胎范喜良。

（2）关于孟姜女名字的由来。各地有不同的说法，主要的说法有两种：一种是说一个葫芦跨两家，一家播种子，但果实长到了另一家，所以孩子就用了两个人家的姓，因为是个女孩，就叫孟姜女。吉林的传说《孟姜女出世》就是这样记载的。还有一种说法是孟姜女是家中的老大，而姜本来就是大的意思，如山东的传说《杞梁和姜女》。

（3）关于孟姜女和范喜良相遇和结合的。在有的传说中，两人是青梅竹马、指腹为婚的，如山西的《孟姜女传说》。而在有的传说中，两个人却是因为偶然相遇而结合的，这样的说法比较多。比如广西的《孟姜女送衣》，两个人相遇于孟姜女洗澡正穿衣的时候；陕西的《孟姜女和范喜良》，孟姜女开门到菜园浇水看到了靠墙睡着的年轻书生范喜良。而有的传说中两人的结合比较曲折，比如河北的《孟姜女传说》和甘肃的《孟姜女选婿》，都是讲孟姜女出对联选女婿，才选中了聪明的穷书生万喜良。

（4）关于孟姜女千里寻夫和辨认尸骨的。在有的传说中，孟姜女是割肉认骨，如河北的传说；在陕西的传说中，是滴血认骨；广西的传说是唱歌认骨，孟姜女唱歌，骨头就跳到她的怀里。

（5）关于孟姜女哭长城的。在多数的民间传说中，孟姜女都是因为丧夫的悲痛哭倒长城，比如江苏的《太湖的孟姜女》说孟姜女哭倒长城五十里；也有的地方的传说是说孟姜女扒长城的，比如陕西的《扒长城》就是说孟姜女为寻丈夫尸骨，一边顺着长城跑，一边把长城扒出许多豁口。

（6）关于孟姜女和秦始皇之间的纠葛的。在有的故事中，并没有出现秦始皇这个人物形象，如山东的《孟姜女故事》，而在多数的故事中，秦始皇都是孟姜女悲剧的始作俑者。如河北、陕西等地的传说中，都将秦始皇写成一个荒淫好色之徒，并且最终逼死了孟姜女。

（7）关于孟姜女最后的归宿的。在河北等地的传说中，孟姜女是投海而死；而在北京的传说中，孟姜女是在密云县古北口“万喜良桥”上跳入潮河淹死的；在广西的传说中，孟姜女是跳到油锅里，而后化作蝴蝶飞走的；在陕西的《秦始皇吊孝》中，孟姜女是撞石碑而死的；在浙江的传说中，两人是升天而去的。

所以，孟姜女传说并没有一个固定不变的故事模型，各地的孟姜女传说面貌各异，无论是在人物的出身、故事的情节发展方面均呈现出迥然不同的形态，就连主人公的名字都有很大的不同。比如有的地方记载为孟姜女和范喜良，有的地方记载为孟姜女和杞梁。所以，孟姜女传说极为丰富，在全国各地的流传也呈现出多姿多彩的存在。

二、纵向的发展：历史源流

从历史来看，孟姜女传说从产生、发展到逐渐成形也经历了一个漫长的过程。一般认为，关于孟姜女传说的最早文字见于《左传》，据《左传·襄公二十三年》所载：周灵王二十二年（齐庄公四年，前550年）秋，齐庄公姜光伐卫、晋，夺取朝歌。前549年，齐庄公从朝歌回师，没有回齐都临淄便突袭莒国。作为齐国将领的山东人杞梁，参加了袭莒的战斗，并且英勇战死，为国捐躯。后来齐莒讲和罢战，齐人载杞梁尸回临淄。杞梁妻迎丈夫的灵柩于郊外的道路，齐庄公派人吊唁。杞梁妻认为自己的丈夫有功于国，齐庄公派人在郊外吊唁仓促草率又缺乏诚意，对烈士不够尊重，便回绝了齐庄公的郊外吊唁。后来，齐庄公亲自到杞梁家中吊唁。原文如下：“齐侯还自晋，不入，遂袭莒，斗于且于，伤股而退。明日，将复战，期于寿舒。杞殖，华还载甲，夜入且于之遂，宿于莒郊。明日，先遇莒子于蒲侯氏。莒子重赂之，使无死，曰：‘请有盟。’华周对曰：‘贪货弃命，亦君所恶也。昏而受命，日未中而弃之，何以事君？’莒子亲鼓之，从而伐之，获杞梁。莒人行成。齐侯归，遇杞梁之妻于郊，使吊之。辞曰：‘殖之有罪，何辱命焉？若免于罪，犹有先人之敝庐在，下妾不得与郊吊。’齐侯吊诸其室。”这个关于“杞梁妻”的记载和我们现在熟知的孟姜女的故事存在着极大的不同。在这段记载中，从人物上看，并没有出现后来孟姜女传说中的主人公：孟姜女、范喜良和残暴的秦始皇，从故事情节上看，也比较简单，只是一个“拒郊吊”的故事，没有我们后来所见到的“孟姜女万里寻夫”“哭崩城墙”“投水而死”等重要情节，而且我们也可以看到，这一传说的雏形和长城并无太大的关联，实际上，正是随着时间的演进和地域的流传，孟姜女传说的情节才不断丰富的。

孟姜女传说的重要发展阶段是在汉代，直到这时候这一传说才和“城”结缘。西汉刘向《列女传》卷四《贞顺传》的《齐杞梁妻》中记载：“杞梁战死，其妻收丧，齐庄道吊，避不敢当，哭夫于城，城为之崩，自以无亲，赴淄而薨。”这里的城虽然不是“长城”，但是这一记载中加入的投水、崩城情节，对后来孟姜女传说形成的影响很大。

唐代唐玄宗天宝六年（747年）类书《雕玉集》引《同贤记》的一则记载，被认为是关于孟姜女传说十分重要的资料，这是一个十分完整和生动的故事：

“杞良，秦始皇时北筑长城，避苦逃走。因入孟超后园树上，超女仲姿浴于池中，仰见杞良而唤之。问曰：‘君是何人，因何在此？’对曰：‘吾姓杞名良，是燕人也。但以从役而筑长城，不堪辛苦，遂逃于此。’仲姿曰：‘请为君妻。’良曰：‘娘子生于长者，处在深宫，容貌艳丽，焉为役人之匹？’仲姿曰：‘女人之体，不得再见丈夫，君勿辞也。’遂以状陈父而父许之。夫妇礼毕，良往作所，主典怒其逃走，乃打杀之，并筑城内。超不知死，遣仆欲往代之，闻良已死，并筑城中。仲姿既知，悲哽而往，向城号哭。其城当面一时崩倒；死人白骨交横，莫知孰是。仲姿乃刺指血以滴白骨，云：‘若是杞良骨者，血可流入。’即沥血，果至良骸，血径流入，使将归葬之也。”

在这个记载中，出现了很多要素，比如点明了故事发生的时间是在秦始皇时期，而且一改杞梁妻故事中只有杞梁妻一个女主人公的情况，出现了另一个男主人公杞良，增加了男女主人公后园相遇并结婚、杞良被逼修筑长城而死并被筑入长城、孟姜女滴血认骨等情节，已经十分接近现在我们所熟知的孟姜女传说了。非常重要的是，在这则记载中孟姜女传说才从实际意义上和秦始皇修长城联系在了一起。

明代被认为关于孟姜女传说重要史料的是《孟姜仙女宝卷》，宝卷中记载了情节更为完整、故事更为曲折的孟姜女传说。从秦始皇修建长城开始，因为有童谣“姑苏有个万喜良，一人能抵万民亡。后封长城做大王，万里长城永坚刚”，所以才造成了秦始皇捉万喜良修城、孟姜女千里寻夫、哭倒城，以致后来秦始皇许诺孟姜女三件事，修桥、造坟、哭祭，最后孟姜女痛斥暴君后投水而死一系列的故事。从中可以看出，这一记载几乎包含了所有后世可见的情节，对孟姜女传说的发展已经十分完善了。

总之，孟姜女传说是随着时代的演进，在不断的发展中逐步丰富的。从最初的产生，到最后的基本成型，凝聚着历代人民奇妙的想象力和抗恶除暴的感情，是人民集体智慧的结晶。时至今日，这一传说仍然充满着生命力，深受人们喜爱，从而在全国广为流传。

附：

最初原型是《左传》中杞梁妻的故事。《左传·襄公二十三年》记载：

齐侯还自晋，不入，遂袭莒，斗于且于，伤股而退。明日，将复战，期于寿舒。杞殖，华还载甲，夜入且于之遂，宿于莒郊。明日，先遇莒子于蒲侯氏。莒子重赂之，使无死，曰：“请有盟。”华周对曰：“贪货弃命，亦君所恶也。昏而受命，日未中而弃之，何以事君？”莒子亲鼓之，从而伐之，获杞梁。莒人行成。齐侯归，遇杞梁之妻于郊，使吊之。辞曰：“殖之有罪，何辱命焉？若免于罪，犹有先人之敝庐在，下妾不得与郊吊。”齐侯吊诸其室。

战国时期情况发生些变化，《礼记·檀弓》：

哀公使人吊蕢尚，遇诸道，辟于路，画宫而受吊焉。曾子曰：“蕢尚不如杞梁之妻之知礼也！齐庄公袭莒于夺，杞梁死焉。其妻迎其柩于路而哭之哀。庄公使人吊之，对曰：“君之臣不免于罪，则将肆诸市朝而妻妾执。君之臣免于罪，则有先人之敝庐在，君无所辱命。”辞不受也。

后来孟姜女“哭长城”的故事大概就是从“哭之哀”转承而来。

稍晚的《孟姜女》再言其哭：“华周，杞梁之妻善哭其夫而变国俗。”可见杞梁妻故事的中心已由春秋时的“不受郊吊”转向了“悲歌哀哭”。

《孟子·告子》《淮南子·览冥训》，以及搜集并伪托战国人文字的《列子·汤问》诸书中，也都有了相应的铺演。

《淮南子·览冥训》：

战国那时还有齐人“善唱哭调”的史实：

昔雍门子周以哭见于孟尝君，已而除辞通意，抚心发声，孟尝君为之增欷……，流涕狼戾不可止。

《列子·汤问》：

薛谭学讴于秦青，未穷青之技，自谓尽之，遂辞归。秦青弗止，饯于郊衢，抚节悲歌，声振林木，响遏行云，薛谭乃谢求友，终身不敢言归。秦青顾谓其友曰：“昔韩娥东之齐，匮粮，过雍门，鬻歌假食。既去而余音绕梁木丽，三日不绝。……，逆旅人辱之，韩娥因曼声哀歌，……老幼……三日不食……。故雍门之人至今善歌哭，放娥之遗声。”

西汉，文人枚乘的《杂诗九首》其一：

西北有高楼，上与浮云齐。交疏结绮窗，阿阁三重阶。
上有弦歌声，音响一何悲？谁能为此曲，无乃杞梁妻。
清商随风发，中曲正徘徊。一弹再三叹，慷慨有余哀。
不惜歌者苦，但伤知音稀。愿为双鸿鹄，奋翅起高飞。

西汉，王褒在他的《洞箫赋》中形容箫声之美时道：“钟期、牙旷怅然而愕立兮，杞梁之妻不能为之气。”我们可推知西汉初期的社会孕育着一个“悲歌善哭”的杞梁妻。后来东汉从五言诗证实了这一点。

西汉刘向《说苑》《列女传》。

《说苑》记述了这个故事的新变化：

杞梁、华舟曰：“去国归敌，非忠臣也。去长受赐，非正行也。且鸡鸣而期，日中而忘之，非信也。深入多杀者，臣之事也。莒国之利，非吾所知也。”遂进斗杀二十七人而死。其妻闻之而哭，城为之阤，而隅为之崩。(《说苑·立节》)

昔华舟、杞梁战而死。其妻悲之向城而哭，隅为之崩，城为之阤。(《说苑·善说》)

孟姜女传说包含了“哭夫”“崩城”“投水”等几个主要情节，这恰恰是刘向在《烈女传》卷四《贞顺传》中讲述的主要情节：

齐杞梁殖之妻也。庄公袭莒，殖战而死。庄公归，遇其妻,使使者吊之于路。杞梁妻曰:“今殖有罪,君何辱命焉。若令殖免于罪，则贱妾有先人之敝庐在下，妾不得与郊吊。”于是庄公乃还车诣其室，成礼然后去。杞梁之妻无子，内外皆无五属之亲。既无所归，乃就其夫之尸于城下而哭之，内动人，道路过者莫不为之挥涕，十日，而城为之崩。既葬，曰：“吾何归矣?夫妇人必有所倚者也。父在则倚父，夫在则倚夫，子在则倚子。今吾上则无父，中则无夫，下则无子。内无所依，以见吾诚。外无所倚，以立吾节。吾岂能更二哉！亦死而已。”遂赴淄水而死。君子谓杞梁之妻贞而知礼。诗云：“我心伤悲，聊与子同归。”此之谓也。

颂曰：杞梁战死，其妻收丧。齐庄道吊，避不敢当。哭夫于城，城为之崩。自以无亲，赴淄而薨。

东汉，王充《论衡·变动篇》。

东汉，邯淳“杞崩城隅”。

时至东汉末期，文人五言诗《西北有高楼》中有：“上有弦歌声，音响一何悲！谁能为此曲?无乃杞梁妻。清商随风发，中曲正徘徊，一弹再三叹，慷慨有余哀。”

西晋,崔豹《古今注》载,孟姜悲哭,“杞都城感之而颓”。

魏，郦道元《水经注》。

唐代以前，故事主流是宣扬女子知礼、善哭，但天宝年间的程树德编纂的唐代类书《雕玉集·感应篇》所引《同贤记》中有孟姜女故事的生动记载：

杞良，秦始皇时北筑长城，避苦逃走。因入孟超后园树上，超女仲姿浴于池中，仰见杞良而唤之。问曰：“君是何人，因何在此?”对曰：“吾姓杞名良，是燕人也。但以从役而筑长城，不堪辛苦，遂逃于此。”仲姿曰：“请为君妻。”良曰：“娘子生于长者，处在深宫，容貌艳丽，焉为役人之匹?”仲姿曰：“女人之体，不得再见丈夫，君勿辞也。”遂以状陈父而父许之。夫妇礼毕，良往作所，主典怒其逃走，乃打杀之，并筑城内。超不知死，遣仆欲往代之，闻良已死，并筑城中。仲姿既知，悲哽而往，向城号哭。其城当面一时崩倒；死人白骨交横，莫知孰是。仲姿乃刺指血以滴白骨，云：“若是杞良骨者，血可流入。”即沥血，果至良骸，血径流入，使将归葬之也。

孟姜女哭长城的故事形成于晚唐五代时期。

唐末诗僧贯休写了《杞梁妻》：

秦之无道兮四海枯，筑长城兮遮北胡。

筑人筑土一万里，杞梁贞妇啼呜呜。

上无父兮中无夫，下无子兮孤复孤。

一号城崩塞色苦，再号杞梁骨出土。

疲魂饥魄相逐归，陌上少年莫相非。

自此，孟姜女哭倒了长城。

“孟姜”，这最早见于《敦煌曲子词》之《捣练子》：

孟姜女,杞梁妻。一去燕山更不归。造得寒衣无人送。不免自家送征衣。

从词中可以看出故事中加入了“送寒衣”情节。

孟蕫(校注本校作:姜)女,陈(校注本校作:秦)去(校注本校作：杞)梁，声声懊恼小秦王。秦王敢质三边滞，千番万里筑城长。

敦煌写本《孟姜女变文》：

(前缺)

（劳）贵珍重送寒衣，未委将何可报得？

热（执）别之时言不久，拟于朝暮再还乡。

谁为忽遭槌杵祸，魂销命尽塞垣亡。

当别以后到长城，当作之官相苦克。

命尽便被筑城中，游魂散漫随荆棘。

劳贵远道故相看，冒涉风霜损气力。

千万珍重早皈还，贫兵地下长相亿（忆）。

其妻闻之大哭叫，不知君在长城妖。

既云骸骨筑城中，妾亦更知何所道。

姜女自雹哭黄天，只恨贤夫亡太早。

妇人决列（烈）感山河，大哭即得长城倒。

古诗曰：

陇上悲云起，旷野哭声哀。

若道人无感，长城何为颓？

石壁千寻列，山河一向回。

不应城崩倒，总为妇人来。

塞外岂中论，寒心不忍闻。

哭之以（已）毕，心神哀失，懊恼其夫，掩从亡没。叹此贞心，更加愤郁。髑髅无数，死人非一，骸骨纵横，凭何取实。咬指取血，洒长城已（以）表单（丹）心，选其夫骨。

姜女哭道何取此，玉貌散在黄沙里。

为言坟陇有标题，壤壤髑髅若个是？

呜呼哀哉难简择，见即令人愁思起。

一一捻取自看之，咬指取血从头试。

若是儿夫血入骨，不是杞梁血相离。

果报认得却回还，幸愿不须相惟（违）弃。

大哭咽喉声已闭，双眼长流泪难止。

黄天忽尔逆人情，贱妾同向长城死。

三进三退，或悲或恨，鸟兽齐鸣，山林俱振。冤魂□□，□□□□，

点血即肖（消），登时渗尽。筋脉骨节，三百余分，不少一支，□□□□□

□。更有数个髑髅，无人搬运，姜女悲啼，向前借问：“如许髑髅，佳俱

（家居）何郡？因取夫回，为君传信。君若有神，儿当接引。”

髑髅既蒙问事意，已得传言达故里，

魂灵答应杞梁妻，我等并是名家子。

被秦差充筑城卒，辛苦不襟（禁）俱役死。

铺尸野外断知闻，春冬镇卧黄沙里。

为报闺中哀怨人，努力招魂存祭祀，

此言为记在心怀，见我耶孃方便说。

叩头□□□□□，□□□□□□□

□骨今岁无人取，不免□□□□□

□□□□更加凄，领纳鬼词答□□

□□□□□骨，自将背负，懊恼其……文祭曰：“△年△月△日，

……庶修（羞）之奠，敬祭……行俱备，文通七篇。昔存之日，名振飨（响）于家邦，上下无嫌，刚柔得所。起为差充兵卒，远筑长城，吃苦不襟（禁），魂魄皈于蒿里。预若红花标（飘）落，长无睹萼之晖；延白雪以词（辞）天，气（岂）有还云之路。呜呼，贱妾谨馔单杯，疏兰尊于玉席，增歆飨已（以）金杯。惟魂有神，应时纳受。”祭之已了，角束夫骨，自将背负，□□□□，来（下缺）

（前阙）

……万重泣。……虏庭但兹□方，铤秦王远役金河北，筑城本拟防胡贼。沙……烽火急。千军尤众殡其身，帝乡父母……莫贺延碛里，汉月亭亭立。诺直山上……被押身终，魂埋塞北。说道燕支山里，胡日……风吹金色。食尽人劳咸言併力。大荒寂寞，……颜容憔悴乾枯尽，须臾大命归蒿里。霜霑三面……强强台身入茕位。疮痂莫埝如鱼鳞，被伤之后，流落沉……气。更悲啼泪难止。魂……而大……（后阙）

敦煌写本《捣练子》词：

堂前立。拜辞娘。不觉眼中泪千行。劝你耶娘少怅望。

为吃他官家重衣粮。

辞父娘了。入妻房。莫将生分向耶娘。君去前程但努力。不敢放慢向公婆。

长城路。实难行。奶酪山下雪纷纷。吃酒只为隔饭病。愿身强健早还归。

云疑盖。月已升。朦胧不眠已三更。面上褐绫红分散。号咷大哭呼三星。

对白绵。二丈长。裁衣长短尺上量。夜来梦见秋交末。自怕君身上□□。

长城下。哭声哀。感得长城一垛摧。里畔髑髅千万个。十方骸骨不教回。

刃□亮。两拳拳。十个指头血沾根。青竹干投上玄背子。从今以后信和藩。

娘子好。体一言。离别耶娘十数年。早晚到家乡勤饽馓。月尽日交管黄纸钱。少长无□□□□。月尽日交管黄纸钱。

所以唐以前孟姜女哭长城的故事便家喻户晓。流传至今的一般说法是：江宁县许员外晚得一女随娘姓孟，干娘姓姜，故称孟姜，16岁时嫁给同城的范希郎，过门方一月，范被点修城，孟姜女梦见丈夫恐其受寒，遂亲自赴边送衣。行程万里来到城下，却闻丈夫不能受苦被处死筑于城下，遂对墙哭七天七夜，感动玉皇，城墙倒塌，滴血认骨。后秦始皇见其貌美，欲迎入宫。孟姜女提出三个条件：文武百官披麻戴孝，秦始皇随后打哀杖，葬夫东海边。始皇照办后，孟姜女投东海而死。

明代，《鬼冢志》碑文。

《孟姜仙女宝卷》。

清代由于考据学的兴起，对于孟姜女的故事之争主要有以下几派：

清代，顾炎武的《日知录》，朱书的《游历记存》，只信《左传》记载；

清代，钱曾的《读书敏求记》和梁玉绳的《瞥记》，以《东周列国志》为依据；

清代，据《职方典》山海关条所载，认为孟姜哭崩的是齐国长城，从而说明孟姜是春秋时齐国人。

三、孟姜女传说的研究历程

孟姜女故事的最终成型，经历了一个漫长的过程。孟姜女故事，最初都是在民间口耳相传，不同地区有各种不同的版本。对孟姜女传说的研究，从20世纪初直到现在一直持续不断。比较著名的研究专家有顾颉刚、施爱东、巫瑞书等，他们追根溯源，科学考证，从多个角度对孟姜女传说进行了综合考察，出版了十多部专著，为孟姜女传说的研究奠定了坚实的理论基础，具有非常重要的参考价值。同时也有很多学者撰文对孟姜女这一传说涉及的各方面内容发表见解，极大地丰富了孟姜女传说的研究。回顾20世纪以来的孟姜女传说研究，可以说在20世纪初，由于顾颉刚先生的悉心考证，从史的角度初步梳理了孟姜女传说的发展，为民间流传的孟姜女传说找到了真实的源头和存在的依据，奠定了孟姜女研究的基础。在随后的几十年内，孟姜女的传说一直吸引着学者的目光，对它的研究一直呈现持续不断的状态，人们一直撰文对其发展、流变等内容进行多角度的研究和评析，期间也有两部重要的著作，一是路工1955年编写的《孟姜女万里寻夫集》，二是鲍•李福清的《万里长城的传说与中国民间文学的体裁问题》。20世纪八九十年代，也出现了不少研究论文和著作，如贺学君1998年编写的《中国四大传说》，就再次提到了孟姜女传说，并且肯定了其价值和意义。特别值得提到的是，在20世纪80年代专门进行的两次孟姜女研究和产生的重要的研究资料，一是1983年中国民研会河北分会、秦皇岛市文联编写的《孟姜女故事学术讨论会资料汇编》《孟姜女故事学术讨论会资料续编》，一是中国民间文艺研究会上海分会的《民间文艺季刊》(孟姜女传说研究专辑)。21世纪以来，掀起了孟姜女研究的新高潮，不仅出现了几十篇论文，而且还出版了多部著作，对其进行了进一步的研究。

(一)20世纪20年代：顾颉刚作为孟姜女研究第一人

顾颉刚先生可以说是孟姜女故事研究第一人，他于20

世纪初首次对孟姜女传说进行科学和系统的研究，先后发表了多篇重要的论文，为后来孟姜女传说的研究奠定了基础，也为广为流传的孟姜女传说找到了源头。后来的研究基本以此为标准，进行进一步的阐发。所以说，顾颉刚先生的研究是孟姜女研究的权威之作，具有极高的参考价值。他对记载于各种古籍和流传于当时口头的有关材料进行了科学的考证和深入的分析，对孟姜女故事的产生、传播及变异状况进行系统的整理，目的就在于对孟姜女故事起源的时间、地点和情节变化以及与历史的关系，作出尽可能科学的阐释。他有两篇十分重要的文章《孟姜女故事的转变》和《孟姜女故事研究》，这两篇论文分别从纵向和横向两个角度对孟姜女故事进行了研究。《孟姜女故事的转变》是顾颉刚于1924年11月23日在北京大学《歌谣周刊》的第二个专号——“孟姜女”上全文刊发的，他组织的“孟姜女专号”讨论持续了9期，这一系列的研究文章后结集出版，成为完整的《孟姜女故事的转变》。在本文中，顾颉刚将各种文献上的记载和流传于各地的传说当作“存在的孟姜女故事”，首次将这个故事放在历史发展的脉络中进行研究，梳理了孟姜女故事的历史渊源、从春秋到宋代的演变状况和演变原因。此文最重要的贡献是他指出孟姜女传说发端于春秋时代杞梁妻哭夫的史迹。《孟姜女故事研究》于1927年1月1日发表于《现代评论》二周年纪念增刊，此文更加全面系统地体现了顾颉刚的见解。《孟姜女故事研究》原为顾颉刚1926年为《古史辨》第一册所作序言的一部分，因篇幅过长而被删掉，后独立发表。该文与1924—1925年北大《歌谣周刊》和《北京大学研究所国学门周刊》上的孟姜女研究专号和讨论文章，均收入王煦华1984年整理的、上海古籍出版社出版的《孟姜女故事研究集》一书中。顾颉刚对孟姜女传说的研究，十分重视“演变法则”，试图以此来认识孟姜女故事的源头、发展及变形，这一方法对我们今天的研究有极重要的借鉴意义。同时，他将时势和民俗当作孟姜女故事演变的内在动力。当然，顾颉刚先生的孟姜女故事研究，还有一个非常重要的目的，那就是通过这一故事的研究，来寻找研究古代历史的方法。文章中贯穿了对于历史的存疑，是一种极为重要的思想方法，对我们整理和研究孟姜女故事很有启发。他还写作了《孟姜女故事研究的第二次开头》《唐代的孟姜女传说》等文章，可以说，顾颉刚是20世纪30年代前孟姜女研究的集大成者。

（二）20世纪50年代：饭仓照平

20世纪50年代，孟姜女这一传说受到了日本学者饭仓照平的关注，他先后发表了三篇文章，分别是《孟姜女故事的原型》(原载于《东京都立大学人文学报》第25号)、《孟姜女笔记》(载于《柿会月报》)、《关于孟姜女》(载于《文学》1958年8月号)，对孟姜女故事进行了考证。

（三）20世纪60年代：鲍•李福清

这一时期出现了一本关于孟姜女研究的重要专著：苏联的著名汉学家鲍•李福清的《万里长城的传说与中国民间文学的体裁问题》(苏联科学院世界文学研究所丛书，东方文学出版社，1961年出版)这本书收集关于秦始皇以及有关他的各种体裁的民间文学作品，对顾颉刚、路工等中国学者对孟姜女传说的研究进行评说，还对“孟姜女即《左传》上的杞梁之妻”质疑，思考孟姜女传说最早产生的时代，并从宝卷看佛教对孟姜女作品的影响，以对中国民间文学体裁的探讨为基本论点，研究了现代记载的散文体孟姜女传说。

（四）20世纪70年代：钟敬文《为孟姜女冤案平反》(《民间文学》1979年7月号)

民俗学者钟敬文先生从民俗学出发，对孟姜女故事进行了个案研究，他主要研究了孟姜女传说的流传和真实性的关系，主要是针对将孟姜女故事政治化的倾向而写的。1975年贵县(今贵港市)教育局和贵县工农师范(今广西工业职业技术学院)联合编写了一本带有鲜明政治色彩的册子《“孟姜女”是一株尊儒反法的大毒草》，由广西人民出版社出版。该书的主要观点认为：杞梁妻拒郊吊的故事转变为孟姜女哭倒长城的故事，是反进步的孔孟之徒攻击秦始皇的捏造，孟姜女故事是反动的和毒害的，而目的是“清算刘少奇、周扬文艺黑线的罪恶”。针对这一论点，钟敬文论证了孟姜女故事演变的可信性。他认为，孟姜女故事的转变虽然不是历史上发生的，但是具有历史的真实性。他说“民间传说所取材的历史人物，不一定需要符合他的传记事实，因为它着重的往往是对于社会事象的真实（内在意义的真实）”，这就为孟姜女传说重新正名，有力地批判了将孟姜女传说研究政治化的倾向，将孟姜女传说的研究带入正轨。

（五）20世纪80年代

（1）张紫晨，《孟姜女与秦始皇》，《民间文学论坛》创刊号1982年1期。本文选取了新的角度，对孟姜女和秦始皇的关系进行了进一步研究。主要观点：一、认为孟姜女故事中，从齐侯到秦始皇是个不小的变化，而且每变化一步，都和故事的主题密切相连。齐侯的出现，表现杞梁妻的知礼；城为之崩的出现，则表现天人感应的思想；而秦始皇的出现，则又有力地表现出人民的苦难和愤怒。齐侯的从有到无，经历了主题的一次变化。故事中把杞梁妻的对面，由齐侯而变为秦始皇，其变化更大。它不仅是情节的丰富，而且是关系到主题的重大改变。在孟姜女形象的塑造上，因为这个改变，她也由一个拒绝齐侯郊吊的知礼者，变成一个不堪受辱、敢于斗争的反抗者。这就使故事大大加强了人民性，思想意义显然也大大不同了。可以说，它抛开齐侯，逐步加入秦始皇的演变过程，就是主题不断变化和提高的过程。二、秦始皇进入孟姜女故事，就故事的组成来说，是有它多方面的酝酿的。并不仅仅因为孟姜女庙与秦皇岛距离相近的联想之故。它可以说是民间有关的诸种传说的混合体。三、在秦始皇没有直接出现于故事中之前，孟姜女的结局也是悲惨的，但是秦始皇的出现，无疑使孟姜女的结局带上了新的色彩。孟姜女与秦始皇的矛盾纠葛不仅给孟姜女故事增加了新的血肉，而且也是故事的一个重要发展。它的定型化和普遍化，形成了孟姜女故事发展的一个新的阶段。

（2）路工，《孟姜女故事研究的再研究》，《民间文学论坛》1985年第5期。

（3）王骧，《孟姜女故事的多重意义》，《镇江师专学报》（社会科学版）1987年第2期。以新发掘的长篇叙事吴歌《孟姜女》（见《中国歌谣》1985年第6、7期）为历史材料，试图从历史的、地理的、社会的、民俗的以及文学的五个方面对孟姜女故事进行初步的探索，认为其体现了人民大众的历史观感，揭示了一系列旧社会黑暗面，展现了所历各地的风土人情，闪露了许多事物的民俗印痕，塑造了民间贞烈女的文学形象。

（六）20世纪90年代

20世纪90年代没有专著出版，但也涌现出一批研究孟姜女故事的论文，对孟姜女的研究开始逐渐复苏。

（1）张岩，《对孟姜女传说的再认识——我国母系制遗存现象的一次大规模破坏过程》，《文艺研究》1991年第6期。

（2）屈文焜，《两个故事，两种命运——杞梁妻故事与孟姜女故事比较研究》，《宁夏大学学报》1992年第1期。作者认为《左传》上的杞梁故事不是孟姜女故事的原型，杞梁妻故事与孟姜女故事是产生于不同时代的两个故事，它们在流传中互有影响。真正的孟姜女哭长城的故事，只能产生于秦始皇“发卒五十万”修长城之后，而不能早于这个年代。孟姜女故事的产生与发展，充分显示了劳动人民非凡的创造才能和民间文学的强大生命力，同时它还从一个方面说明历史必然会作出自己的选择，使杞梁妻故事与孟姜女故事有两个不同的命运。

（3）吕洪年，《孟姜女故事在江南落根的社会原因》，《远程教育杂志》1995年Z1期。本文阐述孟姜女故事在江南落根的社会原因为：一是北方筑长城，南方也遭殃；二是建造南京城，江南深受害；三是织造尚松江，万里送寒衣；四是报仇雪耻乡，自古多烈女；五是民意不可违，传遍古神州。

（4）张元，《论我国古代四大传说》，《北京教育学院学报》1997年第2期。本文从美学原理剖析，认为孟姜女的传说蕴含悲剧美、形象美、崇高美和理想美等美学因素。

（5）高思嘉，《孟姜女故事探索》，《四川师范大学学报》

（社会科学版）1997年第24卷第4期。本文考证了孟姜女故事的一个连续性变化和可能导致这一变化的原因。

（七）21世纪至今

进入21世纪以来，国家对于挖掘传统文化、保护民间文化的重视，再次掀起了研究民间文化和传说的热潮，而很多地方也召开学术研讨会专门进行孟姜女传说的研究，比如2009年在山东淄博召开了“中国孟姜女传说学术讨论会”，极大地促进了孟姜女传说的研究，催生了大批孟姜女传说的研究论文和专著，孟姜女传说的研究焕发了新的活力。其中比较重要的理论家包括湖南师范大学文学院教授巫瑞书和台湾学者黄瑞旗。巫瑞书先后出版了研究专著《孟姜女传说与楚文化》《孟姜女传说与湖湘文化》，对于孟姜女的故事进行了进一步的科学考证和研究。他的研究的侧重点和创新之处在于在考察这一故事的历史变化和地域变化的过程中，着重研究它与楚文化和湖南地域文化的关系，研究了孟姜女传说对湖南地区的文学、戏曲、民俗等方面的影响，突出了它对于地域文化的影响和价值。这是两部十分重要的研究著作，将孟姜女传说和地域文化结合，开创了孟姜女研究的新局面，赋予了这一传说新的生命力。他提出的历史和地域两大系统说也为孟姜女研究提供了很好的研究框架。

2003年台湾学者黄瑞旗的著作《孟姜女故事研究》由中国人民大学出版社出版。黄瑞旗毕业于华南大学文学研究所硕士在职专班，本书即是由其毕业论文《孟姜女故事研究》再加以修正改写而成。本书是对孟姜女故事的再次整理研究，涵盖了先秦到六朝的杞梁妻传说、隋唐五代的孟仲姿传奇与孟姜女故事、宋元明清的孟姜女故事、民间口传的孟姜女故事等内容，是一本极有参考价值的文献。

2006年出版的《名家谈孟姜女哭长城》是一本研究孟姜女故事的综合论文集，收编了多位学者关于孟姜女传说的研究，基本也是按照“史”的线索对孟姜女故事进行综合考察。其中涉及孟姜女故事的起源、故事的发源地、在民间的传播、主角的变化，也涉及探讨这一故事的文化意义和价值。各理论家观点不一，对我们更全面地认识和把握孟姜女故事有很大的帮助。

同年出版的施爱东的《孟姜女哭长城》，作为“中国民俗文化丛书”中的一册，在对大量孟姜女传说研究资料的搜集整理基础上，采用更多鲜活的民间因素，搜集了民间关于孟姜女传说的珍贵资料，集故事性和研究性于一体，有很强的可读性。

另外还有一些研究孟姜女传说的论文，如：

（1）周凤月，《孟姜女传说的流变与思考》，《许昌师专学报》2000年第4期。从文化史角度对孟姜女传说流变进行考察，从文化精神及文学与社会现实的关系出发，探寻流变的动因，从而浓缩了封建女子的成长道路。主要内容包括：首先，研究了孟姜女故事思想内容的三个主要阶段：扬杞梁妻知礼、善哭；揭露残酷的社会现实；痛斥秦始皇的残暴、好色淫逸，歌颂人们不屈不挠的反抗精神。其次，分析了故事的发展和变化：情节日趋复杂曲折，“杞梁妻”故事只是简单交代事实；后来人们为言其悲状，演化出了哭夫崩城、滴血认骨细节；到《雕玉集》时，一个较完整的描述性民间传说已形成了。再次，主人公形象的变化和意义，“送寒衣”“万里寻夫”等突出了孟姜女不屈不挠的反抗精神。主人公从恪守封建礼教的女子发展成为勇于向命运挑战的强者，这正是封建女子漫长的成长道路的代表，也是整个中华民族气节的发展史。

（2）田茂军、林铁，《中国四大传说中的男性形象》，《民间文化》2000年第7期。中国四大传说中的男性人物可以分为两组形象，一组是由万喜良、牛郎、梁山伯、许仙构成的陪衬人物形象；一组是以秦始皇、天帝、祝员外、法海构成的反衬人物形象。两组男性形象各具不同特点和文化意义，与女主人公形成不同的矛盾与悲剧冲突，表现出民间创作的审美特征和民众的价值取向。

（3）曹连观，《伦理学视界中的孟姜女故事》，《文教资料》2001年第6期。从伦理学视角检视孟姜女故事的源流与传布，从春秋、两汉到唐五代结合中国传统死亡观阐发其独特的认识意义 。

（4）徐宏图,《日翻九楼夜演孟姜——绍兴孟姜初探》,《绍兴文理学院学报》2003 年第 5 期。通过分析绍兴地区的孟姜女戏曲，分析孟姜女传说在当地的独特表现和孟姜女传说对于地方文化的影响。

（5）黄秉泽,《从杞梁妻到孟姜女——孟姜女哭倒长城故事的起源和嬗变》,《宁波职业技术学院学报》2004 年第 4 期。孟姜女哭倒长城故事，最早肇始于春秋时期齐国杞梁妻哭夫崩城传说，经过 1200 年演变，女主人公由齐国无名氏杞梁妻，变为秦朝孟姜女，由哭倒齐城变为哭倒秦长城。再经过 1000 多年的民间文学的丰富和发展，终于嬗变为今天的抨击封建暴政，反映历代人民道德观、婚姻观的故事。

（6）刘红,《悖离：四大传说悲剧结局的一种阐释》,《云南民族大学学报》(哲学社会科学版)2005 年第 22 卷第 2 期。从四大传说中的共同之处——男女主人公之间的关系反面研究：①男女主人公社会地位不平等和女富男贫；②男女主人公角色错位，女方一反传统，主动追求；③性格上女强男弱。这三方面都表现了与当时民众观念的相悖，从而分析了四大传说的婚姻形态与民间文学中以团圆为结局的其他婚恋故事的不同，与民众传统的婚姻观念更有着鲜明的距离。

（7）姚周辉,《论汉族四大民间传说在畲族地区发生变异的内外在原因》,《温州师范学院学报》(哲学社会科学版)2005 年第 26 卷第 6 期。提供了《西瓜精点倒长城》和《孟姜女出世》的畲族传说。

（8）丁慧倩,《万里长城　解密孟姜女的传说》,《三月风》2006 年第 1 期。本文分析了孟姜女传说的演变。

（9）曾嵘、朱高亭,《“孟姜女故事”母题流变的实例分析》,《民间文化论坛》2006 年第 3 期。民间故事在其流传过程中有着各异的形态，这些不同的形态反映的正是时势、风俗、社会环境以及民众心理的不同及变化。换言之，同一母题而发生变异的民间叙事，正是流传地人们生活和深层意识的一面镜子。本文选取了孟姜女这一流传很广的民间故事，以江西广昌孟戏(戏曲也是民间讲述故事的一种形式)为例，试图说明“孟姜女故事”母题流变背后的深层原因。

（10）洪淑苓,《孟姜女歌仔册的叙事特点与孟姜女形象——以台湾大学杨云萍文库所藏资料为范畴》,《民间文化论坛》2006 年第 5 期。运用台湾大学杨云萍文库所藏歌仔册为材料，对孟姜女歌仔册加以仔细研究，探讨了孟姜女故事的叙事特点与其中的孟姜女形象。文章认为孟姜女歌仔册的叙事特点有四，分别表现在哭之哀、寻夫送衣、拾骨招魂与祭夫拒秦四段叙事上。歌仔册采用的闽南河洛话语词和语法，增添了亲切性与趣味性。对于孟姜女形象的塑造，歌仔册很成功地刻画了思春少女、贤慧妻子、闺中怨妇、勇敢妇人与贞烈女性的形象。

（11）欧阳萍、陈发喜,《孟姜女“三哭”的人文蕴涵》,《民族文学研究》2007 年第 1 期。历代流传的孟姜女故事中，孟姜女有三次哭泣——哭之甚哀、哭变国俗、哭倒长城。这三次哭泣的诸多方面都不同——时代不同、方式不同、性质不同、目的不同。每一哭，都蕴含了十分丰富的文化内涵，体现了各种不同层面、不同意义的人文情韵，文章通过研究三哭来研究中国的哭文化。

（12）郭传联、陈同英,《孟姜女其人源流考》,《管子学刊》2007 年第 3 期。对孟姜女这一称谓的由来进行考证，提出自己的观点。认为孟姜女称谓源于西周时期的齐国，起初是泛指姜姓家族中的大姑娘和齐国的美貌女子，后来由于杞梁妻这个心灵美的典型人物的出现，才使孟姜女的形象趋于完美，并开始有了实际的内容。

（13）王玲玲,《孟姜女故事的起源与流传》,《史海钩沉 》2007 年第 4 期。简述了孟姜女事迹的早期记载、故事演变及戏曲中的孟姜女。还阐述了清代对孟姜女故事的四派不同看法。

（14）刘高远,《文学生长与历史积淀——孟姜女故事演变的 5 个节点 》,《时代文学》(理论学术版)2007 年第

5 期。阐述了孟姜女故事的演变：一、从“守礼”模范到“变俗”英雄；二、从“哭夫”到“崩城”；三、从将军夫人“杞梁妻”到民妇“孟姜女”；四、从春秋到秦朝的转变。

（15）彭春凌，《“孟姜女故事研究”的生成与转向：顾颉刚的思路和困难》，《云梦学刊》2007 年第 1 期。本文观点比较新颖，通过分析顾颉刚研究从历史到地域转变的这一变化，说明了顾颉刚观念的转变导致他的研究最终没有达到预期的目标。

（16）叶晓慧、谢琳薇，《浅谈孟姜女故事的产生及其演变》，《社科纵横》2008 年第 4 期。主要内容在于分析评价孟姜女的思想内容，通过研究故事的情节、人物的主题和演变来探索其思想意义和社会价值。

（17）毕雪飞，《民间传说的文化解读：淄河语境中的孟姜女传说》，《民俗研究》2009 年第 3 期。文章主要以在山东淄河地区搜集的 22 则孟姜女传说文本为例，从当地村民生活出发，进而在此基础上探讨乡民对于自身文化文本的理解方式。

（18）刘魁立等，《孟姜女传说的学术价值与现实意义》，《民俗研究》2009 年第 3 期 。“中国孟姜女传说学术研讨会”学者发言汇编，多位学者就孟姜女传说的问题进行了交流。

（19）刘波、林世田，《孟姜女变文残卷的缀合、校录及相关问题研究》，《文献》季刊 2009 年第 2 期。文章对敦煌孟姜女残卷进行了深入研究。

辽宁·老龙头和姜女庙

讲述者：郑桂琴　搜集整理者：刘凤金

离山海关东南八九里地，有一座山，样子很像一条龙。龙头伸到大海里，就像龙探进海里要喝水的架势，人们都叫它老龙头。传说孟姜女寻夫的时候，被秦始皇逼得跳了海，就是从老龙头跳下去的。离老龙头不远的大海里，有一座礁石，从远处看去，像一个少女站在大海中间，人们叫它“姜女坟”。这姜女坟立在海里，随着潮涨潮落，涌来的海浪总也打不着它的坟头。在老龙头的东北方向，山海关以东的长城脚下，有个小山包。山包上有一座姜女庙：是孟姜女死后，人们为了纪念她修的。庙内有孟姜女的塑像。她身穿青衣素服，脸上挂满愁容，两眼向前望着大海。塑像的上方横挂着一块匾，上面写着：“万古流芳”四个大金字。两侧还有宋朝文天祥题的一副对联：

秦皇安在哉万里长城筑怨

姜女未亡也千秋片石铭贞

说起孟姜女来，谁都知道，她已死了两千多年，可她的故事却世代相传，一直流传到今天。那是秦朝的时候，在陕西潼关有个孟家庄。庄内有两家人家，一家姓孟，一家姓姜，两家住着连脊的房子，中间只隔一道墙。两家人相处得很好，就像一家人一样。有一年春天的一个早晨，孟员外来到院子里，见迎面飞来一只燕子，在他的头顶上盘旋着飞了三圈，从嘴里吐出一样东西，落在孟员外的脚边。孟员外拾起一看，原来是一颗葫芦籽。孟员外就随手把这颗葫芦籽埋在了墙根儿底下。谁知孟员外刚把葫芦籽埋下地，还没等他动脚窝呢，葫芦芽就长出来了。长得很快，眼瞅着参了秧，爬上了墙头，一直爬到老姜家的院子里。隔壁的老姜家出门一看，见葫芦秧上开花了，转眼工夫就结了一个大葫芦。那葫芦长得溜光水滑，不但个头大，形状也很特别，上小下大，像一个人在里面坐着。不出三天，葫芦成熟了。老姜家就把它摘下来给老孟家送了过来。孟员外寻思：一个葫芦跨两院儿，不好自家独得，就决定把葫芦分开，一家一半儿。谁知，还没等动刀，那葫芦就“叭”的一声裂开了。里面坐着一个又白又胖的小姑娘。孟员外两口子都六十多岁了，正在为无儿无女发愁。这下好了，老天有眼，让大葫芦给他们生了个闺女。老两口当时乐得合不上嘴，就提出：孩子由他们抚养。老姜家也愿意。因为葫芦在老姜家院儿里长着，孟员外就给孩子取名叫孟姜女。

一年小，两年大，几年的工夫，孟姜女长到了十八岁。出落得又秀气又端庄，读书写字，描龙绣凤样样都会，谁见了谁夸。因此，上门来求亲的把孟员外家的门槛儿都要踩平了，可就是没有一个让孟姜女相中的。

这时候，正赶上秦始皇要修一座万里长城，保护他的江山。他下令到处抓夫服苦役。这下老百姓可遭了大殃，纷纷逃出家门，四处躲藏。

一天，孟姜女独自在后花园里游玩。有一对蝴蝶在她面前飞来飞去，她就拿着小扇子追了起来。追来追去，追到了荷花池边。蝴蝶落在荷花叶上，她拿扇子一捂，一不小心，扇子掉进了水里。她只好挽起长袖，伸着胳膊到水里去捞。没等捞上来，就见水里有一个青年男子的身影，躲在假山石后偷偷地打量她。把孟姜女臊得扇子也顾不得捞了，起身跑回房去。见了爹妈，把刚才的事一说，老两口就犯开了寻思。

原来，孟员外老两口见上门来求亲的女儿一个也没相中，女儿大了，当爹妈的着急，就偷偷地找算命先生给女儿算了一卦。那算命先生说：谁第一个看到孟姜女的胳膊，谁就是她的丈夫。他们听女儿一说池塘边的事儿，就寻思那小伙子准是看到了女儿的胳膊了。可又不知是啥样人，就派家人把小伙子叫了进来。一盘问，才知道小伙子叫范喜良，陕西咸阳人。因为秦始皇修长城到处派兵抓人，吓得他从家里跑了出来。也不知道跑了多少日子，这天他跑到孟家庄，躲进了孟家的花园里。哪承想，正好看见了孟姜女伸胳膊捞扇子。孟员外见范喜良不光长得好，又是个读书人；再加上看他老实厚道，就和老伴儿商量说：“我看范喜良这小伙子挺好，咱招他做养老女婿吧。”老伴儿一听，说：“咱得先和闺女商量商量。”孟家老两口来到女儿房里，把他们的打算和女儿一说，孟姜女嘴里不好直说，心里可愿意了。她只说了一句：“这事儿，女儿听父母的。”老两口明白了女儿的心事，就来找范喜良商量。范喜良对这门亲事也是十分满意；只是怕自己有朝一日被官兵抓去，连累了孟姜女。他就把自己的顾虑说了出来。老两口听了，更加觉得范喜良的心眼儿好，是个难得的好女婿，一定要把女儿嫁给他。范喜良只好应允了。

今孟姜女庙景区内满怀愁怨的孟姜女塑像

成亲那天，孟家张灯结彩，小两口刚刚拜过天地，忽然从门外闯进一伙官兵，把范喜良绑上就要拉走。孟员外又气又急，忙拉住一个官兵问道：“我家姑爷犯了什么罪，你们要来抓他？”那官兵说：“范喜良是抗旨的逃犯，抓他修长城去！”孟员外又说：“今天他们刚成亲，让他过两天再去不行吗？”官兵说：“不行！”说完，也不管孟员外一家人的苦苦哀求，硬把范喜良给抓走了。官兵拉着范喜良在前边走，孟姜女哭着跟在后面追，一直追到十里长亭。范喜良哭着对孟姜女说："妻呀，我这一走，不知道是死是活，你就别等我了。"孟姜女一听，更加大哭起来，竟哭得昏了过去。等她苏醒过来，范喜良早已走得没影了。

范喜良被抓走后，孟姜女成天价悲痛不止。孟员外老夫妇也常常暗中落泪。转眼到了秋天，秋风凉了，树叶也落了，这情景更使孟员外一家人觉得凄凉。一天，孟姜女到后花园里散心，走到范喜良当时藏身的地方，见景生情，又落下泪来。她想到丈夫范喜良被抓走四个多月了，走时，身上只穿着单衣，如今时已深秋，转眼就是冬天，应该为他赶做几件寒衣送去，也好顺便看看他。想到这儿，忙转身回屋，为范喜良赶做寒衣。

孟姜女一连忙了三天三夜，寒衣做好了。她想亲自给丈夫送去，就来到父母房中找父母商量。孟老夫妇担心她受不了一路上的艰难，又怕遇上歹人，便苦苦相劝。怎奈孟姜女决心已定，非去不可，爹娘没法，只好流着眼泪打发女儿上了路。

孟姜女一路上受的艰难不用说了。这天，她来到一座高山下，只见这山又高又险，挡住了去路。孟姜女站在山下看了看，就鼓起勇气向山上爬去。爬呀，爬呀，爬了一天一夜，终于爬上了山顶。站在山顶往下一看，只见山连山，岭连岭，到哪里去找丈夫范喜良呢？她正在发愁，忽然头顶上有只乌鸦对着她叫了三声向东飞去。不一会儿，又飞了回来。孟姜女明白这是乌鸦给她领路来了，她便跟着乌鸦下山向东走。乌鸦住她也住，乌鸦飞她就走，又走了三天三夜。这天，乌鸦落在一个小山冈上不飞了。孟姜女爬上山冈，乌鸦又向北飞去了。顺着乌鸦飞去的方向望去，只见山下人山人海，还能隐隐地听到打夯的声音。孟姜女想：这一定是修万里长城的了。可是天色已晚，不便下山，她就站在那儿望啊，望啊，一直望了一夜，踩的石头上留下了她深深的脚印。天亮了，她不顾一夜没有合眼，又奔下山去。来到山下，逢人便问："这里可有个范喜良吗？"都说没有。

她走啊，问啊，不觉得来到山海关前。突然，她看见一伙官兵正抬着一具具的尸体，往正修着的城墙里扔。她看了非常难过，不禁哭着喊道："范郎，你在哪里啊？为妻我给你送寒衣来了！"她喊了半天，也没有人应声。这时，一个面黄肌瘦、弯腰驼背的老人走了过来，问道："姑娘，听说你是来找范喜良的？"

"是啊，老人家，你知道他在哪儿吗？"

"你是他的什么人哪？"

"我是他的妻子孟姜女。老人家，他在哪儿？"老人眼里流着泪，半天才说了一句："孩子，你跟我来！"

孟姜女跟随着老人来到长城跟前，老人指着一段城墙说："孩子，你来晚了，喜良他已经在一个月前累死了。这里就是他葬身的地方。"孟姜女一听，就面对着城墙大哭起来。哭啊，哭啊，一直哭了七七四十九天。眼泪哭干了，嗓子哭哑了。正在这时，就听"轰隆"一声，眼前的城墙倒了一大段。倒坍的城墙里露出了范喜良的尸体。孟姜女一见，便扑了过去，把带来的寒衣盖在喜良身上，又抱着尸体大哭起来。这哭声惊天动地，霎时间乌云满天，狂风四起，刮得天昏地暗。只听山上山下发出了一连串儿"轰隆隆"的响声，万里长城一齐从山上倒坍下来，整整倒了八百里。

孟姜女哭倒长城八百里，惊动了修筑长城的总监工蒙恬。他慌忙带兵赶来查看，气得他直跺脚。心想：孟姜女能把长城哭倒，可不是一般的人。他觉得这个女子来历不凡，不如奏明皇上再作处理。便下令把孟姜女看押起来，又亲自给秦始皇写了奏折。秦始皇一看奏折，不信世上还有这样的怪事，便亲自赶来查看。

秦始皇来到山海关，查看了倒坍的长城，便传旨把孟姜女带上来，他要亲自审问。不一会儿，孟姜女就被两个差役带了上来。秦始皇一见，竟被孟姜女的美貌给迷住了。他见过美女千千万，却从来没见过长得这么不凡的女子。他直着两眼看了半天，才问："孟姜女，你家住哪里，多大年纪，为什么要哭倒长城啊？照实说来！”孟姜女听了秦始皇的问话，气得手指着秦始皇骂道：“无道昏君！你为了修筑长城，不顾老百姓的死活，我丈夫范喜良被你们抓来，活活地累死在这里，我哭倒你长城八百里，这是八百里冤魂不散，都找你算账来了！”秦始皇挨了顿骂，也不生气，又对孟姜女说：“孟姜女，孤王我念你万里寻夫之情，你虽哭倒长城，我也不怪罪你，我想带你回宫，封你为正宫娘娘，你可愿意？”孟姜女听了，刚要开口骂他，又想，不如借此机会把丈夫的尸体安葬了再说。想到这儿，就对秦始皇说道：“只要你依我三件事，我就答应你随你回宫。”秦始皇一听，乐了。忙说：“只要你答应跟我回宫，别说三件，就是三十件我也依你，哪三件？快快讲来。”孟姜女说：“第一件，给修长城的民夫们每天增加一顿饭；第二件，给我丈夫范喜良金顶玉葬，再修一座直通老龙头的十里长桥；第三件，你要亲自率领满朝文武百官披麻戴孝，到我丈夫坟前行祭奠大礼。”秦始皇听了，也顾不得君王的体面了，连忙点头答应，立刻传旨，命令照办。

不出十天，全都准备好了。秦始皇就带着满朝文武披麻戴孝，到范喜良坟前祭奠去了。行完祭奠大礼，秦始皇拉着孟姜女就要回宫。孟姜女忙说：“万岁，你我今日回朝，不知何时才能再来，咱们不如同过十里长桥，到老龙头游上一游。”秦始皇听了，点头笑道：“好哇，听娘娘的。”

秦始皇和孟姜女来到老龙头，见眼前是一片汪洋大海。孟姜女走上崖头，站了下来，呆望着大海。秦始皇紧紧地跟在后边说：“美人儿，我的娘娘，你就别往前走了。”这时的孟姜女，已是满眼含着泪水。泪水模糊了她的双眼，她好像看到丈夫范喜良站在海里向她招手。她看着看着，猛然转过身来，照着秦始皇的脸上狠狠地打了两巴掌，又回身面对大海高声喊道：“范郎，为妻我随你来了！”随后，她纵身跳入了大海。紧跟着，在孟姜女落水的地方，腾起了冲天的白浪，那白浪直扑崖头，打在秦始皇的身上。要不是蒙恬在他身后拉了一把，秦始皇定会被白浪卷进大海。就在白浪落下去的地方，突然冒出了一座礁石，活像是孟姜女站在大海里。这就是人们传说的“姜女坟”。

孟姜女死后，人们就在她寻夫来时站过的山冈上修了一座庙。在姜女庙的后边，有“望夫亭”和“望夫石”，在望夫石上，不仅能找到孟姜女当年留下的脚印儿，还能在上面找到一个盆形的小坑儿，据说，这是孟姜女夜间洗脸时，用双手抠出来的。当你高高地站在望夫亭上向南望去，一眼就可望见矗立在大海中的“姜女坟”，还能看到在姜女坟的不远处，有一条巨龙的头部一直伸到大海里，吸着海水，这就是孟姜女当年跳海的地方——老龙头。

本文引自陈庆浩、王秋桂：《中国民间故事全集》卷30：《辽宁民间故事集（一）》，台北：远流出版事业股份有限公司，1989年，第197～205页。

辽宁·孟姜女

讲述者：李春桂　采录者：刘凤金

传说秦始皇修长城那阵儿，范喜良和孟姜女刚成亲，范喜良就被抓去修长城了。范喜良身高力大，很能干。可是整天吃糠咽菜，没过多久，就累死了。跟往常一样监工把他的尸首扔进城墙填馅儿了。孟姜女万里来寻夫，听说丈夫已经死了，被填在长城里了，就大哭起来，足足哭了三天三夜，哭倒了长城八百里，露出了一堆堆尸骨。当时范喜良的尸体还没有腐烂，孟姜女就扑在丈夫的尸体上大哭起来。哭着哭着，就想：丈夫已经死了，光哭也没用，不如先把丈夫掩埋了，然后自己也一死了事。

恰巧这天秦始皇也在山海关。他听到轰隆隆的响声后，派人前去查看。回来的人对他说："万岁，有个叫孟姜女的女子把长城哭倒了。"秦始皇哪里相信，非要亲自去看看不可。秦始皇来到长城边一看，孟姜女还趴在范喜良的尸体上哭呢。秦始皇走到孟姜女跟前，大声说："大胆的女子，怎敢哭倒长城？"孟姜女抬起头，对着秦始皇说："我丈夫被你抓来，活活累死在这里，难道我哭也有罪吗？"秦始皇被孟姜女的美貌迷住了，顿时起了贪心，就笑着说："孟姜女，只要你答应做我的妃子，我饶你哭倒长城之罪！"孟姜女低头想了半天，说："做你的妃子可以，可我有个条件：你要披麻戴孝，把我的丈夫葬了。"秦始皇为了得到孟姜女，也就顾不得君王的体面，真的给范喜良披麻戴孝了。刚要埋葬范喜良的尸体，孟姜女又提出要把范喜良葬在大海边上。秦始皇让人抬着范喜良的棺材，到了大海边，埋在靠近大海的高坡上。这时，孟姜女见自己心事了啦，就乘人不注意，一头扎进了大海。

秦始皇一看孟姜女跳海了，气得要死，发誓非要找到孟姜女不可，活的得不到，死的也要。他派了成千上万的兵将下水去捞，捞了半天，就是捞不着。这回秦始皇急眼了，掏出赶山鞭，发了疯似的在海水里来回抽打。这可不得了啦，就看海水直翻，连龙王爷的水晶宫都摇动起来，眼看就要倒了，吓得虾兵蟹将爹呀妈呀地乱叫。老龙王急了，赶忙召集虾兵蟹将商量咋办。商量了半天，一点儿办法也没有。正在这时，龙王的第九个女儿走到老龙王跟前说："父王，你赶快把孟姜女还给秦始皇吧！"老龙王说："孟姜女早就变成了石头，你让我咋还呢？"九龙女想了想说："父王，看来只有我变成孟姜女的模样去哄那秦始皇，瞅空偷走他的神鞭，才能保住我们自己了。"老龙王听了女儿的话，虽说不愿让女儿去冒险，但事到如今，也就只好这样了。

秦始皇正在那儿气呼呼地舞着神鞭，猛看见水面上漂来一个人，仔细一看，正是孟姜女。派人捞上来一看，还有口活气儿，可把秦始皇乐坏了，忙让人把孟姜女抬回宫内。这秦始皇整日茶不思饭不想，也不睡觉，瞪着眼睛足足守了孟姜女三天三夜，总算把孟姜女守活了。从那以后，九龙女变的孟姜女就做了秦始皇的妃子。一晃几个月的光景过去了，九龙女身怀有孕，要生娃娃了。这天，秦始皇出游，临走前，把神鞭交给了九龙女，说："把神鞭留给你，有了难处，它能帮助你。"说完就走了。

九龙女见神鞭到了手，拿着神鞭就往大海边跑。那鞭子来回一摆动，长城也跟着跑了起来。她跑到海边，长城的一头儿也被赶进了大海。这时，九龙女肚子疼得很厉害，再也跑不动了，不一会儿，就在一块大礁石后生了一个黑娃娃。这黑娃娃一落草，就腿蹬脚刨地呱呱哭叫。老龙王被孩子的哭声惊动了，赶到岸边一看，是自己的女儿，就忙把她接回宫里。那小黑孩儿被扔在礁石旁，可怜巴巴地哭着。

谁知这小黑孩儿命也真大。饿了，老虎来喂奶；热了，老鹰前来遮太阳。有一天，一个姓项的老头儿在海边打鱼，见一群老鹰围着一个小孩子，就走过去把老鹰赶走，把孩子抱回了家。在海边时他见老鹰用羽毛给小孩儿扇凉儿，就给孩子取名叫项羽。

慢慢地，项羽长大了，五大三粗，武艺超群，成了后来的西楚霸王。

本文引自《中国民间文学集成》全国编辑委员会、《中国民间故事集成·辽宁卷》编辑委员会：《中国民间故事集成·辽宁卷》，北京：中国ISBN中心出版，1994年，第133～137页。

河北·孟姜女

讲述者：杜连琪 关崇勋 采录者：周春霆

大早先，有两户人家住隔壁儿，一家姓孟，一家姓姜。两家都是老两口儿过日子，都是年过半百了，也没个一男半女。两家到处烧香拜佛，花了不少银子，可屁事不顶。

有一年春天，孟家老头儿在墙根下种了一棵葫芦，俩多月以后，葫芦蔓顺墙爬到老姜家院儿去了，孟老头也没在意。姜家老头儿看见从孟家爬过来的葫芦秧上结的葫芦一天比一天大，怕把秧蔓压折了，就和老伴商量，想把大葫芦给孟家移过去。老伴说："这葫芦根在孟家，可长在咱姜家，我看秋后开成瓢，一家一半。"姜老头觉着在理，就用草做了个垫圈，垫在葫芦下面，然后招呼孟老头："孟大哥，秋后这葫芦开成瓢，有我一半啊！"孟老头说："中啊！"

等长到霜降日，葫芦秧干枯了，俩老头儿就把葫芦从墙头上抬下来用锯子锯。等把葫芦锯开，俩老头傻眼了，里面睡着个又白又胖的小闺女，这咋个分啊？孟老头说："当初咱有言在先，一家一半，这孩子就算咱两家的吧。"姜老头多了个心眼儿，他想这闺女八成是妖怪，再者说，长大了也是个赔钱货，还是推出去了事，就说："孟大哥，你弟媳身子骨不壮，抚弄不了这孩子，这孩子就归你们吧。"孟老头一听，白得个闺女也不赖，就把小闺女抱回去了，给这孩子起个名字叫"孟姜女"。

一而再，再而三，孟姜女长成个俊俏的大姑娘，琴棋书画样样精通，说媒的拉纤的，踢破了门槛，孟姜女都不答应。她要出对联选女婿，老两口只好由着她，对联写的是："海水朝朝朝朝朝朝朝落"。谁能对出下联，孟姜女就嫁给谁。不少秀才举人和富商家的公子哥，都想娶孟姜女，可是都对不出下联。有一天，一个叫万喜良的穷书生，为了逃避秦始皇修万里长城的苦役，逃到这里。他看见榜文，写出下联："浮云长长长长长长长消"。孟姜女一看，对联对得好，字写得也好，人长得也英俊，就愿意了。孟家老两口把万喜良留在家里，选日子准备为他们成亲。

就在成亲的这天，秦始皇悬赏捉拿万喜良的告示，贴到了孟、姜两家门前的影壁上。姜家老太婆听说捉住万喜良能得不少钱，就偷着报了官。就在孟姜女和万喜良拜天地的时候，官兵把万喜良抓走修长城去了。

转眼到了秋天，孟姜女想着丈夫身上缺少棉衣没法过冬，就要去送衣裳。孟家老两口劝也不中，只好依着闺女，打点盘缠，送孟姜女上路。

孟姜女一路上吃了多少苦，连她自己也说不清。这一天来到渝水河边，她看见一群群衣裳破破烂烂、面黄肌瘦的民夫，十个人一队，手腕上被绳索连着，背上驮着大砖往山上爬。一队接一队，到哪儿去找丈夫哇？看看天要黑了，她就到一个老婆婆家借宿，对老婆婆说了自己的遭遇。老婆婆说："闺女啊，等平地长出石山来，上山一百单八步，下山一百单八步，爬上七七四十九天，就能找到你丈夫了。"孟姜女说："啥时候平地才能长出山来啊？"老婆婆把她领到房后，指着一块空地说："捡吧，捡来石块堆在这儿，日子长了，就成山了。”孟姜女捡了三天三宿，石头堆成了堆，就是成不了山。老婆婆原来是神仙，见孟姜女心诚，就甩了甩袖子，眨眼的工夫，石头就堆成了一座山。孟姜女就去爬山。上山一百单八步，下山一百单八步，爬了七七四十九天，走了七七四十九宿，石山上踩出了孟姜女的脚印，伞把把山石拄出了石洞，眼泪把山石滴出了窟窿眼儿。

孟姜女的诚心感动了老婆婆，她对孟姜女说：“我对你实说了吧，万喜良已经死了，尸首被填了长城馅。”孟姜女听说万喜良已经死了，就哭起来，求老婆婆帮她找丈夫的尸骨。老婆婆说：“你到长城根下，找一棵长了三股杈的桃树，那里就埋着万喜良的尸骨。”孟姜女找到了三股杈的桃树，坐在树下放声痛哭，一直哭了三天三宿，到最后一天天快黑的时候，只听天崩地裂一声响，万里长城倒了八百里，露出了填馅的尸骨。那么多白骨，咋认出万喜良的呀？孟姜女又去找老婆婆，老婆婆告诉她：“把你胳肢窝下的肉割下一块，哪个尸骨能贴住这块肉，哪个就是万喜良的尸骨。”

孟姜女拿起一把刀，在肋条上割下一块肉，鲜血直流，老婆婆用手在她肋上一摸，立刻就不流血，也不痛了。孟姜女拿着那块肉，贴呀贴呀，终于找到了万喜良的尸骨。孟姜女脱下外衣，包好尸骨，正要起身，来了许多兵马，把孟姜女围了起来。

原来，秦始皇听监工官禀报，说孟姜女哭倒长城八百里，就带着人马到长城下察看，果然不差，就叫手下把孟姜女带回去。

秦始皇看见孟姜女，觉着宫里的三宫六院、七十二嫔妃，没有一个能比得上孟姜女的美貌，就说：“孟姜女，你哭倒万里长城，本当处死，可你只要答应给我做妃，我就免你死罪。”

孟姜女听了秦始皇的话，知道难逃毒手，心里打定主意，就说：“要我答应不难，得答应我三件事。”秦始皇问：“哪三件？”“一，从长城到海边，搭个十八里长的孝棚；二，把万喜良的尸骨葬到大海里；三，你和文武百官都要披麻戴孝送殡。”

秦始皇听了，这第三条太丢面子，可又一想，不答应，孟姜女就得不到手。思来想去，最后答应照办。送殡的这天，孟姜女身穿孝服，怀里抱着万喜良的尸骨走在前面，秦始皇和百官全身挂孝，跟在后面。到了海边，孟姜女就朝秦始皇骂起来：“昏王，生不能吃你的肉，死后也要你的魂。”说着，一纵身跳进海里。秦始皇急忙吩咐兵卒下海打捞。就在这时候，只听“轰隆”一声，从海里冒出两块大礁石，一块高，一块圆，高的像石碑，圆的像坟丘，这就是孟姜女坟。后来，人们为了纪念孟姜女，在她住过的山上修了孟姜女庙，庙后留下孟姜女脚印的山石，就叫望夫石；孟姜女拄伞成洞、泪穿石孔的山石，起名梳妆台；孟姜女爬山一百单八步的小路修成了上山的一百单八阶；孟姜女庙的两旁挂上了孟姜女和万喜良的对联：

海水朝朝朝朝朝朝朝落，
浮云长长长长长长长消。

本文引自《中国民间文学集成》全国编辑委员会、《中国民间故事集成·河北卷》编辑委员会：《中国民间故事集成·河北卷》，北京：中国ISBN中心出版，1998年，第191～197页。

北京·龙女盗符

讲述者：鲁朝凤　搜集整理者：王昆山　赵迎春

刚刚结婚的范喜良就被官兵抓走了，他与妻子孟姜女抱头哭别之后，就被押到了修边的地方。来到干活地儿后，范喜良和无数民夫一样，整天吃糠咽菜，背砖石上山修边，没过多久，范喜良就累死在长城下。监工命令民夫把范喜良扔进长城地基，大伙没辙，就忍着悲愤，把范喜良葬在了长城下。就在这时，一个白胡子老头来到大伙面前，他指着城墙说："像你们这样干下去，早晚得像范喜良一样被填在长城里面。"民夫们问："那有啥法子？"白胡子老头说："不要紧，我有一个饿不死、累不着的办法。"说完，老头就打怀里取出好多白布，撕成小布条条，又在小布条上画了个符，每人发一个，让民夫们贴在后背上，然后就化成一股清风不见了。

说起来真神，民夫们贴了符，浑身上下立刻轻松了好多，也不累也不饿，劲也大了，一人扛一根石条上山就像玩儿似的。这下，工程可加快了。

这当口，孟姜女千里迢迢来找丈夫了。当她得知丈夫已经死了后，就大哭起来，和范喜良一道干过活的民夫，都含着眼泪劝她快快回家。可是孟姜女死活非要见丈夫一眼不可。这咋办呢？大家都愁住了，范喜良已被埋在地基里了，怎能见呢？后来有一个民夫说："俺有个主意，用咱们背上的仙符，准能把长城推倒。"

"对，它能帮咱筑城，也会帮咱推倒长城。""来，咱们试试！"说干就干，大伙马上脱下破布衫，把背上的符揭下来，一片一片地接成了一条长长的孝带，交给了孟姜女，并且告诉她埋范喜良的地方。孟姜女向大伙道了谢，就顺着长城向埋丈夫的地方走去，到了地儿，孟姜女双手挥舞着孝带大声哭着："可怜我的夫哇……"这一声还没哭完，就听见"轰隆"一声巨响，万里长城倒塌了八百里！恰好这天秦始皇正带人巡边，听到响声，立刻派人查问。回来的人说："孟姜女哭丈夫把长城哭倒了。"秦始皇哪信呀，他要亲自看看。果然，只见孟姜女趴在丈夫尸骨上舞着孝带痛哭。那孝带一动，山就哗哗地颤，地就轰轰地响。秦始皇看出了门道儿，忙令人夺过孝带，并追问这孝带的来历。有人告诉秦始皇说："这带子是仙符做成，是民夫们送给孟姜女的。"这下，把秦始皇的鼻子都气歪了。他马上传令，把民夫们统统押来，就地斩首。

孟姜女听说因为孝带的事儿要杀民夫，就急忙抬起头对秦始皇说："求大王把小奴杀了吧。我找丈夫哭倒长城，与这些民夫无关。"这时，秦始皇才看清孟姜女的美貌，于是顿起邪念，奸笑着说："小娘子想让寡人不杀民夫也成，但你得给我当妃子。"孟姜女想了想说："行，可我还有一个条件：你得披麻戴孝，厚葬我的丈夫。""这……寡人依你！"于是，秦始皇下令把民夫放掉，又亲自披麻戴孝厚葬了范喜良。孟姜女见心事已了，便乘人不备，一头扎进了东洋大海。

秦始皇一看孟姜女跳海了，他都气疯了，发誓要找到孟姜女。活的找不到，死的也成！这样，他就派人在岸边找呀找呀，怎么也找不着。这时有人出了个馊主意：

让秦始皇拿仙符结成的孝带来搅海水，把海水搅翻，不愁孟姜女不上来。秦始皇一听乐了，马上取来孝带，在海水中来回舞动，这下可了不得喽，海水被搅得像开了锅，蹿起了千尺大浪!

龙王的水晶宫受不住了，宫殿摇摇晃晃，虾兵蟹将吓得乱跑。龙王急了，忙召集大臣们商量办法。可说了半天，谁也没有好主意。正在这时，龙王的九女儿走来对龙王说："父王，您把孟姜女还给秦始皇不就行啦！"龙王说:"唉，那孟姜女乃上界仙女，她早就位去了。拿啥还呀？"九龙女想了想说："父王，如今之事，只有女儿变作孟姜女的模样，哄那昏君，瞅空子盗出仙符，才能保住海中生灵。"龙王也实在没别的办法了，只好让龙女变成孟姜女漂出水面。

秦始皇正在岸边挥舞孝带子，猛见海面上漂来一个人，仔细一看，正是孟姜女！捞上来一瞧，只见她面色红润，还有一丝活气儿。可把秦始皇美坏了。忙命人把"孟姜女"抬回内宫调养。从此，九龙女就做了秦始皇的妃子。她几次想盗仙符，可是秦始皇看得太紧，没法下手。转眼几个月过去了，这时的龙女已身怀六甲，快分娩了。这天，秦始皇出游去了。临行前，他把仙符放到了龙女的宫里。九龙女见机会难得，便拿起仙符向东海边跑去。她跑呀跑呀，那条仙符结成的孝带飘飘摇摇，来回摆动，万里长城也就随着扭曲着，飞舞着。她跑到了东海边，长城的一头就"嗵"地扎进了大海。这时的九龙女再也跑不动了，咋的？肚子疼！于是，她就在海边的礁石上生下了一个黑娃娃。

这时，龙王被长城入海的声音惊动了，他来到海岸一看，是龙女，便把龙女接回水晶宫，把那个可怜巴巴的黑小子扔在了海岸上。

谁知这黑小子命大，他在礁石上"哇哇"地哭着，饿了，有老虎来喂奶；热了，有老鹰来遮阴扇风。过了两天，一个姓项的老头来到这里，他见一群老鹰正围着一个孩子"扑扇扑扇"地飞，就走过去把鹰赶开，把孩子抱回家。因为他见老鹰给这孩子用羽毛扇风遮凉，就给这孩子取名叫"项羽"。

后来，项羽长大了，当了西楚霸王，参加了推翻秦朝的战争。他虽然没有坐拥天下，却也是一世英雄，流传千古。

本文引自李克：《中国长城故事集》北京：北京燕山出版社，1987 年，第 91 ~ 94 页。

极目远眺山巅上的雄伟长城

北京·长城和孟姜女

讲述者：张　信　采录者：张紫晨

北京八达岭长城，有一段是重修过的，传说，它是孟姜女给哭倒的。住在八达岭的人说，从前，北方一个村子里，有这么两户人家，挨帮靠底地住在一块儿，墙东是孟家，墙西是姜家。这两家都没有孩子，多少年了，处得跟一家人一样。这年，墙东孟家种了一棵瓜秧，结了一个瓜，顺着墙头爬过去了，在墙西姜家那边结着呢。瓜长得奇，溜光水滑，谁看见谁夸。一来二去的，瓜就长成了，沉甸甸的，挺大的个儿，到秋后，把瓜摘了下来，弄了个桌子摆在院里。一瓜跨两院，得分开呀。晒了三天，就拿刀把瓜切开了。

瓜一切开，嗬，金光闪亮，里边没有瓤，也没有籽儿，坐着一个小姑娘，粗眉大眼儿，又白又胖，真招人喜欢。孟家和姜家都没有后代，乐得嘴都合不上了。雇了个奶母，就把小姑娘收养起来了。

俗话说，一年小，二年大，三年长得盛不下。一晃，这小姑娘十多岁了。两家都有钱，孟家更是个员外，就请了个先生，教念书。念书得起个名啊，叫什么呢？孟家说：“这是咱们两家的后代，我姓孟，你姓姜，就叫孟姜女吧。”打这儿，就叫了孟姜女。

这时候，秦始皇修边了。在八达岭造长城，工程大，边兵不够用，就到别处抓人要工。那年头苦啊，谁要叫抓去修城，没日子回来，多会儿工修齐了，才放你呢。

有一个小伙子，姓范，叫范喜良，是个念书的公子，他怕秦始皇把他抓去，不敢在家待了，跑出来了。他光杆一个人，没出过门，人地两生，跑到哪里去呢？他想了想，就往那没人的地方跑，跑了一阵，他抬头一看，前不着村，后不着店，就犯了愁了。心想，这荒郊野地，不得饿死呀？正在这时，远远看见有个村子，他就奔了去。进了村，看见一个后园子，他也不管谁家的，慌慌张张就躲进后园子里去了。

这后园子是谁家的呢？是孟家的。这工夫，正赶上孟姜女在后园子呢。孟姜女一看，葡萄架底下藏着一个人，吓了一跳，她“啊呀”一声，急忙叫喊：“不好了，有人，有人！”

跟她一块出来的丫头一看，可不有人，在葡萄架后蹲着呢，她也喊了起来。这时范喜良赶忙爬出来说：“别喊，别喊，救我一命吧，我是逃难的。”

孟姜女上下看看这个小伙子，是个青年书生，长得挺好，就回去找她爹去了。孟员外听说是逃难的，就说：“把他叫进来吧。”范喜良进了屋，吓得哆哆嗦嗦，连头也不敢抬。孟员外问他：“你姓什么？叫什么？”“姓范，叫范喜良。”“哪儿的人哪？”“村北的人。”员外说：“因为什么逃出来的？”“因为秦始皇抓人，没办法，跑到这里来了。”

员外见小伙挺老实，就把范喜良给留下了。住了好些天了，熟了，就和孟姜女一块儿念书。

这天，孟员外跟老伴儿商量，说：“我看范喜良不错，把他招门纳婿得了。”老伴儿当然挺乐意，她说：“这事得和姜家商量商量啊。”

跟姜家一商量，姜家更是高兴。范喜良呢？他更不用说，就把这事定了。说办就办，择了个日子成亲，两家摆上酒席，请来各样的亲友宾朋，大吃大喝，闹了一天，大家都挺高兴。可是孟家有个家人，不是东西，他早就把孟姜女惦记上了，他一心想当孟家的女婿，他见招了范喜良，满心的不高兴。他想，都是你这个范喜良，弄得我猫咬尿泡一场空。今天，你招门纳婿了，我也不能叫你得好。他眼珠子一转，就偷着跑到县官那里送信去了。他报告县官说："孟员外家窝藏民工，叫范喜良。"县官听说是窝藏民工，眼珠一瞪，说："抓！"带上衙役就去了。

这时候，天快黑了，客人也散了，孟姜女和范喜良正准备入洞房，就听鸡飞狗咬。不一会儿，进来一伙衙役，没容分说，三拉两扯，硬是把范喜良给抓走了。

孟姜女气得脸煞白，急得直跺脚，大哭小号地闹了一阵，也没办法。过了些天，她和她爹妈说，要找范喜良去。

他爹妈一想，去吧，看看人怎么样，也好。就拿出银子，叫家人跟着，送她走了。这个家人不是东西，走到半路上，就调戏开孟姜女了。他鬼眉鬼眼地说："这么大老远的，你何苦去找范喜良呢？他这一去，肯定是有死无活。你看我怎么样？跟着我过吧！"孟姜女一听，就知道他要使坏。可路上也没有别的人，不敢惹他，她假装跟他说："好吧，你要和我成亲，也得找个媒人哪！"家人心想，这可上哪儿找媒人去？心里转了半天，也想不出个办法来。孟姜女看看山沟，指着山下说："这样吧，你看那山沟里有朵花，你把它拔来，咱俩以花为媒吧。"家人以为，孟姜女真的答应了，就高高兴兴地说："拔朵花，这还不现成？"就去了。可是走到沟沿一看，石崖陡立，这可怎么下去呀？他就说："这山沟太深，我可下不去。"孟姜女说："你是男子汉，有胆量，就把行李绳子解下来，我拉着你下去。"家人说："好。"伸手把绳子解了下来。绳子很长，孟姜女拉着一头，这小子拉着另一头，胆战心惊地往下爬。孟姜女见他手离了地，使劲儿一掀腿，一撒手，只听"妈呀——"，"叭嚓——"就把这小子活活给摔到石崖下边去了，摔了个脑浆迸裂。

孟姜女见他摔死了，十分高兴："我叫你癞蛤蟆想吃天鹅肉！"收拾收拾，一个人就奔修城的工地了。到了工地，见人山人海，她打听打听，谁也不知道。又寻了一阵子还是没有。后来，那边有一帮民工在那里歇着。孟姜女走上前边说："你们这儿有个范喜良吗？"大伙说："有这么个人，是新来的吧？"孟姜女说："是，他在哪儿？"一个人说："这几天没看见他，兴许是死了。"孟姜女吓了一跳，赶忙问："死在哪儿啦，尸首呢？"

那人说："咳，谁管尸首啊，早就填了城脚了。"孟姜女一阵心酸，大哭起来，越哭越厉害，哭得天昏地暗。正哭着，只听"哗啦"一声，一段长城倒了，露出了范喜良的尸首。孟姜女抱着尸首哭得死去活来。这时，来了一帮兵丁，没容分说，上去就把她绑起来，送给了县官。县官一看孟姜女长得好看，心想：这是进宫领赏的好机会，就送给秦始皇了。

秦始皇赏了他金银财宝，给他升了官，还想霸占了孟姜女。孟姜女不从，日久天长了，孟姜女觉得这样拖下去不是办法，便想了个主意，她和看护人说："从了。"消息传到秦始皇那里，他满心高兴，就来见孟姜女。孟姜女说："从是从，你得应我三件大事。"秦始皇想，只要你从，别说三件，三十件也依你。孟姜女说："头一件，请高僧高道，高搭彩棚，念七七四十九天经，给我丈夫超度亡灵。"秦始皇想了想，说："行，应你这一件。"孟姜女说："第二件，你要穿上孝服，在灵位前跪下，叫三声爹。"秦始皇这回可犹豫了。他想，我是人王帝主，怎么能干这个。说："这个不行，再说第三条。"孟姜女说："不行？不行就没有第三条！"

秦始皇没了主意。想了半天，还是不能当这份孝子，可是他看看孟姜女，越看越美，真是魂都要出窍了。这块肥肉到了嘴边还能放过？他掂量半天，心想，先答应下来再说。于是，便咬咬牙说："行，答应你第二条，说第三件吧！"孟姜女说："第三件，你要跟我游三天海，三天以后，才能成亲。”

秦始皇想，这一件很容易，便马上说："成了，三件都依你。”说完，秦始皇就吩咐请高僧高道，大搭彩棚，准备孝服，都准备齐了，僧道念经超度，秦始皇披麻戴孝，真当了孝子。发丧完了，该游海了。孟姜女对秦始皇说："三件大事，你做了两件。还有一件，准备游海。”

秦始皇可真乐坏了，叫人抬上两顶花红彩轿，又预备两条游船，跟孟姜女来到了海边。孟姜女下了轿，上了船，到了水深处，推开秦始皇，纵身一跳，“扑通”一声，投了海。秦始皇一看，可急了："来人，来人！”话没出口，人早沉底了。秦始皇没办法，就拿起赶山鞭，往海里赶石头，想把孟姜女砸死在海底。

秦始皇的赶山鞭，是哪儿来的呢？原来，他修边造城时，为了找出能人来运石头，弄了个石马，带上草料，挨门推。推到哪家门口，就把当家人叫出来，让他拿草料喂石马。石马怎么会吃东西呢？不吃，就是你这个当家人没能耐，当场就把你给杀了。后来，一个老道知道了，他就下山把自己的赶山鞭送给了姓王的员外。那天，石马正巧到他家门口，王员外举鞭就把石马赶走了。这事传到秦始皇那里。秦始皇一听，这是赶山鞭哪，就硬给抢了过去。从这儿以后，秦始皇就有了赶山鞭。他拿这个鞭子赶石头修城，也拿这个赶山鞭，赶石头填海，砸孟姜女。

填着填着，孟姜女就漂了上来。秦始皇见了，可恨透了，叫人把孟姜女的尸首剐成肉条，撒到海里去。谁知这些肉条一入水，一下就都变成面条鱼。

打这儿，人们一看见面条鱼，就想起了孟姜女。秦始皇那条赶山鞭呢？据说后来是叫龙王公主给盗走了。因为他赶石填海，惹怒了海龙王。

本文引自《中国民间文学集成》全国编辑委员会、《中国民间故事集成·北京卷》编辑委员会：《中国民间故事集成·北京卷》，北京：中国ISBN中心出版，1998年，第544～548页。

1925 年 [美] 罗伊·查普曼·安德鲁斯拍摄的八达岭古道

北京·孟姜女和最早的一段长城

讲述者：老六爷　采录者：池尚明

兰香女是个孝敬婆婆的好姑娘。她的婆婆突然病倒了，水口不打牙，眼看不成了。兰香女真急了。咋办？婆婆说："要治好我的病，得到北方去采神药。"兰香女在院中摆上天地桌，烧了三炷香，跪下磕仨头，两眼泪汪汪地说："万事天上为，兰香真心救婆娘。我若是诚心诚意，爬山过河别让我受伤，我若是假心假意，让我一命见阎王。"

兰香女单身走了，只带了根木棍和她做伴儿。翻座山，越座岭，太阳落月亮升，不分白天黑夜，走了一程又一程。傍晚，来到一座大山下，看四周，没村儿，没人儿，看那山，悬崖这么老陡，让人眼晕，只有一条窄道通向山顶。为了给婆婆采药，兰香女什么都不怕，拿上木棍儿，艰难地顺着小道向上攀登……

兰香女终于爬过了最险要的地方，前面的路也宽了，地也平了，可离山头还远着呢。这时，就听身后一阵冷笑，回头一看，是三个大高个，穿着青衣服，长头发，黑黑的脸，蓝眼睛的人，正嘿嘿笑着，露着钉子似的白牙，向兰香女扑来。兰香女撒腿就跑，那三个黑面蓝眼人后面紧追……

太阳要落山了，天就要黑了，兰香女跑上了山头，站在一块鸡蛋形儿的大白石头上。白石头的边儿，就是万丈深渊，还能听到呜呜的风声。兰香女想：我绝不能让那三个人抓住，可是，要不让他们抓住，只有跳崖。死，兰香女一点儿都不怕，但她想：我是出来给婆娘找药的，婆娘现在还病着，我找不回去药怎能行呢？怎对得起婆娘呢？兰香女看着那三个人离自己越来越近，知道自己再不能给婆娘找药了，便握着那根陪着自己走了一道的木棍，伤心地哭了：

可怜我孤身一人的兰香香，
再不能采药回家呀救婆娘。
我只恨自己呀不能生翅膀，
再不能救婆娘呀！
我的好婆娘。
……

兰香女哭着，泪流满面。她正要跳崖，一个声音在她脚下响起："好姑娘，莫悲伤，有什么困难我来帮。"兰香女低头一看，脚下的白石头变成了一匹白马，自己正在马背上站着。这时，白马又说："你快骑上我，快打我尾巴。"兰香女又叉开腿骑在马背上，见那三个人离自己只有几十步远了，便举起手里的木棍用力朝马尾巴打去，顿时，那马腾空而起，驮着兰香女飞走了。可是，那马尾巴却被打掉在山头上，变成了一堵石墙，就是最早的一段长城。

兰香女骑着白马在空中飞着，好心的兰香女太劳累了，在马背上睡着了，在梦中，兰香女仍和白马在一起。白马告诉兰香女："你不打掉我尾巴，我飞不起来，我现在飞起来了，可是身上的血快要流完了。"兰香女一听，忙去摸马尾，“呀，全是血，这可怎么办呢？”这时白马又说：“兰香香，好姑娘，你真心实意救婆娘，你婆娘的病已经好了。”兰香女一听说婆婆的病好了，心里一阵喜悦。可是，白马流泪了，白马悲伤地说：“兰香女，我飞不走了，我要落下去了，落下去就变成石头了，你可怎么办好呢？我救了你，可现在……又……要害你……”

兰香女流着眼泪说：“我的好白马，你永远是我的朋友。既然婆婆的病全好了，我的心愿实现了，我愿和你一同去，永不分开。”白马和兰香女一起落了下来。白马变成了一块岩石，兰香女变成了一个瓜子，落在了白马的岩石上。

传说凡是修着长城的地方，都是白马的血滴下的地方，长城有多远，白马就驮着兰香女飞了多远。一百年之后，由兰香女变成的瓜子被喜鹊叼到了孟家和姜家共用的院墙旁，这瓜子出芽，长秧，开花，结出个大葫芦。那葫芦里有个小女孩，那小女孩就是兰香香。可是谁也不知道她叫兰香香，都叫她孟姜女。后来，孟姜女的丈夫被抓去修长城，一去没回来，孟姜女沿着长城找呀找呀，一边找一边哭，哭倒了长城八百里。为什么长城会倒呀？因为最早的长城是白马的尾巴变的，长城都知道孟姜女伤心的往事，所以孟姜女一哭，长城也都伤心地一段一段倒下了。

本文引自《中国民间文学集成》全国编辑委员会、《中国民间故事集成·北京卷》编辑委员会：《中国民间故事集成·北京卷》，北京：中国ISBN中心出版，1998年，第548～549页。

山西·孟姜女的传说

讲述者：王慧珍　采录者：周胜魁

相传，在很久以前，有两家人指腹定亲。孩子出世后，男孩取名猛将军，女孩取名孟姜女。一晃十五年过去了，猛将军长得精明标致，孟姜女出落得如花似玉，他俩你亲我爱，过着无忧无虑的生活。不想，好景不长，猛将军突然被抓差修万里长城去了。

这年夏天，天气闷热，孟姜女心里烦躁来到后花园，看见梧桐树下有一坑水，就跳下去洗身。忽然间刮起一股黑风，搅得天昏地暗，等风过后抬头一看，猛将军就在梧桐树上。孟姜女喜出望外，急忙喊他下来回家，但猛将军却一言不发。定睛再看，树上什么也没有。孟姜女心想，这是不祥的兆头。她早就听说，修万里长城，累死了成千上万的百姓，他们的尸骨就埋在城墙中，看来这事今天要落到自己头上了。于是她拿定主意，一定要面见秦始皇，为夫申冤。父母知道后，再三劝阻，但孟姜女主意已定，执意要去。

这天，孟姜女告别父母，上路了。她一手拿着雨伞，一手提着包袱。包袱里装着她自己亲手做的两件衣服，一件黄龙袍，是为见秦始皇而献的礼物；另一件黑袍，是为自己准备的。

几个月后，孟姜女走了几千里路，终于到了咸阳。秦始皇见一民间女子献给自己的黄龙袍，非常高兴，又见孟姜女年轻美貌，一心要纳她为妾。孟姜女不慌不忙答道："要想娶我为妾，就应我一事。我的丈夫因修长城已经死了，望皇上准我亲自找到他的寒骨，让宫人鼓乐送行，倒入海内，然后回来与你成亲。"秦始皇满口答应，还陪孟姜女一同来到长城。

到了长城，孟姜女面对城墙跪下，痛哭丈夫，直哭得人人心酸，个个下泪。哭着哭着，只听见一声巨响，长城倒塌一截，露出了具具白骨。孟姜女咬破中指，滴血认亲，只见一具白骨将血渗了进去，她相信这就是丈夫的遗骨，于是用围裙包好，走到海边。在一片鼓乐声中，孟姜女紧抱夫骨，跳入滔滔大海。

后来，海上飞出一对白鹅，你追我赶，形影不离。人们说，这对白鹅就是猛将军和孟姜女的化身。

本文引自《中国民间文学集成》全国编辑委员会、《中国民间故事集成·山西卷》编辑委员会：《中国民间故事集成·山西卷》，北京：中国 ISBN 中心出版，1999 年，第 140 ~ 141 页。

陕西·孟姜女的故事

搜集整理者：秦凤岗

孟姜女的故事有好几种，其中人们最熟悉的，是流传在山海关的那一种。今天我要给大家讲的，是流传在铜川市与宜君县一带的民间传说。

铜川市过去叫同官县。据当地人说，在两千多年前的秦代，县城北面的金山岩下，有一座小小的村庄。村头连墙住着一家姓孟的和一家姓姜的。这两家都只有个孤老头子，既没有老伴儿，也没有儿女，孤苦伶仃。

孟大伯是种瓜的好把式，在院子里种了许多南瓜和葫芦。有一年，一株葫芦的长势特别好，蔓儿扯得长又长，爬过墙，开了一朵非常美丽的大白花。秋季里，结了一个金灿灿的大葫芦。

姜大叔摘下葫芦，本来想还给孟大伯。可是他一掂，奇怪，它比一般葫芦要重好几倍。他想弄清楚原因，便把它放在桌上切开……

哎呀，里面竟然坐着一个小女孩，脸蛋像苹果，眉毛似柳叶，眼珠如葡萄，嘴唇像樱桃，真亲！姜大叔惊奇极啦，问："孩子，你是谁？"女孩轻盈地跳在地上，甜甜地说："爹爹，我就是您的女儿呀！"姜大叔乐得心里像开了花，笑得半晌合不拢嘴巴。孟大伯听说后，到姜家对女孩说："葫芦是我种的，我才是你的爹。孩子，快随爹到咱家去。"姜大叔舍不得让孩子走。两人谁也不让谁，吵得脸红脖粗。女孩水灵灵的大眼一扑闪，说："别争啦，您俩都是我的亲爹。"两位老人问："那么，你姓谁的姓啊？""您俩的姓我都姓，既姓孟，也姓姜，叫我孟姜女吧。"打这以后，孟姜女不是在孟家烧水做饭，就是到姜家缝补浆洗。孟大伯、姜大叔重新和好，亲热得像一家人。金山岩上的野菊花开了又谢，谢了又开……孟姜女渐渐长大了。"女大十八变，越变越好看"，成了远近闻名的美人儿。三乡六里的小伙子都爱她。孟姜女不爱有钱有势的，看上了秦始皇"坑儒"时侥幸逃出，来到村里避难的穷书生万喜良。他俩情投意合，感情一天比一天深。在一个春光明媚的日子里，万喜良成了孟、姜两家的上门女婿。两家拆掉了墙，合成一家。

婚后第三天晚上，小两口正在说知心话。万喜良说："我要像亲儿子一样孝敬两位老人，让他们的晚年过得比蜜还甜。"孟姜女点了点头："从明天起，你种田，我织布，省吃俭用地过日子，到明年再盖一院新瓦房，咱家就啥也不缺了。""还缺一个……""啥？""胖娃娃。"

突然，"汪汪汪……"村里狗叫了。不一会儿，有人"嘭、嘭、嘭"地敲起门，还大声喊道："快开门，有公事！"一家四口慌忙起了床。万喜良打开门，闯进来几个身穿皂衣、手提水火棍的差役。其中一个说："你们村家家户户都要出一名男丁去边塞修长城。万喜良，你现在就走，不许耽搁！"

二位老人苦苦哀求道："你们高抬贵手吧！他们小两口成亲才三天呀！"差役们横鼻子竖眼睛地说："说的什么屁话？修筑长城是当今皇上的旨意，莫非你们敢违抗？"孟姜女气得把眼睛睁得鼓鼓圆，大骂皇帝和差役。差役们说："咳，你的胆子倒不小！你要是个男子，就抓进衙门治罪。"差役们如狼似虎地把万喜良拉出了门，孟姜女拽住万喜良的衣襟，不放他走。一个差役举起水火棍要打她。万喜良连忙挡住差役，扭头对孟姜女说："过一年半载，我就会回来的。你在家里要多为两位老人操心，不要为我担忧。"

万喜良被抓走了。孟姜女号啕大哭，哭得眼睛肿了，声也哑了。春去秋来，冬天到了，北风呼呼，大雪飘飘，天气一天比一天冷。白天，孟姜女常常呆呆地站在路口，等待丈夫回来，等焦了心，望穿了眼。夜晚，她一合眼皮就梦见丈夫在挨饿受冻。一天，从遥远的长城工地传来了一个十分可怕的消息：民夫们已有一半冻死、饿死了。孟姜女下定决心要去工地看望丈夫。她不停地飞针走线，忙了三天三夜，做成了一身厚厚的棉衣、一顶山羊皮帽和两双棉鞋。

孟姜女收拾好东西，向两位老人告辞。老人们吓了一跳，一起劝道："孩子呀，长城工地离咱县有一千多里路。一路上，都是些大山和深沟，饿了没有饭吃，渴了没有水喝，男子汉走这条路也难呀！你独身上路，我们哪放得下心哩？"孟姜女说："为见万喜良面，就是有千座山、万条河，女儿也要踩过去；哪怕有千日饥、万日渴，女儿也要熬过来！"她含泪拜别了老人们，出门走了。

孟姜女经过千辛万苦，终于在腊月里来到了长城工地。一个满脸横肉的将官，正带着几百名士兵监督上万名筑城的民夫。民夫们都瘦得皮包骨头，在刺骨的寒风中不停地发抖，活像一根根干枯了的芦苇。孟姜女瞧了这一个，又瞧了那一个，始终没有找见自己的丈夫。

将官指着孟姜女喊道："你是什么人？竟敢在这里窜来窜去！"孟姜女走上前，说明了来意。将官嘿嘿一笑："万喜良嘛，他睡着了！"孟姜女一惊："他是不是病了？"将官指着刚修成的一段城墙："他在那里面睡觉呢。"

孟姜女望去，哎呀，城脚都是白花花的人骨。她扑向将官要拼命。士兵们用刀枪将她挡住。她厉声问："我丈夫是你们害死的？"将官冷冷地答道："修这一段长城，刚修成就塌，刚修成就塌。一连修了好几次，结果还是倒塌了。前几天，皇上到了这里，他说：'筑进去一个善良的百姓，就不会再塌了。'我正要按他的主意做，只见你丈夫站出来说：'要筑，就筑我一个。我叫万喜良，一个顶一万个。'我下令将他筑进了长城，瞧，长城果真不塌啦！"

孟姜女昏倒在地上。冰冷的北风吹着她的头发，片片雪花落在了她的脸颊。她苏醒过来，爬起来踉踉跄跄地跑到长城下，头撞着城墙，放声大哭。

孟姜女哭得狂风铺天盖地而来，哭得太阳、月亮没有光彩，哭得天又昏地又暗……哭声震撼着万里长城，长城在哭声中摇晃。忽然"轰隆"一声，沙土飞扬，长城倒塌啦，一连塌了三百里，露出了万喜良的尸体。因为是冬天，尸体还很完好，就像活人一样。他的衣服已破烂不堪，身上到处是青一道紫一道的鞭伤。

将官见城墙被哭倒了，气得一跳三尺高，要捉孟姜女。孟姜女连忙背起尸体，拔腿就跑。将官们带着一队士兵追了过来。但是追了半晌，还是没有追上孟姜女。

将官大声喊道："小娘子，只要你丢下尸体，我们就不追你啦！"孟姜女答道："我和万喜良生死不分离。"将官说："要是不丢，捉住你，我就要把你也筑进长城！"孟姜女不理睬他，朝南拼命跑。将官他们紧紧地追赶……这样一连追了九天。第十天，孟姜女攀上一座高山。向南远远望去，咦！那不就是故乡同官的山巅？这时候，她渴极了，喉咙里像一团火在烧。她在山上找了又找，却没有一滴水。她再也跑不动啦，放下尸体大哭起来。哭得一只只飞鸟垂下了翅膀，哭得一座座远山低下了头。哭声，把山震裂了个口子。从口子里涌出又清又甜的泉水。孟姜女爬在泉边，喝了个饱。

这座高山，今天叫"哭泉岭"。岭顶，是一座小镇，叫哭泉镇。镇北头，公路西侧，有一眼流量不小的山泉，叫"哭泉"，又名"烈泉"，它就是孟姜女哭出来的。泉畔，原来有一座孟姜女庙。一九六二年，著名的戏剧家、诗人田汉参观了这座孟姜女庙后，写了这样一首诗：

古城荒祠断碣眠，
当年姜女走三边。
关城万里功千古，
莫忘民间有哭泉。

再说孟姜女刚喝过水，追兵也爬上了山。孟姜女背起尸体，离开哭泉，飞奔下山，顺着一条河谷往南跑。跑呀跑，哎呀！不好，前面是密密的酸枣丛。枣刺张着尖尖的弯弯的钩儿。孟姜女不顾一切，猛踩过去。刺钩住了她的裙子，扎得她鲜血直流。她走过去后，把刺钩拖直了。

孟姜女回头一看，只见追兵又追近了。将官狞笑着说："臭娘们，你逃不出我的手心啦！"

怎么办？怎么办？孟姜女东瞧瞧，西望望，放下尸体，浑身不知从哪儿来的劲，一咬牙，把一座南北方向的青石山，搬呀搬，搬呀搬，搬成了东西方向，挡住了追兵。将官大吃一惊，不敢再追，只好带着士兵回去了。

这条河谷，就是今天宜君县的塔尼河谷。那里的酸枣刺没有钩儿，就是孟姜女拖直的。草丛中，有一朵朵鲜红的山丹丹花，就是孟姜女的鲜血变成的。河谷里两边的山都是南北走向的，只有一座是东西方向的，叫"女回山"，也叫"搬转山"，便是孟姜女搬转了的。

孟姜女背着尸体，爹回到了家乡。但是，村庄成了一片废墟。她大声叫着爹妈，可是没有人回答她。她又喊："乡亲们，你们到哪儿去了呢？"还是没有人回答她。

这时候，从金山岩顶走下来一位石匠，告诉她："你走后，衙门把咱村的人不分老少都抓去给秦始皇修坟墓和阿房宫了。我是躲在山里才逃脱的。现今，全村只剩我一个人了。"孟姜女向他讲了自己的遭遇。石匠很同情她，说："我替你凿一孔窑洞，你先住下。"

石匠在山崖上抡起小铁锤，"叮叮当当"地凿了起来。孟姜女在村头的小河畔，放下尸体，打开包袱，给丈夫戴上了新皮帽，穿上了新棉衣、新棉鞋。她累极啦，想躺下休息一会儿，可是一躺下就再也没醒过来，只是两只眼睛里仍然流着滚滚的泪水。好心的石匠，把这对生死不分离的夫妻埋在了山坡上。孟姜女的泪渗出地面，依然不停地流着……今天的金山岩上，野花最茂密的地方，有一绺泉水从岩缝间淙淙流出，它们就是埋在地下的孟姜女的眼泪。泉水在山脚汇成了一个池子，叫"泪池"。山崖上，有一座石龛，就是那个石匠凿成的，龛里面还有孟姜女和万喜良的塑像呢。

本文引自陈庆浩、王秋桂：《中国民间故事全集》卷28：《陕西民间故事集》，台北：远流出版事业股份有限公司，1989年，第357～365页。

崇山峻岭之上的明代长城（任德美

陕西·扒长城

讲述者：杨同郎　采录者：贯福义　王增杰

秦始皇修长城，命令一下，弄得鸡飞狗上墙，可把老百姓整日塌（日塌：这里是惨的意思）啦！据说，修长城，每修一里填一个人，两万里就填死两万人。说来也怪，开始修长城光溜（溜：此处指滑坡），前头打，后头塌。秦始皇就叫了一个阴阳先生去看。

那个阴阳先生到修长城的地方转了一圈，对秦始皇说："要叫墙不倒，得把一个叫范喜良的人打进墙里！"秦始皇就派人四处寻找，结果在同官县孟姜女家里找着了范喜良，就把范喜良押到长城下，打进了城墙。孟姜女不知详情，还死等范郎哩！她想起丈夫被抓走时一身单衣，这到冬天啦，咋熬哩？她就给丈夫送棉衣去了。

孟姜女不知走了多少天，翻了多少山，吃了多少苦，才到了长城下。一问人，才知道范喜良被打进城墙里去了。孟姜女气得发疯地顺着长城跑，一边跑，一边扒，把边墙扒开一个又一个大豁豁，也没有找见丈夫的尸骨。只是这么一扒，就把长城靠里头的这一边扒得豁豁牙牙的。

本文引自《中国民间文学集成》全国编辑委员会、《中国民间故事集成·陕西卷》编辑委员会：《中国民间故事集成·陕西卷》，北京：中国ISBN中心出版，1996年，第195～196页。

陕西·哭泉

讲述者：赵映都　采录者：黄卫平

孟姜女扒倒长城，滴血认着范郎尸骨，带着往回赶。军士报知百夫长，百夫长又报告了守城主将，主将怕秦始皇降罪，便命令百夫长率领骑兵捉拿孟姜女。孟姜女为了逃避追兵，只是拣荒僻小道走，不觉就来到了铜川地界。

孟姜女跑得筋疲力尽，身后却传来隐隐约约的马蹄声，眼看就要被秦兵追上，心里不由得焦急万分。她抬起头四下张望，发现前边已到三岔路口。两条岔路一条往东北，通往榆林，一条往东南，通往咸阳。孟姜女顿时有了主意。她紧行几步，在通往咸阳的路旁脱下一只绣花鞋，放在那里。自己却反转身往通向榆林的那条路奔去。

紧追过来的秦兵果然中计，走在前面的秦兵发现孟姜女遗下那只绣花鞋，便拿去报告了百夫长。百夫长以为孟姜女往咸阳那条路去了，便指挥骑兵，马不停蹄地一直追去。

孟姜女沿着去榆林的那条路赶了一小段路程，就累得再也迈不开步了。她放下包袱，正想找口水喝，身后又传来了急促的马蹄声。原来秦兵在去咸阳的路上寻不见她的踪迹，断定她走了岔路，便又追了过来。这下可叫孟姜女绝望了，躲吧，荒山秃岭没处躲；跑吧，腿重如山跑不动。她不由得对天长叹了一声，“天啊！我孟姜女虽死无怨，只是谁来埋葬范郎尸骨呀？难道我孟姜女这点苦，你也不体恤吗？”说话间，马蹄声越来越响，连秦兵的吆喝声也能听见了。孟姜女心想，要是叫秦兵追上，难免一死，还不如背着范郎尸骨跳崖。她这样一想，力气也有了，一下子站了起来，一步一步地向山崖边走去，一边走，一边哭。正在这时，突然“轰”的一声巨响，天摇地动，孟姜女身后的大山，调转了方向，挡住了她身后的那条路。

秦兵正在纵马追赶，已经看见孟姜女了，谁知却叫横转过来的那座大山挡住了马头。秦兵找不见路，天又渐渐黑了。只好拨转马头，回营复命去了。

孟姜女躲过了秦兵，心中暗暗庆幸，可是肚里已是饥肠九转，饥饿难耐。更难忍的是渴，她跑了一天路没喝上一口水，嘴唇干裂了，嗓子直冒烟，在四周找了一圈也没有找到一滴水。孟姜女就坐在那里哭了起来。她越哭越伤心，泪珠不断线地“簌簌簌”地往下掉，一滴一滴地滚进了黄土里。说也奇怪，就在孟姜女眼泪滚进黄土的地方却突然发出了“咕嘟咕嘟”的响声，一眼泉水慢慢地从地下冒了出来，越冒越粗，越冒越高，以至溅湿了她的衣裙。她高兴地赶快俯下身子，用双手掬起了清泉水，大口大口地喝了起来。她终于躲过了追兵，回到同官。

后来人们就把这眼泉叫作哭泉，那道岭就叫作哭泉岭。那座横转过来的大山就是女回山。这儿所有的山脉都是顺着一个走向伸向前方，只有女回山是横卧在群山之中的。据说那山就是因为救孟姜女才改变了原来的走向。

本文引自《中国民间文学集成》全国编辑委员会、《中国民间故事集成·陕西卷》编辑委员会：《中国民间故事集成·陕西卷》，北京：中国 ISBN 中心出版，1996 年，第 196 ~ 197 页。

黑龙江·孟姜女

讲述者：赵喜生　采录者：赵　仕

从前，有一户姓孟的和一户姓姜的。这两户人家住邻居。两家之间用一道木头杖子隔着，老孟家种的葫芦从杖子空隙爬到老姜家那面，还结了一个很大的葫芦。孟家对姜家说："这葫芦，你家用板托上吧，到秋就给你们了。"老姜家就用一块木板把葫芦托了起来。等到秋天一开葫芦，老姜家竟开出一个白白净净的小女孩。老孟家不干了，说这葫芦是他家种的，既然里边是个小孩，这小孩就该归他们。姜家说这葫芦是他家保管大的，小孩应该归他们。两家争得不可开交，就经了官。官家一听情况，就把女孩断给他们孟姜两家，由两家共同抚养，起名为孟姜女。

孟姜女长到一十五岁，就和本庄的范郎定了亲。可是结婚没三天，范郎就给秦始皇抓去修万里长城去了，直到长城修完了也不见范郎回来。孟姜女千里寻夫来到长城脚下，听人说：秦始皇把十二天算一天，一天给劳工们吃十二顿饭，实际上等于一天吃一顿饭，大部分劳工都饿死了，范郎也在其中。孟姜女听到自己的丈夫没了，就跪在长城下哭呀，哭呀，哭了七七四十九天，硬是把长城哭倒八百里。

这事惊动了秦始皇。他带领人马来到长城，本想治孟姜女的罪，但见她长得好看，就要收她入宫。孟姜女说："收我入宫也行，但必须依我三件事。"秦始皇问是哪三件事，孟姜女说："第一件，给我修一座孟姜女庙；第二件，给我建一座范郎墓；第三件，给我造一只彩船，让我游遍四海。"这三件事，秦始皇都答应了，也都做到了。

这天，孟姜女坐着彩船，飘呀，飘呀，飘得无影无踪了。在岸上监视孟姜女的御官急忙向秦始皇报告："彩船没影了，孟姜女跳海了。"秦始皇气急败坏，就挥起杨二郎给他的赶山鞭，把一座座大山打进海里。龙王受不住劲了，就命女儿出海寻找孟姜女，让她赶快回去和秦始皇成亲，以解救海族危难。龙三姐见到了孟姜女，一说情况，孟姜女不肯回去，龙三姐许下一个愿："你先回去和秦始皇结婚，解救海族危难，等我偷出赶山鞭，就接你来龙宫住，你要什么我就给你什么。"就这样，孟姜女才和秦始皇成了亲。

龙三姐几经周折，终于偷出赶山鞭，就把孟姜女接回龙宫里去住了。这时孟姜女已身怀六甲。孟姜女不想把凡间的孩子生到龙宫里，就来到楚地的一个海岛上，在一棵大树下生下孩子，然后，头也不回地返回龙宫。孩子出生后，没有奶吃，饿得大哭大叫，一只老虎走来，奶饱了他，就径自去了。太阳出来了，毒辣辣地热，孩子又被晒得大哭大叫，一只老雕飞来，张开像扇子似的翅膀，给他遮阴凉。天凉快了，老雕也飞走了。虎奶孩子雕遮扇，这一切都被一个姓楚的打柴老头看到了。他来到大树下，抱起孩子一看，是个黑乎乎的大胖小子，心里想：这孩子将来一定能成大器，就美滋滋地抱了回去，起个名字叫楚项羽。

项羽长大了，老头就供他念书。一次，他和同学打了起来，人家说他是捡来的野孩子，骂他是大姑娘养的！

他哭着跑回家去问老头：这是咋回事？老头不说，他就又哭又闹。老头无奈就说了实情。他就跑到海岛的大树下，一边哭一边说，是什么人把我生了下来就不管了，让我受尽侮辱和委屈？人家的妈妈都疼自己的骨肉，而我的妈妈在哪儿？为什么那么狠心？我不想活了！说着就解下腰带子挂在大树上，要上吊而死。这时，孟姜女出现了："孩子，快住手，妈妈在这儿！"她上前抱住项羽，母子俩痛哭起来。项羽一边哭一边问："妈，你在哪儿？为啥生下我就不管了？""妈是神仙，住在龙宫里，你是凡体，必须在凡间好好读书才能有出头之日。"孟姜女说："妈回去求龙三姐给你送来三丸药，放在这棵大树下，你明天来取。这药的名字叫作洪福齐天，你吃了这药，将来可以坐天下。"说完不见了。

项羽找到了自己的生身母亲，高高兴兴地回到家中。平时和他最要好的刘邦问他："项羽，你这几天咋不来上学呀？"项羽就把他如何找到生身母亲以及药丸的事说了一遍。第二天一大早，刘邦就来到海岛的大树下，一看果然有三颗红光闪闪的小药丸。他拿起三颗药丸一口吞了下去，顿觉浑身清爽起来。等项羽来的时候，刘邦早已走了。项羽没有找到药丸，就又哭又闹起来："是哪里的妖怪来骗我？冒充我妈？我不活了！"正哭闹间，孟姜女又出现了："孩儿，你为啥这般哭闹？"项羽哭喊着说："你不是我妈，你骗我，这树下根本没有药丸！"孟姜女心想：她眼看着龙三姐昨日把药丸送来了，怎么不见了呢？就问："这件事你回去都对谁说了？"项羽说："我对别人谁也没说，只对我的好朋友刘邦说了。""孩子，药丸定是让刘邦取走了。"孟姜女说："天下让别人坐了，你不能坐了。妈再求龙三姐给你送来三丸黑虎力气丸，你明天来取，回去别对任何人说。你吃了这药丸，就会成为天下第一大力士，谁也打不过你。刘邦坐天下，你就和他打仗，让他坐不稳。"说完又不见了。第二天，项羽来到大树底下，果然看到三颗黑光闪闪的大药丸。他吃下这三颗大药丸，顿觉浑身有了使不完的劲儿。

从此，引出一个惊天动地的楚汉相争的故事。

本文引自《中国民间文学集成》全国编辑委员会、《中国民间故事集成·黑龙江卷》编辑委员会：《中国民间故事集成·黑龙江卷》，北京：中国 ISBN 中心出版，2005 年，第 282 ~ 283 页。

山东·杞梁和姜女

讲述者：刘继明　采录者：房泽民

长清城东南九十里的地处有个叫长城的庄，庄东首的姜女祠就是给哭倒长城的孟姜女修的。人说孟姜女本来不姓孟，因为她在姊妹们当中是老大，所以都称她孟姜女。她长到十七岁，爹妈给她找了个婆家，男人在齐国做官，叫杞梁。成亲后，小两口恩恩爱爱，从来没红过脸儿。

就在齐庄公四年的时候，齐国要起兵攻打卫国和晋国，因为这两国没有防备，都被打败了。齐庄公打了胜仗觉得还不过瘾，又派杞梁和华周两个大将捎带着攻打莒国。莒国是个小国，齐庄公根本没把它放在眼里，只给他俩拨了很少的兵马，说："你们轻装去攻他的国都，准能成功！"杞梁和华周夜里抄小路杀到莒协城下，一阵猛攻，杀了二三百守城的兵将。莒国的国君慌了神，派大臣带上贵重礼物向齐庄公求和。当时，齐庄公说："只要莒国愿意归顺，那咱就收兵吧。"杞梁却说："莒国眼看就要大败，咱不如趁这当口一下子把它消灭了。"就这样，他又带兵继续打，谁知在混战中不小心受了重伤，让敌人逮住以后，很快就死了。

齐庄公收兵回国，在快要回到国都的路上碰到了孟姜女。依国君的意思，想把杞梁的尸体盛殓好，大臣们在郊外吊唁一下就算了。可孟姜女不干，说："我丈夫为国死的，是有功之臣，哪能这样草草了事儿呢？"国君没话说了，就把杞梁的尸首运到家里，按很隆重的祭礼发了丧，又把棺材埋到长城脚下。可怜的孟姜女坐在丈夫坟前，想想过去夫妻恩恩爱爱，看眼下丈夫撒手一个人去了，止不住的热泪又流下来。她越哭越痛，一直哭了七天七宿。哭得日头无光、阴云四起，下起了瓢泼大雨，直下得平地上就有没膝盖深的水，齐长城"呼隆"一声坍了好几里。后来，孟姜女哭够了，就投河自尽了。

老百姓为了纪念她，在长城脚下修了这座姜女祠。

本文引自《中国民间文学集成》全国编辑委员会、《中国民间故事集成·山东卷》编辑委员会：《中国民间故事集成·山东卷》，北京：中国ISBN中心出版，2007年，第235页。

山东·孟姜女哭倒长城之后

讲述者：李成树　采录者：严庆军

1907 年 [美] 威廉·盖尔拍摄的慕田峪“3 字形”长城

传说，孟姜女把长城哭倒以后，那些修长城的民夫一下子炸了营，都不干了。监工治不了，就赶忙向上头报告，一级一级地报，一直报到了秦始皇那里。秦始皇一听，那还了得？就出兵镇压。逮的逮，杀的杀，一阵把个乱子给治下了。治下乱子之后，秦始皇就叫人把孟姜女带上来，心里话：我到底看看是个什么样的女人，竟有这么大的能耐，把长城给哭倒了。他不看还好，这一看，了不得了，那孟姜女长得就像天仙似的，一下子把秦始皇那魂给勾去了。本来秦始皇对孟姜女窝了一肚子火，寻思杀了她；这一见了孟姜女，那火一下子消了，要把孟姜女纳到宫里。可孟姜女是个烈性女人，听说秦始皇要纳她当妃子，死也不从。秦始皇使尽一切办法硬逼。末后孟姜女被逼急了，就答应了，但有个条件：要求把她男人万喜良大礼安葬，还得安葬在东海里。秦始皇一听，那还不容易？就下了一道圣旨，安排大礼水葬万喜良。圣旨一下，当天就给万喜良举行葬礼。在下葬的时候，孟姜女哭得像个泪人似的。等她眼看着万喜良平平安安地入了海，她也一头栽进海里去了。秦始皇赶紧叫人下去捞，说是死的活的都要，结果是捞了半天没见人。

再说这孟姜女一跳下海去，就试着自己一个劲地往下落，一直落到了海底。到了海底，她觉着自己就和不是在水里似的，睁眼一看，自己到了水晶宫。海龙王和一群龙女笑嘻嘻地在那里迎她。孟姜女一看自己没死成，那眼泪又下来了。龙王说：“别哭了，人已经死了，哭也活不了。”说着，就吩咐下去，把孟姜女安排在水晶宫里。

上头那些人呢？一连捞了两天也没见孟姜女。到了第三天上，秦始皇做了一个梦，见孟姜女在龙宫里陪着海龙王喝酒。他气得火冒三丈，拿起国宝赶山鞭就来到海边上。他朝着海咋呼："海龙王，快把孟姜女给我送出来！要不然，我把这海填平了。"他连咋呼了三遍，没见动静。他抽出赶山鞭，左一鞭，右一鞭，把近处的山全赶到了海里。看看还没见动静，他就又上远处去赶山。

海龙王正在宫里设宴招待孟姜女，猛然间一阵地动天摇，派人去一打听，知道是秦始皇赶山填海。海龙王一寻思，这事不好办了，不把孟姜女送出去，这海非被填平了不可。龙王正在犯愁，三龙女过来说："不如叫我变成孟姜女的模样，去把赶山鞭哄出来。咱有了赶山鞭，把山都赶出去就行了。"龙王一听，没旁的办法，也就只好这么办。

这三龙女变成孟姜女，露出水面。秦始皇一看着，忙叫人逮上来，把她带回皇宫，当晚就逼着成了婚。成婚以后，那龙女对秦始皇是百依百顺，把个秦始皇喜得一天到晚眉开眼笑的。他对龙女也是百依百顺。有一天，那龙女说："万岁爷，我听人家说，你有一根赶山鞭，能把山赶到海里去，你拿出来我看看行吧？"秦始皇说："那还能不行？"就拿出来给龙女看。龙女接过赶山鞭，左看了右看，趁秦始皇没注意，转眼龙女就不见了。她到了海里，左一鞭，右一鞭，把填到海里的那些山给赶了出来。秦始皇一看上了当，气出一场大病。可是干生气没办法。

本文引自《中国民间文学集成》全国编辑委员会、《中国民间故事集成·山东卷》编辑委员会：《中国民间故事集成·山东卷》，北京：中国 ISBN 中心出版，2007 年，第 236 ~ 237 页。

2004 年 [美] 威廉·林赛拍摄的慕田峪“3 字形”长城

山东·项羽的身世

讲述者：李富田　采录者：吴兰平

传说，项羽原来并不姓项，他的生身母亲是孟姜女。范喜良被秦始皇的士兵抓去到边疆修筑长城以后，孟姜女千里迢迢，吃尽苦头，来到长城脚下，见到的却是丈夫的骨头。她呼天号地，真想以死来完结自己的生命，但一想到自己有孕在身，又觉得不能死，决定要把孩子拉扯大替丈夫报仇。于是，她包好丈夫的尸骨，就回家了。

冤家路窄，半路上她碰上了仇人秦始皇。秦始皇看到孟姜女长得漂亮，要她做小老婆。孟姜女感到走投无路，忍气含冤，跳进了大江。

江边有个打鱼的，叫项梁。他本是楚国的贵族，秦灭楚后，逃到这里隐名埋姓装扮成渔民，表面上天天捕鱼不问世事，可心里却在寻找报仇的机会。这天，项梁坐在渔船里，往西望着自己的国家，心里难过极了。突然，他看见上游的江面上，有个白色的东西向这边漂来。一群鸟在白色东西的上空飞旋着，叽叽喳喳地叫得很难听，像在求救。项梁觉得稀罕，便把船划到近处，见一女尸双手托着一个婴儿，露在水面上，婴儿身上盖着一层鸟的羽毛。

项梁一见，伸手便把婴儿抱在怀里，再看水中的女尸却沉到水里去了，鸟也飞散了。水中的女尸是谁呢？她就是孟姜女，原来投江以后，成了水神，浮身托子交给项梁抚养。

项梁把孩子抱到家里，想到打救小孩时，有群鸟护卫，又有羽毛遮盖，认为小命不凡，所以给孩子起名叫项羽。他对项羽像亲儿子一样，尽心抚养起来。

日子过得真快，转眼项羽长到五六岁了。有一天，他在江边玩，看见江水中的旋涡一个连着一个，水面上露出一个碗，碗里有半碗奶水。项羽觉得新鲜，便跳进水里端过来喝了。这一喝不要紧，浑身觉得顿生力气。项梁见孩子有出息，也很高兴，决心要把他培养成才，来报国仇家恨。

项梁有身好武艺，手把手地都教给了项羽。项羽聪明，一学就会，一看就懂，长到十来岁，十八般武艺已样样精通，像只猛虎，英勇无比。

项羽长大了，与项梁一起带兵攻占了咸阳，一把大火烧掉了秦始皇的宫殿，捣毁了秦始皇的坟墓，推翻了秦朝，也为他父母报了仇。不过，项羽到死也不知道，他是范喜良和孟姜女的儿子。

本文引自《中国民间文学集成》全国编辑委员会、《中国民间故事集成·山东卷》编辑委员会：《中国民间故事集成·山东卷》，北京：中国 ISBN 中心出版，2007 年，第 67 ~ 68 页。

河南·孟姜女

讲述者：曹衍玉　采录者：程健君

从前，有两家邻居，住的是前后院。前院住的是姓姜的老婆儿，后院住的是姓孟的老汉。有一年，姜老婆儿在自己院里栽了一棵葫芦，爬到了后院，在那儿坐胎儿结了个葫芦。种葫芦的只见长秧子，不见结葫芦，秋后捞秧子才知道在后院结了个葫芦。一个说是她栽的，一个说是长在他院里他看的。没得法儿，只好锯开它，一家半拉。

俩人找来锯，一下一下锯开了。锯着锯着，听见有人说："哎呀，别锯住我的头了！"停停，不见吭声了，又锯。一锯，又有人喊开了。俩人开始慢慢地锯。锯开了，打里面跳出来一个小姑娘，水鼻子水眼儿，漂漂亮亮的。老婆儿当妈，老汉当爹，把小姑娘养着。孩子看得金贵，怕不好养，又给她认个干妈。干妈姓许，小姑娘的爹姓孟，娘姓姜，取名叫个许孟姜，人叫"孟姜女"。老孟家是个好家儿（好家儿：富裕人家），就在孟家养着。

孟姜女长大了，许多人来提亲，她都不答应。爹娘整天为她发愁。她说："谁要是看到我的手镯，我就答应跟他成亲。"为啥？手镯是她从葫芦里出来时就带来的，她不让人看，谁也不得见着。

那时候修长城咧，到处抓人。有个叫范喜良的，到处躲，后来躲到孟家的后花园里。后花园里有一个水塘，范喜良藏到了水塘边的石头板底下。孟姜女去洗手咧，手巾掉到水塘里头了。她伸手去捞，手镯露出来了。范喜良不是搁里头躲着嘛，怕她掉水里头了，说："哎，招呼着别掉下来了！"孟姜女一看范喜良在石板下躲着，心想他看见我的手镯了。她说过这号话，她就叫范喜良出来了，叫到屋里，爹妈把闺女看得稀罕，听她的话。三家一个妮儿，都怪娇嘛，一说，就叫范喜良搁那儿，让他俩结婚了。

结婚咧，人们送这送那哩，扎彩门什么的，一下子传出去了。结婚三天，就来人绳捆索绑，把范喜良捆走，去修长城了。

孟姜女搁屋里做衣裳，做做她个人的衣裳，给范喜良做做。做着些，哭着些，他俩好得很哩！衣裳、鞋袜做好了，她背着包袱去找范喜良。走一路，哭一路。

孟姜女走到了长城，去找范喜良，找不到。人家给她一指点，让她去找。她又找不到，就哭开了。一哭咧，城墙倒了一大截子，骨头露出来了。她上前去滴血认骨，咬破中指对白骨说："你要是我丈夫的骨头，就把我的血洇到里头；不是的，不洇。"真格哩，有的洇有的不洇。孟姜女把洇血的骨头拣了出来，用个包单包了起来。

孟姜女哭得痛啊，哭了三声，把城墙哭倒了三丈长。城墙修得恁难，哭倒了还了得？秦始皇不依。他一去看咧，见孟姜女长得好，相中了，要跟她结婚。

皇帝要要她，这咋弄哩？她不从，他逼她。"那中。"孟姜女答应了。她要秦始皇把范喜良殡埋了：一要金木头（木头：指棺材）银盖；二要文武百官披麻戴孝送殡，秦始皇也得披麻戴孝；三要埋到江边儿上。

金棺也弄到了，银盖也弄到了，披麻戴孝也办到了，文武百官也齐了。人们热热闹闹抬着范喜良，把他埋到了江边儿上，埋了啦，孟姜女哭得不得了。文武百官都走了，秦始皇“哈哈”地笑笑：“走吧！”孟姜女还哭。秦始皇又笑了笑：“哎呀，天黑了哇！天不早了哇！”不中，孟姜女还哭，一直哭到天黑。天黑了，他叫孟姜女走，说：“走吧，天不早啦！”她还是哭，哭得跟个啥样的。秦始皇去捞她，孟姜女叫他撒手，叫给她让个道她走。她走到江边儿上，忽地蹿到江里头去了，要寻无常。观音老母把她捧住，救走了。

剩下秦始皇一个，望着江水，伤心动肝地哭开了。

附记：

孟姜女的传说在河南民间流传很广，特别是在杞县几乎家喻户晓。他们说孟姜女就是杞县人。杞县沛园乡黑木学校教师李玉花讲述、黑木村农民王怀聚采录的《孟姜女的身世》说，她出生在杞县西边的小张庄，庄上有一个孟姜女原姓许，名叫金花，她爹本是秦朝的开国功臣，后获罪家灭九族。许金花被孟家的干娘藏在家中，才免一死。干娘怕走漏风声，又偷偷把她送给自己的妹妹姜氏收养。她为了躲避官府迫害和不忘孟家干娘和姜氏的恩情，改姓孟姜，人称“孟姜女”。

本文引自《中国民间文学集成》全国编辑委员会、《中国民间故事集成·河南卷》编辑委员会：《中国民间故事集成·河南卷》，北京：中国 ISBN 中心出版，2001 年，第 172 ~ 175 页。

江苏·孟姜女与银鱼儿

讲述者：刘升三　采录者：顾正红

你可晓得银鱼儿怎么是白的，又怎么没有骨头的呢？据说当初秦始皇造万里长城，是砌一段倒一段，怎么也造不起来，秦始皇很是恼火。当时有个神巫献了一计，说要叫城不倒，只有用活人来祭；说这长城修一里就要埋一个。这样一算，就要埋上万把人。秦始皇听信了神巫的鬼话，就要下令埋人了。当时有个大臣出来劝阻，他说："大王要三思，如果要埋掉这么多人，哪里还有人来帮大王造长城呢？"神巫说："要是不用活人祭，城是造不起来的。要是不埋这么多，只好找个姓万的，以一人代万人，那也是可以的。"因此，秦始皇就出皇榜，派人到处去找姓万的人，结果真有个叫万杞梁的给朝廷里抓去了。

万杞梁有个老婆叫孟姜女，见丈夫挨抓，就不顾一切地追到京城，想到秦始皇面前求情。可是她一到皇宫门口，就被挡住了，不得进去。于是她就在门口不分日夜地哭哭闹闹，哭声惊动了皇上，皇上问是什么人，并下旨把她带上殿来。孟姜女见了秦始皇，请求放了丈夫万杞梁。皇上一听很恼火，回说人早死了，求也是无用的。秦始皇见孟姜女长相十分漂亮，马上要选她进宫，留下做妃子。孟姜女更加生气了，心想这哪里是什么皇上呢，他杀了我的丈夫，还要强逼我当妃子，我不如死了算啦。但转念一想，我答应他，也是死，不答应他也是死，反正是死，不如让我也来报复他一下。她就提出三个条件。秦始皇问哪三件，孟姜女说："我丈夫死后不要收尸，让我为他祭奠：一要在江边砌个祭台，要砌三丈高；二要请七十二个和尚施食做斋事；三要皇上亲自祭奠行大礼。要是这三桩事情做不到，我哪怕立即撞死，也是不答应的。"对于头两件事，秦始皇觉得办起来容易，就是这第三件，似乎过分了点，但为了孟姜女能够顺从，也就答应了。

到了祭奠的那天，秦始皇真的上了祭台行了大礼，可是孟姜女身着孝衣，从高台上跳江自杀了。秦始皇认为上了孟姜女的当，心中非常恼火。他一声令下，把孟姜女的尸体捞起来，碎尸万段，再撒到江里去喂鱼。后来，这万段碎尸就变成了银鱼儿。因为孟姜女临死时身穿孝衣，所以银鱼儿是白的；又因为剁的肉很像面条，所以银鱼儿又叫面条鱼儿。

本文引自《中国民间文学集成》全国编辑委员会、《中国民间故事集成·江苏卷》编辑委员会：《中国民间故事集成·江苏卷》，北京：中国ISBN中心出版，1998年，第521～522页。

江苏·太湖的孟姜女

讲述者：秦仁桂 冯杏娣 搜集整理者：秦寿容

神鸦

无锡太湖边上有些老年人，把乌鸦看成是神鸦。据说，这是由孟姜女万里送寒衣，乌鸦一路相随护送的传说引起的。

很早以前，太湖边上孟家湾里有个孟姥姥，无男无女，收养了一个丫头，是近村姜家丢下的孤女。姥姥心肠好，说是"独根独苗，两户一挑"，给丫头起了个名字叫孟姜女。

俗话说：黄毛丫头十八变，一变变成观音面。孟姜女长到十八九岁，面相标致非凡，人又聪明伶俐，养蚕织布，件件皆能；裁衣绣花，样样都精。孟姥姥把孟姜女看作自己心头肉、命根子，一步离身要喊，三步跑开要寻，真是宝贝得没有话说。只是那辰光（辰光：方言，时候），秦始皇下令各地抓美女，押往咸阳宫去当宫女，急得孟姥姥十二个时辰像热锅上的蚂蚁，孟姜女也日日夜夜坐立不安。

有天黄昏，天气闷热，孟姜女独自在自家菜园里池子边揩身体。围墙上闪过一个黑影，"嘣"一声，跳进来一个年轻后生！孟姜女吓慌了，急急套上衣衫，怒冲冲问那年轻人是谁？后生结结巴巴回答："我叫范喜良，范家村人。只为处处贴皇榜抓人造长城，衙门里人说我无家无室、年轻力大，先要抓我。我上天无路，入地无门，跳进园里来躲一躲。"原来两个苦瓜一根藤，半斤八两同是受苦人。孟姜女听着听着，心里反为范喜良难过起来，好言好语地安慰他："就在我家里住下再说。"边说边带了喜良去见孟姥姥。孟姥姥问清楚了来龙去脉，眉开眼笑地拉住两人手说："男女亲一攀，逃脱劫和难，你们两个就成亲吧。"说着风，就扯篷，当天夜里就草草办了亲事。谁料刚拜过堂，衙役来了，链条叮当，把范喜良拖着就走！孟姜女哭得死去活来，孟姥姥当场急死在大门口。

范喜良被抓走后，孟姜女日夜痛哭，哭到秋里，亲自裁缝好丈夫的寒衣，牙齿一咬，万里寻夫去了。说起孟姜女万里送寒衣，千种难、万般苦，她都尝尽！一路上叫天天不应，叫地地不理，多亏一群乌鸦帮助照料这个苦女人。

孟姜女从太湖边上出发，第一站到浒墅关，就碰上了难关。关官老爷整天酒肉糊涂睡大觉，有人过关要把过关钱吊上城楼，守关士兵收下后去唤醒他，他才下来开关门。孟姜女哪里有钱，只好坐在关前放声大哭。哭声引来了一大群乌鸦。乌鸦听得伤心，一齐在空中"哇、哇、哇"哭叫起来，俗话说："一只乌鸦哇哇哇，十只乌鸦像雷打。"大群乌鸦的叫声，把关官老爷叫醒了，他跑到城楼上一看，见关前有一个年轻妇女在痛哭；跑下城楼开门一问，孟姜女恳求放她过关。关官看看这个穷女子，料想也拿不出过关钱，就说："你将过关的根由唱给我听听，有情有理，我就放你。"孟姜女一边哭，一边唱，十二月小曲，曲曲心酸，曲子还没唱完，关官老爷的眼泪已经湿了官袍，连连扬手，让孟姜女过关去了。

孟姜女过山过河，踏上了山东道。俗话说：山东道，强盗多如毛。有夜孟姜女宿在破庵里，几个强盗来动她的坏脑筋了。头个强盗翻进庵墙，哭爷喊娘跌下去了！一只乌鸦啄瞎了他的眼珠。第二个强盗冲进庵门，手不伸脚不动了！几只乌鸦啄破了他的脑袋。剩下几个强盗想放火烧庵，逼孟姜女出来。一大群乌鸦“哇、哇、哇”大叫，叫声震天，附近村上人拿着灯笼、火把赶了来，吓得强盗恨不得四只脚逃走。

孟姜女愈向北赶路，天气愈冷起来。满天飞雪，天上地上一片白，东南西北难辨向，大道小路没法寻，真是急煞人呀！救星乌鸦来了，在眼门前飞成一条直线。黑白分明，在前面引路，她朝着乌鸦飞的方向一步步走去，步步踏在官圹大道上。孟姜女走呀走呀，心里对乌鸦感恩不尽，边流眼泪边唱起了：“冬季里呀雪花飞，孟姜女万里送寒衣，前面乌鸦来领路，只盼夫妻重团聚。”

孟姜女经历了千辛万苦，来到长城，得知范喜良死了，她发誓：不见亲夫面，也要见一见亲夫坟！冰天雪地，哪里寻得到丈夫的坟啊？乌鸦又来帮忙了。乌鸦对死人的气味鼻头最灵最灵，东嗅西闻，在一个大雪堆上翅膀停了下来。孟姜女刨开雪堆，下面是个土墩墩，刨开土墩墩，一条破席卷紧范喜良的尸体！孟姜女哭得死去活来，大群乌鸦伴着啼叫，一夜把长城哭塌了五十里。

后来，秦始皇要杀孟姜女，一见面，看到她貌赛仙女，顿时改变主意，想逼她做妃子。孟姜女眉头一皱，对秦始皇说：“回到家乡，再当新娘。”秦始皇决定南巡，把孟姜女带到了太湖边上。当夜，刀斧手刀光闪闪，捆绑手杀气腾腾，贱皇帝强逼同她成亲。癞蛤蟆休想吃得到天鹅肉，冷不防孟姜女从龙船上蹿出，跳了太湖。孟姜女跳进湖里后，变成了千千万万白白净净的银鱼，千年不绝，万年不灭，自自在在地游动在太湖里。

再说，曾一路相随孟姜女的那群乌鸦，也是跟秦始皇的龙船飞回了江南的，只是再也见不到孟姜女的面了，常在太湖边兜圈子，“哇、哇、哇”地寻个不完。无怪湖边有些上了年纪的人，至今一看见乌鸦，就会想起孟姜女的伤心事，说乌鸦“身上黑漆墨塔，心肠活像菩萨”。

皋桥上的伞洞

无锡白荡圩口有座大石桥，名叫皋桥。皋桥桥顶一块桥面石上，有个酒盅大小的凹洞，说是孟姜女的布伞伞头戳出来的。

孟姜女是太湖边上人，那年她同范喜良刚成亲，当天夜里丈夫就被抓去造长城。孟姜女急得病了一场，端阳躺到八月半，重阳过后才稍稍恢复了元气。这个苦女人是个烈性子，她说：“死要同喜良死在一起，活要同喜良活在一块。”爷劝不住，娘留不住，病刚好就赶缝了丈夫的寒衣，油了一把布伞，拜别爹娘，告辞乡亲，万里寻夫去了。

出门不远，秋雨不断。一些晓得孟姜女出门底细的老年人，看到她湿衣湿衫，烂泥地里踏一脚拔一脚地赶路，心里都很难过，纷纷劝导说：“出门一里，不如家里，到长城要过千山万水，你瘦骨嶙峋，哪能熬得住千难万难？”孟姜女头摇摇，谢谢乡亲一片好心，撑着油布伞一步步向北走。河两旁一些种田人，看到孟姜女有气无力，走一步停一步，气喘吁吁地赶路，你一言我一语问清楚了原本后都要留她歇歇：“古溪河水朝南流，你为啥要朝北走？愈往北走人烟愈稀少，路远迢迢你苦难熬。”孟姜女手摆摆，谢谢乡亲一片好心，背好小包裹一步步向北走。

孟姜女走呀走，到了白荡圩口皋桥堍，刚好几个婆婆娘娘路过，看到孟姜女抬不动脚，跌跌跄跄一级级上石桥，“妹子长，妹子短”向她问明白了来龙去脉后，一齐劝她另拿主意：“龙山梢梢梢朝里，范喜良迟早定回来，你何苦出门活受罪？”孟姜女不停脚，谢谢乡亲一片好心，一步一步吃力地爬上桥顶。孟姜女到了皋桥顶上，她站了一会儿，抬头朝龙山细细看看，想起范喜良抓去造长城，是死是活不得知，自己万里寻夫说不定也回不了家乡，放声哭了一场。她低头朝通往常州府的官衙大道上望了又望，不由得牙齿一咬，在桥上自言自语：“生不回头，死不改道！”手中的油布伞往桥面上狠狠一戳，这一戳非同小可，俗话说，“诚之所至，金石为开”，桥面石板上被她的油布伞的伞头戳出个酒盅般大小的凹洞。

孟姜女下了皋桥，赶奔路程万里寻夫去了，只剩那皋桥顶桥面石板上的伞洞留在家乡，一代代地传了下来。

本文引自陈庆浩、王秋桂：《中国民间故事全集》卷23：《江苏民间故事集》，台北：远流出版事业股份有限公司，1989年，第350～353页。

上海·孟姜女的传说

讲述者：杨仁云　采录者：上海民研会松江采风队

孟姜女是华亭（华亭：今松江县）人。父亲孟隆德，家里蛮有钱财，人称孟员外。孟员外的家小过世已经多年，只有一个囡唔（囡唔：方言，女儿），奶名孟素珍，生得聪明秀丽，员外蛮喜欢她，看得像珍珠宝贝一样。

隔壁邻舍是姜家老夫妻两个，年纪半百，但呒没（呒没：方言，没有）儿子囡唔。他们对孟家的囡唔也十分喜爱，常常在孟隆德面前流露出羡慕的意思，孟隆德说："我伲（我伲：方言，我们）孟姜两家一向亲如一家，常言道：'远亲勿（勿：不）如近邻'，我的囡唔也是侬（侬：方言，你）的囡唔，就叫伊（伊：他；她）孟姜女，当作我伲两家的囡唔吧。"孟家两老高兴极了，从此两家更加亲密了。

孟姜女长到十八岁，应该是提亲成婚的辰光了。孟隆德对囡唔说："囡啊，我一直把侬当儿子看待，可侬毕竟是个姑娘，年龄大了总要嫁人的，这终身大事也要考虑了。"孟姜女说："爹爹年纪大了，囡唔正该侍奉爹爹身边，怎么忍心离开爹爹呢？"孟隆德当然顶好有亲人一直在身边，但恐怕耽误了囡唔的终身大事，所以又说："囡啊，男婚女嫁，也是常理。只要侬将来的丈夫能够孝顺老人，日后侬爹爹勿也有依靠吗？"孟姜女索性提出："除非有啥人能亲眼看见我身上的白肉，才答应嫁给伊，否则，我勿离开爹爹。"孟隆德没法，也就勿提这亲事了。

苏州有个姓万的员外，早些年家境还算可以，近来却败落了。万员外有个儿子叫万喜良，从小就非常聪明，读书用功，乡里人传说伊的才学就是一万个读书人也抵勿过伊，都说伊是个好后生。

当时，秦始皇灭了六国，气势非凡，为了显示伊的力量，征集了三十万民工建造长城。造到潼关地方，因为地形险恶，长城几次坍崩，秦始皇非常恼火。有人启奏：倘若要在此地造城墙，必须有一万个人埋下去奠基。听说苏州出了一个有名秀才叫万喜良，他一个人能抵一万人。秦始皇听了蛮高兴，传旨要苏州府立即捉拿万喜良进京。万员外听到这个消息大吃一惊，只好叫儿子连夜逃走。秦始皇又要各地官衙张榜缉拿万喜良，说是有人捉到，无官加官，有官连升三级，另外赏银一万两。万喜良连准备行装都来勿及，跌跌撞撞来到了华亭县。他怕被人家认出，所以勿能到客店借宿。这天夜里他逃进一座花园，因为吃力得勿得了，倒头就呼呼困（困：睡）着了。其实此地正是孟家花园。

第二天太阳出来了，孟姜女和丫鬟云香来到花园里散步，看见草丛中飞出一只蝴蝶，颜色非常好看，孟姜女忙用手里的沉香扇去扑，勿料用力太大，反而把扇子落到荷花池里，一歇歇（一歇歇：方言，一会儿）就慢慢浸湿了。这把扇子是孟姜女娘遗留下来的东西，孟姜女平日非常珍爱，她连忙叫云香去拿竹竿来撩。

云香去了蛮长辰光勿看见回来，孟姜女眼看扇子快要全浸湿了，心急火燎，把袖子捋得高高的，扇子总算撩起来了。但身体一倾斜快要跌进荷花池里去，忽然听见从旁边假山后面传来一声惊叫："啊！"孟姜女一扭回头，身体倒立定了，总算呒没跌下去。她发现自己花园里有男人，一时面孔通红，连忙把袖子管捋下来。恰巧云香赶来，也听到了声音，大声要假山后面的人赶快出来。

假山后的那个人就是万喜良，他只好蛮尴尬走出来。孟姜女看他衣冠勿整的狼狈相，非常奇怪。万喜良上来赔了礼，又把自己的遭遇说了。孟姜女心里蛮同情，又看万喜良眉清目秀，出言吐语也勿俗气，倒想起了自己对爹爹提出的话，面孔有点热烘烘。她叫云香带万喜良到书房里暂时安歇，自己去见爹爹。

孟隆德听了囡唔的一番叙说，看来囡唔对万喜良有意，就到书房去看看万喜良，交谈之后，觉得果然是才貌出众。但想到万喜良是朝廷通缉的人，能招他做女婿吗？孟隆德倒有些为难。想来想去最后还是决定成全他们，立刻吩咐家里佣人着手准备喜事。

孟隆德的书童孟兴，平日多嘴多舌，好说大话，这天为孟姜女的喜事出去采办东西，碰着了干娘陆婶婶。他经勿起陆婶婶三言两语，就把事情漏出去了。陆婶婶也是个快嘴，又把这事告诉了她在县衙门当差的相好。那相好是个见钱眼开的小人，一听万喜良就是朝廷张榜捉拿的人，高兴得眉开眼笑，赶忙禀告知县。这知县是赃官，曾经为儿子向孟家求婚遭到拒绝，因此一直怀恨在心。现在正可以报复，他立即差人去抓万喜良。

孟姜女同万喜良刚拜完天地送进洞房，一帮差役突然冲进洞房，要将万喜良押走。夫妻分别，实在难舍难分，孟姜女眼泪哭干，喉咙喊哑，眼看着丈夫被差役拖走了。

万喜良被押往长城，已经半年了，呒没一点音讯。转眼天气转冷，孟姜女想起了丈夫，实在放心勿落（落：方言，了），决心去送寒衣。一路上千辛万苦，孟姜女一点儿也勿怕，只是咬紧牙关忍受。她来到雁门关，城关老爷听说她是从江南来的，逼着她唱小曲才可过关。孟姜女抑制勿住满肚皮辛酸，把自己家里的事体编成《十二月花名歌》唱给大家听，向在场的人吐诉悲怨。她唱得句句是泪，连听的人也都忍勿住哭起来。

孟姜女好勿容易到了长城工地，到处向人打听丈夫的下落，但这么大的工地到啥地方去找呢？她想起一路上吃尽苦楚，到长城又见勿到丈夫，禁勿住坐在长城脚下放声大哭。这哭声还呒没停歇，有一埭地势危险的城墙忽然"轰"的一声倒坍了，墙基露出了一具尸体。孟姜女跑过去一看，天哪，竟是自己的丈夫万喜良，她扑在尸体上呼天抢地号啕大哭。

秦始皇听说长城被孟姜女哭倒，暴跳如雷。他到孟姜女面前，想要骂她一顿以后，再来问罪。刚想开口，看见孟姜女十分美貌，倒又改变了主意。他赦免了孟姜女哭倒长城的罪，要孟姜女进宫做他的妃子。孟姜女假意答应，但提出三个条件：一、造一座长十里、宽五里的桥通向海面；二、要秦始皇为万喜良造一座像样的坟墓，还要披麻戴孝亲自送葬；三、允许孟姜女戴孝哭夫祭奠。

孟姜女等秦始皇做好这三桩事体，就走上那座刚刚造起的桥顶，跪在桥上，面对大海声声痛哭。孟姜女的眼泪水，"滴滴答答"滴落在海水里，变成了一条条银白色的小鱼。秦始皇过来要接她进宫，孟姜女指着秦始皇痛骂了一顿，骂完，纵身跳进了大海。

孟姜女的尸体随波漂流，一些银色小鱼紧紧围在她的身边。后来，有人把这种小鱼叫作"面杖鱼"（面杖鱼：银鱼)，一直传到现在。

附记：

孟姜女的传说在上海城乡流传很广，在这次全市民间文学普查中，22个区县共采录到48篇。传说的内容各有特色，其结尾也各不相同，但大都说孟姜女不是凡人，是从葫芦里或西瓜里、南瓜里出来的。关于孟姜女的出生地，有的说是华亭县，有的说是江苏吴县，有的说是北方某地。在松江县采录的传说，即是说孟姜女是华亭人。

本文引自《中国民间文学集成》全国编辑委员会、《中国民间故事集成·上海卷》编辑委员会：《中国民间故事集成·上海卷》，北京：中国ISBN中心出版，2007年，第356～359页。

上海·孟姜女走沙路

采录者：朱永祥

孟姜女万里寻夫，一路上吃尽千辛万苦。这天她来到了松江府所属颛桥镇六磊村一带。当时正是江南地方雨季，一歇歇大雨像泼下来一样，一歇歇太阳又从云堆里钻出来，本来就是七高八低的小路，更加泥泞脚滑难走。孟姜女咬紧牙关，跌跌撞撞仍旧朝前走，滑倒了爬起来，爬起来又滑倒，她一心要寻丈夫万喜良，始终不肯退步。她一片诚心，竟惊动了观音菩萨，看见孟姜女这样坚决，决定要帮助她。观音菩萨命令东海龙王带领虾兵蟹将赶快用细沙铺路，让孟姜女顺顺当当朝前走。

那些虾兵蟹将得到命令各显神通，一歇歇工夫，海滩上沉积起来的沙一批一批被风卷到半空中，又哗啦啦一路撒过去。海龙王在滩头监督指挥，做得蛮顺利。不过海龙王有一个疏忽，忽然觉得鼻孔里吸进了不少细沙，痒得熬勿牢（熬勿牢：方言，忍受不了），“啊嚏”！打了一个喷嚏。这个喷嚏厉害啊，把半空中的沙子喷出三十里远。等到沙子纷纷落地，就成了东西两边沙路。这沙路从孟姜女脚底下，一直铺到黄浦江边，足足有十里路长。

20 世纪 30 年代的古北口长城水关

孟姜女就沿着沙路不滑不跌走出松江府。

海龙王眼看孟姜女走远了，还吩咐虾兵蟹将说：“一定要等孟姜女回来之后，方才撤回令，你们等着。”不料，孟姜女一去没有回转来，那些虾兵蟹将天天伸长头颈等啊盼啊，一直到现在。所以这一带的江河里，至今常常有大批虾蟹出现，有些不了解真情的人，还称作虾朝王呢。

本文引自《中国民间文学集成》全国编辑委员会、《中国民间故事集成·上海卷》编辑委员会：《中国民间故事集成·上海卷》，北京：中国 ISBN 中心出版，2007 年，第 359 ~ 360 页。

安徽·孟姜女的传说

采录者：张运明

出世

在秦始皇焚书坑儒的时候，玲珑山下有位姓梁的儒生，为了躲避杀身之祸，只身藏进玲珑山上的一个山洞里，整日过着担惊受怕的生活。

玲珑山上有个洞，洞里有个山圣母，圣母有三个女儿，其中最小的一个叫玲珑仙姑。这个三仙姑见梁生长得英俊，又有才华，遂起了思凡求爱之心。三仙姑就施展法术，把山洞点化成楼台亭阁，常在这里偷偷与梁生相会谈心，两人感情一天浓似一天，干脆背着圣母在这里成了亲。

过了一年多，仙姑生下一个女儿，特别惹人喜爱。就在这时，圣母知道了三仙姑违背天条嫁给凡人，十分恼怒，就派四个大力神把三仙姑抓走。三仙姑又哭又喊，梁生痛不欲生，忙追出洞外。这时山下恰好有几个官兵在抓人，梁生只顾喊叫，没能提防，被抓走了。洞里只剩下一个婴儿在啼哭。

哭声惊动了玲珑山下的一户人家。这户人家只有老两口，老汉姓孟，老伴姓姜。这天孟老汉忽见官兵抓人，便躲藏起来。官兵走了以后，老汉突然听到婴儿的哭声，急忙循声找去，在山洞里看见那个啼哭的婴儿，就把孩子抱回了家。老两口无有儿女，就当亲生女儿把她养了起来，并给这个女孩起名叫孟姜女。

招亲

孟姜女从小就聪明伶俐，长到十五六岁，出落得像鲜花一样。孟家老两口看在眼里，喜在心中，打算给她招个后生做女婿。这事一传开，登门求亲的踏破了孟家的门槛。有穷人家的儿子，也有富人家的少爷，还有官宦人家的公子，可是孟姜女一个也看不中。孟家老两口就这么个宝贝女儿，娇养惯了，也不敢自做主张，只好依着女儿，婉言谢退。

有一天晌午，孟姜女从园子里拔了一篮子青菜，到河边去洗，一不小心滑到水里。她不会游泳，眼看越滑越深，就拼命高喊救命。说也巧，就在这时跑来一人，“扑通”跳进水里，将孟姜女救了上来。孟姜女很感激，向那人深深地鞠了个躬，那人慌忙将她扶起。孟姜女再仔细一看，救她的是个后生，不觉羞得满面通红，朝后退了两步。但人家毕竟是自己的救命恩人，便羞答答地说道：“多谢公子救命之恩！”说罢，就提着篮子匆匆回家了。

那个后生转身刚走几步，忽然听见有人在喊：“相公慢走！”回头一看，见是位老人，便站住了。孟老汉几步追上来，面带笑容上下打量了他一番。小伙子说：“老伯喊我有啥事？”孟老汉说:“我姓孟，刚才你救的是我女儿，我想请公子到家里坐坐，以表谢意。”后生再三推辞不掉，只得随孟老汉进了家。

孟家好酒好菜把救命恩人招待。席间，孟老汉问起后生姓名和家乡住址，后生说：“我姓万名喜良，家住离这二十多里的万家圩。家中母子二人生活……”原来，孟姜女招亲，传到万家圩，后生是奉母亲之命前来求亲的。

因为家中贫寒，来时母亲只给他一副玉镯作定亲礼。他怕礼薄被人耻笑，来到这河边又打消了求婚的念头，正要返回，见小姐落水，跑来相救。孟老汉听了哈哈大笑说："这真是千里姻缘一线牵！"万喜良听后急忙上前给孟老汉和老伴磕头。孟老汉问女儿意下如何，孟姜女羞得低下头。其实她一见到万喜良，就有七分情意，见他言谈举止挺诚实，又是自己的救命恩人，当下就答应了。万喜良把那只玉镯交给孟姜女，作为定亲之礼。第二天，孟姜女和万喜良拜了天地。

遭祸

孟姜女和万喜良成亲以后，小两口甜甜蜜蜜，恩恩爱爱，全家人欢喜万分。真是天有不测风云，人有旦夕祸福，没想到，他们成亲正赶上秦始皇抓民夫修长城。秦始皇修长城挺不顺当，修一段倒一段，修了半年也修不起来。秦始皇就准备用一万个活人来祭奠长城，以求神仙保佑。朝中有个大臣闻言奏道："眼下修长城，本来民工就不多，若再用万人祭奠，哪还有人干活呢？依臣之见，不如找个姓万的人代替就可以了。"秦始皇觉得有理，马上传旨找个姓万的人来祭奠长城。谁知传旨官传错了，把所有姓万的人都抓来了，万喜良也没有逃脱。孟姜女眼睁睁地见丈夫被官兵抓走，哭天天不应，哭地地不灵。每天茶不思饭不想，身子越来越瘦。二位老人看在眼里，疼在心里，没有一点办法，只好跟着女儿痛哭。

寻夫

眨眼秋尽冬来，寒风阵阵，白雪纷纷。孟姜女给丈夫做好了棉衣，和父母商量，要去给丈夫送棉衣。父母摇着头长叹了一声，说道："山山水水，千里迢迢，你怎么能去呢？"孟姜女说："我无兄无弟，二老又那么大年纪，我不去送，谁去送呢？不用说是千里，就是万里，孩儿也不怕。"父母无奈，只好依了女儿。

孟姜女告别了父母，冒着风雪，走啊，走啊，不知走了多少天。这一日，她走着走着，抬头一看，前面白茫茫一条大江拦路，天色已晚，又无处安身，心里焦急万分。这时忽见面前站着一位老翁，胸前银须飘洒，手持龙头拐杖，笑着问道："小娘子是千里寻夫的孟姜女吧？"孟姜女听后大吃一惊。

老翁说："小娘子不要害怕，我是土地神，是奉旨前来送你过江的。"他说罢蹲下身子，让孟姜女趴在他背上，闭住眼睛。孟姜女只好照老翁说的而行。她觉得像在空中飞似的，耳边清风作响，不一会儿轻轻落地。她睁眼一看，老翁已无影无踪，前面灰蒙蒙，雾腾腾，山接山，岭挨岭，到处都是干活的民工，原来已经来到修长城的地方。可是这么多的人，这么长的工地，到哪里去找自己的丈夫呢？孟姜女正在四下张望，忽然一股黑气向她扑来。恍惚之中，见丈夫披头散发，飘然而至。他告诉妻子，自己已被埋进长城下祭长城了。孟姜女正要与他说话，丈夫却转身就走，孟姜女一把没拉住，绊了一跤。于是，她坐在地上哭啊，哭啊，只哭得大风怒号，白云翻滚，突然"轰隆"一声巨响，山摇地动，长城"哗啦"倒塌了二百多里。

斗秦

秦始皇听说有个少妇把长城哭倒二百多里，暴跳如雷，马上传旨，把孟姜女押上殿来治罪。孟姜女被抓来，秦始皇一看孟姜女长得貌似天仙，便起了霸占孟姜女的歹意。于是奸笑着说："你哭倒了长城，犯了天大的罪，本该把你杀掉，念你年轻无知，饶你不死。只要你听我的话，做我的妃子，就有享不尽的荣华富贵。"孟姜女明知秦始皇不怀好心，但是如不答应，又怕这小子下毒手。她想自己死了事小，身怀六个月的孩子事大，便对秦始皇说："要我做你的妃子，须依我三件事。"秦始皇说："只要你依从，别说三件，就是三十件、三百件我也依你。"孟姜女说："第一件，你把我丈夫万喜良的尸骨找出来，金顶玉葬。"秦始皇说："这好办，第二件呢？"孟姜女说："你派人到阎王那里，找到我丈夫的孤魂，超度他升天，好让他及早转生。”秦始皇说：“这也好办，我明天就派个使臣去。那第三件呢？”孟姜女说：“第三你为我盖座孝夫楼。一是为丈夫守孝，二是我还有身孕，等孩子生下来后才能成亲。”秦始皇听后皱着眉头，仔细看了看孟姜女，见她肚子果然鼓起来了。心想这怎么能成亲呢，也只好答应。

报仇

孟姜女住在孝夫楼上，秦始皇生怕她逃跑，就紧锁房门，并派人日夜把守，每天给她送吃送喝，孟姜女像坐牢一般。

一天，孟姜女觉得腹内疼痛，知道要分娩了。她一阵头晕目眩，生下个又白又胖的小子。孟姜女看见婴儿想起自己的丈夫，不由得又哭了起来。她只顾悲伤，忘了收拾孩子，只见孩子在地上一翻身，就长了一大截，又一翻身，便能爬起来跑了。这孩子特别聪明，见母亲在一旁哭，就跪在母亲面前说：“娘为何痛哭？”姜女见孩子会说话了，又惊又喜，就把家中的遭遇，从头到尾一五一十地都告诉了他。

这孩子说话间又长高一截。他听后把脚一跺，骂道：“好个凶残的暴君，今天定要杀了他给父亲报仇！”孟姜女说：“儿呀！咱娘俩都被锁在这里，出不去怎么报仇呢？”孩子说：“娘有所不知，为儿是仙体，能腾云驾雾，上天入地。你在这里稍等一会儿，我去把昏君的魂摄来，咱再逃走。”说着一道红光就不见了。

这时，秦始皇正在千里之外的沙丘巡游。孟姜女想告诉儿子路太远，正要喊他时，孩子已回来了。他高兴地扬了扬手中的袋子叫了声：“娘！”孟姜女一看不知是什么。孩子说：“娘，这是拘魂袋，秦始皇已经死了，咱们拿着老狗的魂来，去爹坟上祭奠吧！您趴在我身上。”他说着蹲下身子背起了母亲，口中念念有词，喊了声“走”，随即“轰隆”一声，孝夫楼倒塌了。这孩子眨眼间把母亲背到长城下，抖开拘魂袋，用秦始皇的魂来祭奠了父亲。然后，他又背着母亲向西飞去，不一会儿便落了下来。孟姜女见来到一间小房前，小房在山坡上，四面白云缭绕。孩子说：“娘，此山叫云蒙山，这间房是山下一家员外盖的，离村庄较远，咱俩就住在这里吧。”孟姜女只好听孩子安排。

修仙

孟姜女和孩子住在云蒙山上。孩子很勤劳，每天上山打柴，再挑到很远的集市上卖掉，从集市上买回吃的东西。

这天，孩子正在打柴，突然打了三个喷嚏，他说了声不好，捆好柴火就往回跑。到家一看，母亲已被人杀死了。他赶快把娘的头和身子对好，吹了口气，孟姜女又活了。第二天，孩子安慰母亲一阵又出外打柴了。他又连着打了三个喷嚏，跑回家一看，母亲又遭害了，身子被砍成碎块儿。这孩子想办法把娘的尸体一块一块地对好，可是找来找去，少了心和一条腿。孩子马上出来找，正好碰上杀死母亲的差人，他便摔倒差人，抡起板斧把一条腿砍下来，回去给娘安上。

这时，那个差人在地上疼得喊叫，这孩子一想：砍了人家的腿救娘，差人又不是主谋，想办法还他一条腿吧！这时正好跑来一条狗，他就把狗腿砍掉给差人安上，吹了口气，差人站起来跑了。从此，民间便把那些当差的叫“狗腿子”。

再说那条狗，被砍去腿也疼得直叫，这孩子一想：“狗也是生灵啊，不能害了它。”就用泥捏了一条腿给狗安上了，并告诉狗撒尿时，把这条泥腿抬起来，小心尿水把泥腿冲坏。所以狗撒尿时总是抬起一条腿。

这孩子又跑到山涧里捧了一捧水沫，两手一团，把水沫团成心一样大小，给娘安在心窝里，他吹了口气，孟姜女马上又活了。可由于匆忙间把心换错了，孩子后悔地说：“娘啊，都怪孩儿，您不能成仙了，还当凡人去吧。”

团聚

这孩子把母亲孟姜女送到了姥姥家，自己又返回了云蒙山。孟家老两口见十多年前寻夫的女儿突然回来了，惊喜万分。孟姜女趴到母亲怀中，把离别后的事一五一十地告诉了二老。

一天，孟姜女正在河边洗菜，突然见一位公子站在一旁，仔细一看，正是自己多年思念的亲人万喜良。喜良也看到眼前站着的是自己的妻子孟姜女，两人猛地抱在了一起，悲喜交加，有多少知心话要说啊！万喜良擦去了眼泪说："我被秦始皇老贼祭了长城，是你救了我，阎王让我复生。昨夜，有个孩子给我托梦，让我今日到这里来。"孟姜女说："托梦的是咱的儿子！"万喜良听了高兴万分。

全家团聚，喜乐非常。从此，万喜良和孟姜女两口子过上了甜蜜生活。因为孟姜女是半仙之体，万喜良是重返人间，所以他俩都活了一百多岁。

本文引自《中国民间文学集成》全国编辑委员会、《中国民间故事集成·安徽卷》编辑委员会：《中国民间故事集成·安徽卷》，北京：中国 ISBN 中心出版，2008 年，第 305 ~ 309 页。

安徽·白颈老鸹的来历

讲述者：汪老太太　采录者：胡龙纲

老鸹，学名“乌鸦”，本来全身漆黑的，到后来因为孟姜女才有白颈子的。孟姜女长大后嫁夫范杞良，在结婚当天晚上，范杞良被秦始皇派人抓去修长城。自此，他俩天各一方，相互思念。特别是孟姜女，那悲惨的心情，不是用语言可以形容的。她央求去北方的人捎个信，总没有结果。春暖花开鸿雁北飞，孟姜女听说鸿雁能传书，但是没有一只鸿雁落下来。一天，一只老鸹停在孟姜女窗前，孟姜女向它诉说了自己的悲惨命运，求它给范杞良捎个信儿，叫他早点回来，要不，报个平安也好。老鸹子被感动，点头答应了。孟姜女把信缝在一条白带子里，系在老鸹颈子上做记号。

白颈老鸹走了。孟姜女等啊等啊，等到秋天，北去的鸟儿都回来了。一天，孟姜女正张望，看见一只白颈老鸹子落下来，朝她凄然地叫了三声就飞走了。

孟姜女见没有范杞良的消息，天气又冷起来，就决定北上千里送寒衣，才得知范杞良已经累死了。从此，世上就有了白颈子老鸹。而老鸹的叫声总是那么凄凉。

本文引自《中国民间文学集成》全国编辑委员会、《中国民间故事集成·安徽卷》编辑委员会：《中国民间故事集成·安徽卷》，北京：中国ISBN中心出版，2008年，第586页。

浙江·孟姜女

讲述者：俞正财　采录者：于海辰

孟姜女原来是天上的一个仙女，因偷看人间景色，犯了天规，被玉帝罚落到人间。孟姜女被罚落到人间后，无处安身，就幽（幽：躲藏的意思）到老孟家种的一株冬瓜里。这株冬瓜的藤，一直延到相邻的姜家地里。这株冬瓜藤长得很快，秋天结了一只像脚桶一样大的冬瓜，看到这只冬瓜，孟家要摘，姜家也要摘。两家在争吵的辰光，正好有个老人从这路过，说："你们勿要吵，这只冬瓜呢，还是姜家和孟家对半分吧！"

"巨龙"雄姿

老人拿着刀，对准冬瓜劈下去。刀还呒没碰到冬瓜，瓜就自己爆开啦。有个漂漂亮亮的小娘，从冬瓜里跳出来。这小娘见风就大，马上会讲话，会走路。介（介：方言，这）好个小娘，姜家要抱去，孟家也要抱去。最后那老人讲："孟家呒没小囝，还是给孟家养着吧。"那老人囝子和囡也统呒没，看见小娘喜欢煞，就讲："让我给这小娘做个继拜阿爹吧。"老人自称姓许，这样就给小娘起了个名叫作许孟姜。

孟姜女长大啦，孟家要给她订终身。孟姜女讲："阿爹，勿用给我配婚，啥人能被我相到浑身白肉就是我丈夫。"阿爹讲："阿囡，侬勿是田头百姓，人家河里沐浴怎么会被侬看见，侬这世丈夫勿用忖咯。"

孟姜女的阿爹讲她这世老公勿用忖咯，可后来怎么嫁给了范喜良的呢？这还要从秦始皇的阿爹讲起。秦始皇的阿爹，有一百零八个老婆，最小的老婆比秦始皇还小两岁。秦始皇的阿爹死后，秦始皇非要娶阿爹最小的爱妃给他当老婆。爱妃讲："儿啊，虽然侬勿是我生，可我给侬阿爹当过老婆，就是侬阿娘。上有天，下有地，日有日值神，夜有夜值神，侬这种事体做勿来咯。"秦始皇讲："我一定要侬给我当老婆。"爱妃讲："侬叫我给侬当老婆，除非日头出南边。"

早先的君主本事大猛，秦始皇为了让日头从南边出来，就祈祷玉皇大帝。玉皇大帝当真让日头从南边出来啦。以前，一年四季，白天和黑夜统一样长。从这以后，白天和黑夜弄出长短来啦。夏至白天最长，太阳从正东出来，冬至白天最短，太阳从偏南方向出来。这样秦始皇讲："母亲，现在日头已经从南边出来啦，侬好给我当老婆啦。"可这爱妃又讲："除非侬再打堵墙把日头遮煞。"秦始皇说："好咯。"就开始到处拉夫，修万里长城来遮日头。

这长城宽有七八十丈，高一直要到天上。可前头修，后面就要崩掉。秦始皇一看，对爱妃说："母亲，墙修下去难猛啦。"爱妃说："要修省力猛，下面要用一万一千零两个十八岁到二十岁还呒没成婚的童子后生填城墙脚，就勿崩啦。"

秦始皇听爱妃这样说，圣旨下到全国，要拉一万一千零两个童子后生填墙脚。被捉去的子民百姓哭得天摇地动，玉皇大帝知道后，托梦给秦始皇："侬勿要捉一万一千零两人，范家有个范喜良，单捉其一个'万千良'（万千良：方言读音与"范喜良"相近）填墙脚就行啦。"这样秦始皇把捉来的人统放掉，专门派官兵到范家捉范喜良。范喜良的阿爹晓得后，让儿子移名改姓逃跑啦。这样到处张贴范喜良画像，各府各县出赏捉拿其。一日，范喜良正巧逃到孟家花园，人逃得热煞了，衣裳脱落，花棚里一放，"蹦"跳进了荷花池。这时正巧孟姜女在楼里待得心烦煞，带着丫头到花园散心。走到荷花池的辰光，范喜良刚好跳上岸。孟姜女看见范喜良满身白肉，就转身上楼，让丫鬟请来阿爹，讲："爹爹，我丈夫寻找到啦。"阿爹问："你丈夫在哪里？""现在花园里。"阿爹叫书童到花园里去相，书童回来讲："老爷，花园里有个后生，正在穿衣裳。"阿爹吩咐书童，请范喜良进来。

范喜良吓煞了，跟书童上了楼，只听老爷对他讲："后生，现在阿拉（阿拉：方言，我们，我的）囡要高攀侬。"范喜良一听，心忖，侬囡要配给我，我是朝廷要犯，你是忠是奸我勿晓得。就讲："这件事我勿好从命。"孟姜女一听，对范喜良讲："我跟爹讲过，被我相到浑身白肉的人，就是我丈夫。现在侬在荷花池被我相到了浑身白肉，侬穷也好，富也好，侬就是我丈夫啦。"

范喜良看孟家父女对他是真心，就讲："大伯！小姐要嫁给我，我也同意咯，但我是朝廷到处在捉的范喜良，咋好与小姐婚配？"孟老爷讲："阿拉勿讲出，别人总勿会晓得咯，侬放心好啦。"这样，范喜良在孟家住下，孟家让他读书，后来选了个吉日给他成婚。

结婚的那日，来吃酒的人很多，人中有个姓朱的叫朱葛，正巧看见过范喜良的画像，他就暗暗通报官府。新郎新娘刚一只脚在洞房门里，一只脚在洞房门外，四个官差赶到，一条链子把范喜良锁去了。

孟姜女在屋里等，一日又一日，既没丈夫信息，就千里寻夫到长城。哭一声长城倒十里，哭二声长城倒二十里。孟姜女哭倒了长城，惊动了官府，孟姜女被捉到京城。秦始皇一看，孟姜女介好看，把他阿爹的爱妃也忘掉啦，要让孟姜女跟他成婚。孟姜女勿答应，秦始皇派人把她阿爹也捉来。孟姜女忖，勿答应要害爹爹性命，说："万岁，侬要我成婚，要依我三桩大事。"秦始皇讲："别说三桩，三十桩也依侬。"

孟姜女讲："第一桩，侬要浑身穿白去吊孝，连哭三声'我的父'。"秦始皇说："可以咯。""第二桩，范喜良棺材抬上山，侬要手扶棺材当孝子。"秦始皇又说："也可以咯。""第三桩，我要浑身穿白勿穿红，送我到海边哭三声。"秦始皇又说："好，也依侬。"

秦始皇脱掉龙袍穿孝装，手拿孝杖棒扶棺材到山上。孟姜女浑身穿白，坐着沉香轿来到海边，连哭三声范喜良。第三声刚一哭，就"扑通"一声跳进海里啦。

附记：

孟姜女的传说，一般认为滥觞于《左传》《列女传》所记杞梁妻拒绝郊吊，哭城而城崩的故事。现存最早定型的故事文本，当推唐代的《同贤记》(见《琱玉集》)。到了明代，这个故事又由北方向南方发展，并将孟姜女出生地落脚于江苏松江一带，江浙相邻，因此对浙江各地产生了较大影响。近代的流布，则尤以戏曲、曲艺、宝卷、歌谣为盛，相互影响，致使传说的歧异甚多。舟山定海区岑港镇夏玉虎搜集的孟姜女传说，有三处不同：一，万喜良逃入孟家花园，土地菩萨故意起风，吹孟姜女扇子入池，孟揭袖捞扇，被万看见白肉，孟说"见我白肉是我夫"，遂嫁万。二，孟姜女哭长城，哭一声，万的骨头跳出一根，只剩一根被土地藏过，万不能复活。三，孟姜女向秦始皇提三个条件：一节花生四两重，一个馒头十八斤，一根金条一丈长、三尺宽、三寸厚。最后孟姜女跳入万丈深坑，坑里飞出两只蜻蜓，双双飞上天。

本文引自《中国民间文学集成》全国编辑委员会、《中国民间故事集成·浙江卷》编辑委员会：《中国民间故事集成·浙江卷》，北京：中国 ISBN 中心出版，1997 年，第 291 ~ 294 页。

浙江·哭长城

讲述者：刘德林　采录者：张一芳

秦始皇要造万里长城，从天下召集了几十万老百姓，造了好几个年头了。这长城这么长，难造。勿是今天这里塌了一垛城墙，就是明天那里松了一段墙基。秦始皇急得是坐也坐勿安，困也困勿稳，皇宫里的什么龙肝凤胆好吃的，在他吃起来也像老猪婆啃番薯一样，无滋味。

有一天，勿晓得是哪一个朝中大臣，请来了一个“仙师”，说是晓得其中的奥妙，仙师讲：“你皇帝要造长城么，当然勿怕无钱财，勿怕无物力，天下的百姓统统是你管，当然也勿怕无人力了。话又讲转来，你就是有几万几十万钱，再加几万几十万人，也少勿得一个人。有了这个人，长城稳稳固，江山也稳稳固咯。”秦始皇一听讲，连紧问：“是什么人？叫什么名字？这人在哪里？一定要找到他！”

这位仙师告诉皇帝说：“要造万里长城，要有一个名字叫‘万里郎’的人来奠城基。你皇帝老爷造长城，是一件了勿起的大事件，怎么可以祭也勿祭，奠也勿奠呢？这个人在开朝的年头就出世了，找到他才算数。”“好，这事体勿难。”秦始皇立时三刻派出人马。到全国各个地方去，只说是征召民工筑城长，暗中留意这个“万里郎”。寻呀寻，全国都寻遍了，寻到了福建泉州府，才寻到了这个名字叫作“万里郎”的人。

万里郎屋里有大有小呢。他在泉州城外的孟家刚刚当了插门闩女婿，孟家女儿就叫孟姜女。听说要召夫婿去筑长城，孟姜女哭了三天三夜，眼珠子哭得像核桃，死活也勿肯放丈夫去。可是一个女子再硬，总拗勿过官法，拗勿过官兵凶神势力大噢！万里郎被捆绑到北边，就被活活祭了城墙，埋在长城墙基下了。临死的时候，他把孟姜女亲手缝的一件衣衫交托给一个好心的监工，请他带一个音信到屋里去。

再说孟姜女，自从夫婿离了家门，就天天望，夜夜等，只想着天上脱落一个月亮来。听说北边的长城再勿塌，再勿倒了，她哪里晓得是活祭了万里郎的缘故噢？心里还高兴呢，只想等到万里郎筑好了万里长城，一家人好团圆。

这一天，乌鸦在头顶上叫得哇哇响，想勿到家门前忽然来了一个人，把万里郎的衣衫放到她门前。孟姜女开门见了郎君衣，知道夫婿死了，眼泪流了十八桶，昏死也有十八遍。清明快到了，孟姜女备办了一些纸烛，要到北边去了，想去祭祭万里郎的亡魂，扫扫万里郎的坟墓。孟姜女到了北面，才晓得自己的夫婿不是得了什么病，是被皇帝活活奠埋在万里长城脚下了。介长的长城，到底哪里埋着万里郎？到哪里去扫墓？到哪里去祭亡灵啊？孟姜女好伤心。既然你皇帝老儿把万里郎埋在万里长城下，这万里长城就是万里郎的坟！孟姜女对着长城哭啊哭，哭了七日七夜，哭得眼泪像天落大雨哗哗下，哭得眼泪像大河涨水哗啦啦。突然轰隆隆一阵响，城墙塌下来了。孟姜女哭一声，城墙塌一块，哭两声，塌两块，连声连气地哭，塌下来一大片。孟姜女也勿活了，走到城墙下，哭啊哭，连她自己也被哭倒的城墙压着了。从这后，这 ·段城墙就勿敢再去筑了，一直空了这些年。

据说，万里长城必定要万里郎垫脚才筑得牢，偏偏又最忌万里郎的妻子对着万里长城哭。孟姜女要是沿着城墙一路哭，这万里长城还要一路倒呢！这一点仙师没有估算到，这一点孟姜女自己也勿晓得，所以万里长城还是塌一角，所以万里长城还是有介长。

本文引自《中国民间文学集成》全国编辑委员会、《中国民间故事集成·浙江卷》编辑委员会：《中国民间故事集成·浙江卷》，北京：中国 ISBN 中心出版，1997 年，第 295 ~ 296 页。

浙江·孟姜女和土地公婆

讲述者：林爱伦　采录者：王月仙

孟姜女寻夫寻到万里长城，听说丈夫万喜良死在长城脚下，便放声大哭，长城被哭倒了一片，露出一堆堆白骨。原来造长城死去的民工，统统葬在那里。孟姜女一边哭，一边寻找丈夫的尸骨。白骨如山，哪一根是喜良的骨头呢？她东挖挖西挖挖，手指都流出血来，血滴在其中一堆白骨上，像朵红梅花。孟姜女想，它一定是我丈夫的，便把骨头一根根拣拢，拼起来正好是一副。孟姜女用包袱将骨头包好，抱在胸前说："喜良！喜良！夫妻总算团圆了，跟我回家去吧！"眼泪滴滴答答在包袱上。

孟姜女抱着包袱一路走一路哭，只觉得包袱越来越重，实在走勿动了，坐在路边歇脚。这时候，前面来了一对老头老太婆。老太婆走近孟姜女，问："这位大姐，看侬面孔煞白，满头黄汗，会是生病吗？"孟姜女答："毛病倒没有，就是我的包袱太重，抱得吃力煞。"老太婆笑嘻嘻地说："这顶便当（便当：方言，方便、容易），只要背在背上就轻松了。"孟姜女试了一试，果然轻松得多。

等到孟姜女走远，老头埋怨老太婆："你太缺德，活活拆散了一对恩爱夫妻。本来万喜良骨头被孟姜女的眼泪水一渗透，可以还魂做人，现在背在背上，眼泪渗勿着，咋能活转来？"老太婆嘴巴一撅说："我们土地公婆，职责就是收管闲魂野鬼，万喜良一还魂，世人都看样，生生死死就弄勿条直（弄勿条直：弄不清楚，弄得乱七八糟）了。"土地公公说："不管为神为鬼，都要有好生之德，孟姜女是天下顶可怜的女人，侬勿怕丧阴骘？"两老争吵不休。土地婆婆气得呒（呒：方言，没有）话好讲，拔出头上一枚玉簪在地上用劲划了一圈，说道："你嫌我良心勿好，我们分家！"玉簪划出一条深沟，土地婆婆脚上的土地，慢慢地漂开去，漂到海里去了。从此以后，大陆上土地堂里供的只是土地公公。

本文引自《中国民间文学集成》全国编辑委员会、《中国民间故事集成·浙江卷》编辑委员会：《中国民间故事集成·浙江卷》，北京：中国ISBN中心出版，1997年，第297页。

颇具威仪的涿鹿马水城敌楼

浙江·破娘生银鱼

讲述者：施柏先　采录者：徐春雷

每年五六月间，桐乡乌镇北栅太师桥下面的河中，经常有无数小银鱼。这种鱼的肉质细嫩，味道鲜美，乌镇人用新鲜银鱼做成的银鱼丝炒蛋是一道名菜。

银鱼的产卵方式很特殊。雌鱼往往在早春天气还比较寒冷的时候，游到薄冰较多的湖边，在那里游来游去让薄冰划破自己的肚皮，然后排卵。待卵产完，自己便慢慢死去。所以人们又称它为“破娘生银鱼”。

说起“破娘生银鱼”，民间有这么一个传说：从前，秦始皇造万里长城的时候，将孟姜女的丈夫万杞良捉去做工。孟姜女为了给丈夫送寒衣，不顾自己已经怀孕，长途跋涉，来到长城脚下。当她得知丈夫已经被秦始皇害死在长城底下的时候，心如刀绞，抱头痛哭。这一哭非同小可，那长城竟被哭坍了好长一段。这下子秦始皇火了，立即传旨捉拿孟姜女。建造长城的民工同情孟姜女，劝她快快逃走。孟姜女人地生疏，外加已有身孕，怎么能逃得快？当她逃到一个很大的湖边时，再也逃不动了。眼看追捕她的士兵已到，心想丈夫已死，自己一个人活着还有什么意思，便“扑通”一声，跳入湖中。

秦始皇并不就此罢休，说要将她碎尸万段，才消心头之恨，便下令叫士兵将孟姜女的尸体从湖中打捞上来。可是，偌大一个湖，到哪里去捞？士兵就从湖上叫来很多渔船，命渔民用“滚钩”来打捞。结果，孟姜女的尸体被打捞上来了，但经过无数滚钩的钩划，尸体已被钩得稀烂。肚里的胎儿也破腹而出，被钩划成一条条的肉丝。说也奇怪，一会儿这一条条肉丝在湖里游动起来，变成了成千上万条又细又白的银鱼。人们说，秦始皇害死了孟姜女一家，孟姜女死不瞑目，她让自己未出世的小孩，变成小鱼活着，要看看秦始皇的罪恶下场。因为小银鱼是破了娘肚皮才出来的，所以又叫“破娘生银鱼”。后来，银鱼繁殖的方式，也一直是破腹产卵。

附记：

这个传说，有几种说法。海盐县澉浦镇澉浦村农民王仁和讲述、顾希佳采录的异文，是说孟姜女哭倒长城后，跳海而死。秦始皇派士兵捞起她的尸体，用铁扫帚去扫，使尸体稀烂，丢入河中，变成银鱼。而孟姜女掉在海里的袜子，则变成了带鱼；她那被湖水浸碎的衣服则变成海蜇。

本文引自《中国民间文学集成》全国编辑委员会、《中国民间故事集成·浙江卷》编辑委员会：《中国民间故事集成·浙江卷》，北京：中国ISBN中心出版，1997年，第298～299页。

浙江·项羽浮江出世

讲述者：陈阿庆 采录者：陈德来

传说项羽原来并不姓项，他的生身母亲是孟姜女。自从范喜良被秦始皇的士兵抓去修筑长城后，孟姜女万里寻夫送寒衣，吃尽了千辛万苦，可她赶到长城，见到的却是丈夫的一堆尸骨。孟姜女哭天喊地，痛不欲生，但一想到自己已有身孕，觉得不能死，于是，就忍着悲痛回家来，心想一定要将孩子生下来，养大成人，替父报仇。也真是冤家碰对头，半路上，她碰上了外出巡游的秦始皇。秦始皇一眼看中了孟姜女的美貌，定要娶她为妃，孟姜女上天无路，入地无门，急怒之下，一跃跳进了大江。江边有个渔民，叫项梁。项梁原是楚国的贵族，自从秦灭楚后，他逃出京城，隐姓埋名，装扮成渔民。

项梁表面上终日打鱼捕虾，百事不问，心里却一直在寻找报仇的机会，暗地里练就了一身好武艺。这一天，项梁坐在小渔船上，忽然见上游的江面上有个白色的东西顺流而下，有一群鸟儿在上面回旋。

项梁觉得奇怪，便打起船桨，把小船划了过去。只见水中有个妇女，托着一个婴儿露在水面，婴儿身上，盖着一层厚厚的羽毛。项梁一见，赶紧伸手去救婴儿。说也奇怪，当他双手抱住婴儿时，水中的妇女就立即沉入水底，不见了。这时候，鸟儿也纷纷四散，拍拍翅膀向远处飞去了。这水中的妇女是谁呢？她就是孟姜女。原来她投江以后，生下了儿子，此刻是浮身托子，把儿子托给了项梁。

因为救孩子那一天有群鸟保卫，羽毛护身，所以项梁给孩子起了个名字叫羽。项梁待项羽像亲子，不过却一直以叔侄相称。

日子过得飞快，一转眼，项羽已经长到五六岁了。这一天，他在江边游玩。只见江水旋转不停，一眨眼，水面忽然冒出一只碗，碗里盛着大半碗乳汁。项羽觉得好玩，便伸手取来喝了。谁知这一喝不得了，双臂立刻有了千斤之力。项梁见了十分高兴，决定培养他成材，将来好报国仇家恨。从此以后，项梁就手把手地把自己的武艺传授给项羽。项羽聪明伶俐，一学就会，一看就懂。待他长到十多岁，十八般武艺已样样精通，勇如猛虎，威武无比。

后来，项羽与项梁一起起兵反秦，终于推翻了秦王朝，为他死去的父母报了仇。不过，项羽到死也不知道，他原是范喜良和孟姜女的儿子。

本文引自《中国民间文学集成》全国编辑委员会、《中国民间故事集成·浙江卷》编辑委员会：《中国民间故事集成·浙江卷》，北京：中国ISBN中心出版，1997年，第88～89页。

福建·孟姜女变花报夫仇

讲述者：蓝青草　采录者：蓝振河

从前，秦朝出个秦始皇，无道真无道，三丁抽一五抽二，强迫百姓筑万里长城，把孟姜女丈夫范喜良捉去压死在长城脚下。孟姜女万里寻夫，哭倒了城墙，滴血认到亲夫骨。秦始皇看见孟姜女生得好，就要孟姜女做娘娘。孟姜女要秦始皇答应三条才成亲：一要檀香木做棺材收夫骨；二要文武百官给丈夫送葬；三要戴孝江边祭亲夫。秦始皇一听，满口答应。谁知孟姜女节义聪明心计好，看秦始皇件件都做到，在江边哭呀哭，双脚一跳，跳落江心尽节了。

秦始皇得不到美人白白受骗，相思得了病，吃尽百药也治不好，就挂榜京城求名医。谁人治得皇上病，赏爵封侯答谢伊。

这一天，有个跛脚人，拿着两朵花。来到皇宫门口，对守榜太监说："这两朵花能医皇上病，你们拿去送给皇后，叫她插在头上，皇上的病自然会好的！"说完走了。

太监听了，虽然不敢相信，但看看这两朵花，一朵花蕾红艳艳，一朵绿蕊枝头青，香喷喷，实在可爱，就送到宫中。皇后和太后正守在皇上病床边。听太监这样说，也半信半疑。太后接过两朵花看看，实在可爱，就说："既然送来，说能治皇儿病，我们就插上试试看吧。"她将花蕾红红的那朵给皇后插头，自己把那枝绿蕊插在头上。

说来奇怪，那朵花蕾一插上皇后头，花瓣立时就舒展开来，越开越精神，越开越香艳，好像变把戏一样，皇后立时越变越年轻，脸上红扑扑，眉毛月弯弯，眼睛水灵灵，声音娇滴滴，走起路来，那腰肢一扭一扭，那身上香气一阵一阵扑来，真像嫦娥再世，天仙下凡，变得和孟姜女一模一样。秦始皇一看，一骨碌爬起床，大叫："孟姜女你没死！你回来了！"紧紧把皇后抱住，什么病都好了。

没过几天，皇后头上的那朵开了花的花蕾忽然干枯了，皇后变得和老太婆一样。那太后头上插的花蕊，却开起来，太后变年轻了。秦始皇看看太后，满头青发黑油油，脸上细皮嫩肉红扑扑，眼睛像水晶盘里的一粒会走动的黑葡萄，笑起来像朵花，也变得和孟姜女一模一样。秦始皇看呀看，就要太后做娘娘。太后大骂秦始皇："你这不孝昏君，要你老娘奶做你老婆，除非皇宫城墙遮了天日！"

秦始皇听了哈哈大笑说："我皇帝圣旨口，又有赶山鞭，要皇宫城墙遮天日，有什么难呢？""啪"的一声，拔出身边赶山鞭，叫一员大将去赶大石头。没几天，就赶来天下山头九万九千九百九十九块大石头。叠起九百九十九丈高的九重城。太后看看天上的日头快要遮一半，惊得伤心大哭。太后在皇宫里"哇哇"一声哭，只听得天崩地裂一声响，那九百九十九丈高的九重城，立刻“哗啦、哗啦”倒下来。

秦始皇再也没脸坐朝见百官了，挂名巡游天下，没多久，病死在半路上。这件事传来传去，大家都说，这两朵花，是孟姜女变的，替丈夫报仇，惊死秦始皇。

本文引自《中国民间文学集成》全国编辑委员会、《中国民间故事集成·福建卷》编辑委员会：《中国民间故事集成·福建卷》，北京：中国 ISBN 中心出版，1998 年，第 205 ~ 206 页。

福建·西瓜精点倒长城

讲述者：蓝徐金　采录者：祝文秋

我们这一带畲家山村，都传说孟姜女是西瓜精变的。秦始皇荒淫无道，一个晚上游三十六宫，要和父皇的妃子睡觉，皇城的城墙就倒塌了；他又要生母做老婆，生母大骂："除非你把长城墙筑到天，把日头遮了！"秦始皇就下令到处抓民夫，沿高山顶筑万里长城。这万里长城砌一段有一个城堡，像西瓜长藤，长一节藤结一个西瓜一样。孟姜女是西瓜精，正好破秦始皇的万里长城。

有一天，一个人叫杞梁，被差役追赶得走投无路，就躲到一片西瓜园里。差役追到西瓜园，杞梁全身都发软，只等差役来抓了。突然间，一个大西瓜裂开来，走出一个漂亮的农家女，她对差役说："你们追赶的人，向西边逃去，这人是我的丈夫。"差役信了，就向西边追去。

西瓜精救了杞梁，杞梁感恩不尽，两个就一起过日子。不久两人就结了夫妻。没多久，杞梁外出，又被差役抓去筑长城了。

那年冬天，西瓜精去寻丈夫。走到长城，见不到丈夫，很伤心。她一路走，一路问，才知道杞梁被埋进城墙下去了。西瓜精气起来，把那城墙的根脉点了一下，城墙就倒了，这才找到了丈夫的骨头。城墙被西瓜精点过后，就筑不高，遮不住天日了。

本文引自《中国民间文学集成》全国编辑委员会、《中国民间故事集成·福建卷》编辑委员会：《中国民间故事集成·福建卷》，北京：中国ISBN中心出版，1998年，第206～207页。

湖北·孟姜女寻夫

讲述者：曾庆荣　采录者：马昆山

秦始皇修长城，拉了好多民夫，孟姜女的丈夫万喜良也给拉去了。孟姜女思念丈夫，天天在屋里哭。哭了一年半载，还不见丈夫回来，她决计去找。家里人和乡亲们都劝她，说山高路远，你到哪儿去找呢？孟姜女听不进去。才过五月端午，她就把万喜良的袄子棉裤都带上出了门儿。后人说："吃了五月粽，就把寒衣送。"就是说的这件事儿。

孟姜女晓行夜宿，脸也晒黑了，脚也走肿了，人也饿瘦了，还是一股劲儿地往北走。土地爷看见了，心想，这个女人对丈夫这诚心啊，我来帮她一把。土地爷把手里拐棍变成一匹马，自己变个白胡子老头儿，来到路上等孟姜女。

孟姜女走累了，看见路边一匹马，有点儿动心。她问："这位大伯，你拉马上哪儿去呀？"土地爷说："我是赶脚的，专门送客呀！""唉，那不行。我出门久了，带的盘缠花光了，那就不打扰了。"土地说："大姐莫走，你现时没得钱，找到你丈夫不就有了？来，上马，我送你！"孟姜女上了马，只觉得两耳生风，不渴也不饿，尽是不停地跑。这一天，白胡子老头儿让孟姜女去买点儿吃的。等孟姜女转来，老头儿跟马都没见了。孟姜女跟路边的大嫂打听。大嫂说："你骑在人家的拐棍上，老爷子在后头推。"孟姜女晓得遇到了好心的神仙。她撮土为香，朝天拜了几拜，打听离修长城的地方还有好远，大嫂手一指说，山那边就是。

这以后才有了孟姜女哭长城、秦始皇赶山的故事。

本文引自《中国民间文学集成》全国编辑委员会、《中国民间故事集成·湖北卷》编辑委员会：《中国民间故事集成·湖北卷》，北京：中国 ISBN 中心出版，1999 年，第 176 页。

湖南·孟姜女与范喜郎

讲述者：陈道国　采录者：戴作林

俗话说："男无媒不娶，女无媒不嫁。"范喜郎与孟姜女一无亲戚说合，二无媒妁作伐，却成了一对恩爱小夫妻。说起来，恐怕是没有几个人知道这里面的根底的。

传说秦始皇当道的时候，范喜郎先后被抓了两次。头一回抓进去，在长城工地当了三个月差，偷空跑了回来。没想到，还没进家门，又遇上了抓丁的。喜郎东躲西藏，爬进了一家大户人家的花园，在一棵大桂树上蹲着，从日头东起一直蹲到日头当顶。

看看到了吃中饭的时候，范喜郎估计抓丁的该回去了，打算下树回家看看老娘。就在这时候，忽然后花园门口一阵嬉闹，不大一会儿，几个丫鬟使女陪着一位穿金戴银的小姐进了花园。姑娘们先在园里巡查了一会，见没有外人，这才关好园门，沿着青石板路，从树下走过，走到一口不大的清水池塘边。接着，几个丫鬟围着小姐，抽的抽簪，脱的脱衣，侍候小姐在落塘的绿荷中洗起凉水澡来。

六月天气，本来就热，又是蹲在树上，四周枝叶密不过风，加上顶上是火大日头，底下是晒得滚热的青石板，上蒸下煮，范喜郎早已闷得透不出气。如今又经一群黄花闺女的闹腾，心里直慌得没有主意。他想看，又怕看，看见了人家的身子又怕看见人家眼睛。他……这时他急了，一口气没换均匀，"咳"的一声呛了出来。

那边的姑娘们闹得有趣，忽然听见有男人在园里咳嗽，一下子乱了手脚：拿的拿衣服，折的折荷叶，这才把小姐露出的身子遮挡起来。留在岸上的两个丫鬟急忙找到树下，看是什么人在园里偷看。

范喜郎咳过以后，本来觉得心里松活了些，姑娘们一起哄，他反吓着了。他知道这下闯了大祸，只好圈在树上，一动也不动，任凭树底下的两个丫鬟又叫又喊，他就是不应声，也不下树，直到她们拿来竹篙棍子，一阵乱敲乱戳，他才赤着脖子红着脸皮下得树来，呆呆地站在石板上，嘴里喃喃地说："我没看见！我没看见！"那敖款（敖款：即老实可怜的样子）活像是偷了人家的东西，被当场抓住，见不得人似的。

两个丫鬟从没看见过这稀奇事，见这样一个手大脚粗的男子汉吓得这副样子，又好笑又好气，虽说嘴里不停地喊打，可就是没有下手。等到那个胆子大些的丫头刚举起棍子往下打的时候，被小姐制止住了，她说："先不忙打，等问明白再说。"

小姐一来，范喜郎越发觉得自己没处藏身。他低着头，不看小姐的身上，只是偷偷地看小姐穿着绣花鞋的一双小脚。这时，小姐吩咐丫鬟："你们问他，到这里来做什么！"一个丫鬟粗声粗气地问："小姐问你，到这里来做什么？"范喜郎两块嘴巴皮动了动，没有说出话来。小姐又吩咐说："他不说，就给我打！"一个"打"字还没落音，范喜郎的魂早又吓掉了几分，连忙说："我说！我说！我是躲抓丁才躲到这里来的。不知小姐在花园里，我真该死！请小姐饶我这一次。"一个丫鬟又问道："你看见什么没有？"范喜郎手指大桂树说道："我什么也没看见，不信你问它，我什么也不知道。”

范喜郎这么一说，丫鬟们都抿着嘴偷偷地笑了。小姐真是又气又羞，不得不拿丫鬟使气：“笑什么，嘴巴贴了膏药了？还不快去叫家人！”丫鬟们急忙去喊家人。

等家人来了，姑娘们就七嘴八舌地上前告状，说范喜郎私闯后花园。家人们听了，要把喜郎扣了起来。可这一来，小姐的心病发了，心想，自己早已到了“当嫁”年纪，婚事却还是“八”字没那一撇。“九”字没得一钩。看到范喜郎是一个忠厚诚实的年轻汉子，料想纸是包不住火的，日后这件事一传出去，我还有什么脸面见人？不如把自己的心事告诉了母亲。这时她急忙回到上房，把刚才的事情对母亲一一讲了，母亲再和父亲一商量，觉得虽不是门当户对，可事已至此，也没有别的路好走，只好依了她，择了个日子，请来了老亲家，给小两口完了婚。

就这样，范喜郎因祸得福。那位小姐，就是后来千里寻夫、哭塌万里长城的孟姜女。

本文引自《中国民间文学集成》全国编辑委员会、《中国民间故事集成·湖南卷》编辑委员会：《中国民间故事集成·湖南卷》，北京：中国 ISBN 中心出版，2002 年，第 260 ~ 261 页。

1922 年 [美] 亚当•沃里克拍摄的居庸关长城西北扇面

2005 年 [美] 威廉·林赛拍摄的居庸关长城西北扇面

湖南·孟姜女梦中助尚书

讲述者：李芝兰　采录者：李志民

澧县东面四十里有座孟姜山，山上有座姜女祠，祠内有“百练堂”“绿云宫”。“绿云宫”内有一座姜女像，上山拜姜女娘娘的人成千上万，大伙儿都夸明代工部尚书李如圭为澧州人民办了一件大好事。

那是明代弘治年间，湖北荆州一带洪水泛滥成灾，人民被洪水害苦了，可大伙儿又把这个恶魔没得整。为了活命，老百姓只得扶着老人、拉着孩子去打莲花落。唱花鼓、挑着八股绳出外谋生。

这事情很快就传到孝宗皇帝的耳朵里去了，他赶忙召集文武大臣，商议如何处理这件事。那些大臣平时吃惯了，喝足了，一个个喂得像大肥猪，谁也不愿意去揽这件苦差事。再说，那也没多大油水，他们不去倒还罢了，还变着法儿说洪水成灾是天命，是那里的老百姓得罪了龙王，活该受那份罪。

这些话可气恼了工部尚书李如圭，他站起来说：“那一带洪水泛滥，是荆江所致，依我之见，派人去另筑一道江堤，挡住上游水流，逼水改道，便可平安无事。”皇帝听了李如圭的话，觉得有些道理，就委派李如圭去荆江办理这件事。

李如圭接到圣旨，一刻也不耽搁，他骑快马，连夜赶往荆江。到了那里，草草地安顿一下，就沿着荆江西岸观察测量江水流向，确定了江堤的位置，这才来到荆州州府，召集荆江一带的大小官员，要他们马上征集民工、准备粮草，动工修堤。当地老百姓听说治理荆江，都纷纷从外地赶回来参加。谁知荆江一带江猪太多，扔下去的石块、土包，都被它们咬散了，拱走了。百姓们辛辛苦苦干了一个月，工程却没有一点进展。这可把李如圭急坏了，他茶不思，饭不想，差点急出病来了。一天晚上，他躺在床上昏昏入睡，突然一阵香风吹来，一个年轻女子站在他面前说：“李尚书，我是您的同乡孟姜女，今天您遇到困难，我特地来告诉您一个办法，请您派人四处收集破铜烂铁，然后把铁块铸成鼎锅一样的铁砣滚下堤脚，这样江猪才咬不烂，啃不动，堤脚稳了，江堤才能修得起。”说完，用力推了尚书一把，李尚书一惊，揉了揉睡眼，才知道做了一个梦。他起来想了一会儿，便按照孟姜女梦中的指点，派人四处收集废铜烂铁，铸成鼎锅一样的大铁砣放到江里。这个办法果真灵验，江猪群望着那些大铁砣，一个个无可奈何地走开了。

民工们日不停、夜不歇，只用了一个多月的时间，江堤就修起来了。从此，荆江两岸风调雨顺，再也不受洪水的威胁了。李如圭为了感谢孟姜女深夜托梦的恩德，工程一完，回到京都，向皇帝请求，告老还乡。在路过陕西潼关的时候，经当地人的指点，找到了姜女庙，并请人塑了一尊姜女像，租了一只大船，把姜女像运到了澧县。到澧县后，便到了孟姜山顶上，选了一块地基，修了一座姜女礼祠，当地老百姓称姜女娘娘庙。

从那时起，姜女庙人来人往，香火不断，姜女娘娘知澧州人民的疾苦，每日每夜都在保佑着澧州的老百姓。

本文引自《中国民间文学集成》全国编辑委员会、《中国民间故事集成·湖南卷》编辑委员会：《中国民间故事集成·湖南卷》，北京：中国 ISBN 中心出版，2002 年，第 262 ~ 263 页。

广西·孟姜女送衣

讲述者：谭通汉奶　搜集整理者：蒙国荣

从前，有一位大姑娘，名叫孟姜女。村里和她一样年纪的姑娘，大都结了婚，她却老守在家里。妈妈很着急，多次催她，不知她心里有什么打算，总是说："妈，现在不忙。"

后来，在一个大热天的中午，孟姜女从地里做活路（做活路：即干活）回来，走到山脚的榕树下，正拿着花竹帽扇风歇凉。忽见另一棵大榕树下有一泉，有一对鸳鸯在水中戏游，孟姜女走到泉水边，鸳鸯便扑着翅膀飞走了。孟姜女见泉水清澈透底，就脱下衣裳，洗了个爽快的澡。当她洗完澡正穿衣裳的时候，忽然瞥见水底映出一个漂亮的后生哥的脸，一下把她羞得面颊绯红。要躲已经迟了，她索性唱起一首歌来：

来到清清的泉水里洗身，
望见水底有个人影。
仰头朝上望一望，
谁在树上笑盈盈？

这时，坐在树杈上的后生哥才正面看清了孟姜女的脸，被她一双秋水灵灵的眼睛吸住了，心里一时涌上一首歌，对答道：

修长城累坏了我的身，
偷偷歇在这大树上。
阿妹你要遮瞒好，
刚才的甚事千万莫告人。

唱完，后生哥"噗"的一声跳了下来。两人对眼相望，都羞答答的，不知从哪里说起。沉默好久，孟姜女才开声探问："你是哪村的人，来这里做什么？"后生哥说："我叫范纪良，打很远的地方被抓去修长城。在那里累死饿死了好多人，我是从工地上逃跑出来的。"

从刚才的对歌和对话中，孟姜女知道他是个好心人，说："那你跟我回家将息将息吧。"范纪良婉言推辞。谁知他越推辞，孟姜女越缠得紧，又唱道：

已经看见我全身，
何须再忸忸怩怩。
快快跟我回家去，
有缘分结为夫妻。

真是"素不相识缘分在，人隔千里也知音"。范纪良被孟姜女的诚挚热情感动了，软了一条痴心，和孟姜女一路回去，拜见了老人，结成了夫妻。从此，他们双双开山，双双种园，百般恩爱。可是，花才绽开雪又来，他们刚刚结婚九个月，皇帝派差官下来，又把范纪良抓走了。范纪良知道十去九难回，临别的时候凄凉地唱道：

当初相逢泉水口
一对鸳鸯水中游。
相亲相爱恨时短，
恩爱如何不到头？

接着，范纪良对孟姜女说："我这次去了，很难回家，请你缝好衣裳送给我。"没等孟姜女答话，差官就把范纪良抓走了。

范纪良走后，孟姜女单身独影，想起丈夫就饭水难下。她常常梦见丈夫抬着大石块一步一歪硬撑上山，梦见他受工头鞭打脚踢，梦见他受冻挨饿……醒来时，一串眼泪接着一串泪。每到深更半夜，邻居常常听到她凄凉的歌声：

天上月亮虽有缺，
十五重圆又生光，
丈夫千里难回家，
家妻相思哭断肠。

范纪良走后，孟姜女白天埋头做地里的活路，抚养老妈妈，晚上挑灯熬夜，给范纪良缝新衣裳，低声唱着：

春花重吐芳，
针线缝衣衫，
线短情意长，罗喂！
送到长城去，
春花重吐芳。罗喂！

不久，老妈妈得了重病去世了，孟姜女更加孤单，在戴孝期间，终于把范纪良的几件衣服做好了。她决定要到长城去，给范纪良做了一些干粮，和衣服包在一起，拜辞母坟上路了。她走了好多天，路上碰到一个人，孟姜女问：

你去长城还是还乡？
请带我赶路同往。
我要把几件新衣，
送给亲人范纪良。

这个人原来是个哑子，他"咿咿呀呀"摇着头走开了。孟姜女又继续赶路，来到一个荒凉的拐弯路口，前面来了一帮黑里麻答的人，吓得她差点魂跌，心里暗暗叫苦：

哎呀，荒凉的拐弯路口，
碰着强盗拦在前头。

孟姜女没有别的路可以躲开，只得双膝跪下向他们叩头：

请让我从这里通过，
求众位不要杀我的头。

众人把孟姜女扶起，问明缘由，惊讶地说：

可怜离家乡来这里，
原来是难友家妻。
去长城就从这里通过，
只是难找他的踪迹。
这长城修到几时才完啊，
害得多少人子散妻离！
说实话范纪良已死，
骨头就堆在城墙里。

孟姜女一听说丈夫已经身亡，顿时眼前金花乱射，一阵发黑，昏死过去。众人抢救，才慢慢苏醒过来放声痛哭。大家都劝她回家乡，但是她一定要去到长城，把丈夫骨头捡回来。

不知渡了多少河，翻了多少山，终于来到长城脚下。她沿着长城走，城门一个接着一个，到处都有死人骨头，哪一堆是范纪良的呢？孟姜女边哭边唱：

围绕长城转一周，
白骨堆堆叫人愁。
哪是范纪良骨头，
请跳进我的衣兜。

唱完，果真有一根骨头跳进她的衣兜。孟姜女忙解开包袱，用新衣裳把它裹好，紧紧抱在怀里，恸哭一场：

跋涉千里到长城，
一步一重思念心。
恩爱夫妻何处去？
只见白骨不见人！

那时刚好皇帝出巡，他看见孟姜女长得漂亮过人，心生恶念，一定要娶她为妻，几次派人来说亲。孟姜女对皇帝说：

你若要娶我为妻，
有个条件依不依？
累死我夫范纪良，
要给他安葬祭奠。
选一座高山作坟地，
要三块料石垫墓基，
背靠南山东临海，
面朝北斗不偏离。
买一束好香给我点，
做一套孝服给我披，
炉一锅桐油来祭奠，
你跟在后面把灯提。

皇帝但求得到美人，不顾什么羞耻，一概答应，立即派人照办。砌好了坟墓，安葬了范纪良的骨头，孟姜女就披孝上香。皇帝亲自提灯烧油锅。这时，孟姜女隐隐约约看见范纪良从油锅里慢慢站出来，她立即跃身而起，跳进了滚沸的油锅。顿时，一对美丽的蝴蝶从油锅里头悠悠地飞了起来，一直飞上青云，飞到天上去了。

本文引自陈庆浩、王秋桂：《中国民间故事全集》卷4：《广西民间故事集（一）》，台北：远流出版事业股份有限公司，1989年，第380～389页。